日本弁護士総史

奉行所の世話人から
渉外ローファームまでの200年余

安岡崇志

勁草書房

目　次

はじめに————————————————————————— I

弁護士制度の原点　繰り返した「二の次」扱い

近代化がもたらした司法・弁護士制度の「特異性・ゆがみ」

「在野」「在朝」奇妙な区分けと格差

初めから圧倒的に少なかった担い手

狭小なまま100年過ごした活動領域・職域

歴史に挑んだ司法制度改革

第1章　「江戸から明治へ」司法の断絶と継続————————— 11

弁護士の元始をたずねる

江戸時代の司法と裁判

公事宿・公事師とは

開化を焦り過去の全てを切り捨て

探り起こした法実務家の働き

強固に繋がった江戸と明治

第2章　圧縮した近代化の始まり——————————————— 25

江藤新平による急進策　代言・代書の公認

訴訟代理——実態は江戸から地続き

難関は裁判所全国配置

法典の整備と法律家の創出

第3章　法律専門職としての制度づくり——————————— 33

代言人規則で免許制に

「官」の監督下に——政治目的はらむ規則改正

弁護士会の祖型が生まれる

i

目 次

私立法律学校の台頭と「在朝」「在野」格差の固定化

代言人、刑事弁護に

第4章　代言人から弁護士へ —————————————— 41

立憲政体と法典近代化の完成

代言人20年——高評得た「玉」嘲笑浴びた「石」

自由民権の先頭に立って

第1回帝国議会に弁護士法案

玉石混交を曝け出した混乱

第5章　隆盛期に至る地位の確立 —————————————— 53

なぜ「弁護士」にしたか

統治機構に根を張り、日本弁護士協会を発足

水平運動に乗り出す

偉才・花形が彩った黄金時代

地位確立の面目躍如 米騒動で全国に出動

隆盛期が産んだ陪審法

第6章　衰微へ向かうなかの「三百」追放 —————————————— 67

玉石混交から「大家」対「小家」に

臨界点に達した階層分化

東京弁護士会・日本弁護士協会が分裂

昭和恐慌が広げた格差、堕ちる興望

難航した法案づくり——全面改正の中身

「三百」再考 跳梁跋扈なのか求められたのか

第7章　戦時へ 統制と抑圧に薄れゆく存在 —————————————— 85

押し流される司法

狭まり失われる居場所

弾圧された抵抗、あげ続けた声

人権蹂躙、総動員政策で調査と告発

自由法曹団と労農弁護士団

粛軍演説・腹切り問答・翼賛会違憲論

「正業に就け」の叱声を浴びて

司法街に焼け残った3棟の会館

第8章　新憲法と新司法制度と新弁護士法　——————————— 103

弁護士が法相に　終戦2日後に幕開く新時代

「稀有の脱皮」と呼ばれた法曹一元人事

岩田法相の退場、司法部に起きた内紛

日本国憲法の誕生

2人の弁護士の働き

急ごしらえを強いられた新しい司法

最高裁人事で沸騰した内部衝突

再度の置き去りを越え完全自治を獲る

新弁護士法の概要と日弁連の発足

第9章　臨時司法制度調査会という曲り角　——————————— 129

裁判遅延で早々にきしむ司法機構

日弁連の宿題と意識した法曹一元化

臨司は葬儀式場だったのか?

広範な〝官製提言〟をした意見書

割れた受けとめ——絶対拒否と是々非々と

第10章　政治が揺さ振った司法の独立と弁護士自治 ——————— 145

荒れる公判が招いた法廷秩序法

弁護士倫理策定と法廷秩序法改廃をめぐる意見対立

偏向裁判批判から〝司法の危機〟へ

弁護士界に飛ぶ火の粉

突如出現した弁護人抜き裁判法案

目　次

　　路線を転じた日弁連

第11章　現代型職業像の形成過程 ———————— 163
　　産業経済の成長につれて
　　中産層が産む法的需要
　　のびる人権の外延
　　共同化と専門化へのみち
　　変容した自己定義と帰属意識
　　タレント弁護士——現代型職業像の補論

第12章　時代が求めた変革 ———————————— 177
　　司法制度改革「前夜」の諸相
　　旧態依然の綻び——刑事手続
　　旧態依然の綻び——試金石となった刑法改正論議
　　旧態依然の綻び——監獄法
　　旧態依然の綻び——民事裁判
　　旧態依然の綻び——弁護士の数と機能

第13章　司法制度改革審議会への道 ——————— 197
　　先駆けは司法試験の門戸拡大
　　「外圧」で外国弁護士受け入れ
　　波立ち変化する職業理念
　　日弁連、3度の宣言
　　政府・経済界の行革と規制緩和
　　審議会設置法が成立

第14章　司法制度改革を一望する（総論） ———— 219
　　審議会の発足
　　議論の経過
　　最終意見書への評価

推進本部から立法まで

第15章　司法制度改革を一望する（各論）————————— 231

基盤を変える——裁判官制度とゼロ回答の法曹一元

基盤を変える——法科大学院・法曹養成

基盤を変える——法テラス誕生

裁判を変える——迅速化法

裁判を変える——民事手続と人事訴訟法

裁判を変える——知財高裁を創設

裁判を変える——仲裁とADR

裁判を変える——労働審判の導入

裁判を変える——行政事件訴訟法を初改正

刑事司法を変える——目玉となった裁判員制度

刑事司法を変える——検察審査会の強化

刑事司法を変える——整理手続と証拠開示

刑事司法を変える——被疑者にも国選弁護

刑事司法を変える——光が当たる犯罪被害者

変えられなかった捜査取調べと身柄拘束

弁護士の制度・業務を変える——「社会生活上の医師」に

弁護士の制度・業務を変える——アクセス改善

弁護士の制度・業務を変える——倫理と懲戒

弁護士の制度・業務を変える——執務態勢

第16章　「21世紀を支える司法」はどこまで実現したか ————— 275

一気に押し寄せた新制度の大波

躓いた大増員計画

目論見外れた新養成制度

ようやく手をつけた「新時代の捜査・公判」

拡充が進まない法律扶助

姿浮かぶ「社会生活上の医師」

目　次

第17章　５万人時代の未来 ────────────────── 297

遅ればせの進展　職域・活動領域の開拓拡大

変貌する景色──ポスト改革世代・女性・事務所の有りよう

急速に、かつ深く進行するIT化

歴史の轍とすぐそこに見える課題

あとがき

引用文献一覧

事項索引

は じ め に

弁護士制度の原点 繰り返した「二の次」扱い

　弁護士は明治26年法律第7号（旧々弁護士法）を施行した1893年5月1日に生まれた――これがわが国司法史の常識である。

　法制史研究の大家・瀧川政次郎國学院大学教授も論稿「日本弁護士史素描」を「弁護士といふ語を厳格に解するならば、日本の弁護士の歴史は、明治26年の弁護士法の制定に始まる」と書き起こした。

　しかし、これは間違っている。

　法制上、弁護士が誕生したのは、それより2年半も早かった。1890年10月に施行した行政裁判法、11月施行の裁判所構成法と刑事訴訟法、1891年1月施行の民事訴訟法の条文（一部略）を記そう。

・行政裁判法14条
　行政訴訟の弁護人たることを得るは行政裁判所の認許したる弁護士に限る。
・裁判所構成法111条
　裁判長は不当の言語を用ゐる弁護士に対し同事件に付き引続き陳述するの権を行ふことを禁ずることを得。
・同114条
　開廷に於て審問に参与する弁護士も亦一定の職服を着することを要す。
・刑事訴訟法179条
　被告人は弁論の為め弁護人を用ゐることを得。弁護人は裁判所所属の弁護士中より之を選任す可し。但裁判所の允許を得たるときは弁護士に非ざる者と雖も弁護人となすことを得。
・民事訴訟法63条
　原告もしくは被告自ら訴訟を為さざるときは弁護士を以て訴訟代理人とし之を為す。
・同71条

はじめに

　　原告もしくは被告は弁護士を輔佐人と為して共に出廷することを得。

　「当世の賢俊なる」訴訟代理人を世に紹介すると謳った銘々録の書題は、弁護士法施行前の1891年8月刊行なのに『日本弁護士高評伝』だ。この本には奇妙なところがある。後に貴族院議員となる名村泰蔵大審院判事による序文には書題以外に「弁護士」が出てこない。「此の書は代言人の資性、素行、偉蹟等を載せて詳らかなり」などと旧称だけを用いた。なぜなのか。理由は簡単。何者を弁護士とするかを定義する法律がなかったから、法の番人たる大審院判事として代言人を弁護士と呼ぶなどできなかったのだ。

　奇天烈な事態ではないか。現に効力をもつ法律に、法制上なんら定義を与えていない者が現われ、その正体不明の者に服務規律を課し職能を与え司法に参与させる。裁判の原告・被告が弁護人・輔佐人を探そうとしてもどこにも弁護士なる者は見つけられない。

　司法行政を所管した司法省は事前に弥縫策を講じ、1890年10月18日付で訓令を全国の各級裁判所に出し、各裁判所上席検事には監督下にある代言人たちにこれを周知徹底するよう命じた。

　　訴訟法中、弁護士の執る可き事務は、追って弁護士を置かるべきに付、当分の内、代言人之を取扱ふ儀と心得べし。（官報　明治第2192号に載録）

　行政裁判・裁判所構成・刑事訴訟・民事訴訟の各法律は大日本帝国憲法（明治憲法）に適合する司法制度をつくるために、既存の法令を改編しあるいは新たに設け、いずれも憲法施行（1890年11月29日）の前に公布した（第3章を参照）。

　司法機構を動かすのに欠かせない訴訟代理人に関する法令も一緒に整備しなければならないはずだが、政府は、何もしないまま、憲法施行を迎えた。既存の代言人規則を新法に置き換える手続きを始めたのは1890年12月4日。憲法によって開設した帝国議会の第1回会議に、政府は弁護士法案を提出した（第4章を参照）。

　弁護士がいなければ、裁判所機構や訴訟手続を整備しても西欧式の司法は機

能しない。政府も分かっていて、帝国議会貴族院で「弁護士法の大趣意」を説明した山田顕義司法大臣はこう述べた。

> 国民の身体及権利を保護するは（中略）裁判官弁護士相まって初めて能く司法事務の完全なるを得る。（貴族院第1回通常会議事速記録第1号に載録）

それならば、一体なぜ弁護士制度だけを置き去り後回しにして、新しい司法制度を構築したのか。

驚いてはいけない。「一体なぜだ」が、半世紀後、現憲法施行のときに繰り返した。

統治機構を主権在民と三権分立に根本的に改め司法の独立を保障した日本国憲法に整合する司法制度を一から作らなければならなくなった政府は裁判所・法務府（司法省の後身。法務省の前身）・検察庁それぞれの設置法に始まり訴訟手続諸法、民法・刑法など実体諸法の改廃・新規立法を大がかりな突貫作業で仕立てあげた（第8章を参照）のだが、新しい弁護士制度を規定する法律はハナから後回しにした。

新憲法施行後、新しい司法関係諸法と旧憲法下のままの弁護士法（旧弁護士法。1933年公布）との間に来した離齬をツジツマ合わせする、前述1890年の司法省訓令と同じ類いの無体裁な応急処置が必要になり、旧弁護士法4条の「弁護士たる資格」に、新制度の司法修習終了者を追加する政令を新憲法施行当日に公布した。

旧弁護士法を全部改正した現行弁護士法が成立したのは1949年6月、憲法施行から2年1カ月後だ（第8章を参照）。弁護士制度は、完全な自治を得て、全く新しい歴史に1歩を踏み出したときもまた、置き去りからの動き出しを強いられた。

国家統治機構の中で司法の在り方を定める憲法を日本は2度持ち、2度とも、司法と市民・企業をつなぐ弁護士制度の策定を、政府は「二の次」扱いにした。異状・不可解な事態と現代の我々の目に映る。しかし明治期に西欧式の制度・機関を大慌てに移植した（第2～4章を参照）日本の司法の本性から生起

した現象として観るならば、異状でも不可解でもない、むしろ必然であったと受け止められる。

　民事訴訟法学者で弁護士の実務経験があり、1993年発足の細川護熙内閣で法務大臣に民間から就任した三ケ月章による弁護士史関連の諸論稿を手がかりに、「二の次」扱いが必然の成り行きとなった理由を考えよう。

近代化がもたらした司法・弁護士制度の「特異性・ゆがみ」

　三ケ月の見解の要点を彼の文章を用いずにまとめるなら、およそこうだ。

> 　領事裁判権を認めた不平等条約を撤廃させるために法治国家の体裁を整えようと、あわただしく西欧から法典と司法機関を移植して日本の近代司法は誕生した。「法による支配」という西欧近代司法の本質は必要とせず見向きもしなかった。「司法の本質＝法の精神」を欠くがゆえに日本の司法制度とその働きには〝輸入元〟である西欧・米国には見られない「特異性・ゆがみ」が生じ、解消されないまま新憲法下にまで至った。

　数多い論稿のうち1972年に英語学者の業績記念論文集に寄せた「法と言語の関係についての一考察」は法学が専門外である読者を意識し嚙み砕いた書き方をした。

> 　わずか20年足らずの間に、全くの無の状態から法治国的外観を作り出した（中略）注目すべきことは、この大事業の推進が、決して「法」のために行われたのではなく、又、法の使徒たるべき「法律家」が主体となって推進したものでもなく、「政治」的目的（不平等条約撤廃＝引用者注）達成の手段として「政治家」によって推進されたことであり、その「実質」よりも、「形」の方こそが決定的に重要な問題であった、という事実である。こうした強引な移植のプロセスが、さまざまな問題を投げかけるに至るのは当然であり、現在の日本の法律制度がかかえているさまざまな問題点は、多くは、法の継受の歪みの後遺症といってもよいのである。［三ケ月

1972a：267頁]

「実質」を無視して「形」のみにとらわれた近代化の危うさは、当の西欧文明への導き役であるお雇い外国人の1人が看破していた。

ドイツから招いたエルウィン・ベルツ。1876年から東京医学校（東京帝国大学医学部の前身）で生理学・内科学を教え、滞日延べ29年に及び、伊藤博文、井上馨らの元勲や内務省、文部省の高官と密に接し、文明開化の現場の実際と、指導者たちの考えとの両方を知悉した人物だ。1901年11月、日本在留25年を祝う式典で文部大臣や東京帝国大学の総長、教授連にこう語りかけた。

> 西洋各国は諸君に教師を送ったのでありますが（中略）かれらの使命はしばしば誤解されました。（中略）かれらは科学の果実を切り売りする人として取扱われたのでした。（中略）日本では今の科学の「成果」のみをかれらから受取ろうとしたのであります。最新の成果をかれらから引継ぐだけで満足し、この成果をもたらした精神を学ぼうとしないのです（『ベルツの日記（上）』）。[ベルツ：239頁]

「科学」を「法学」に「科学の果実・成果」を「法典・司法機関」に置き換えれば、三ケ月の見解に重なり合う。

「在野」「在朝」奇妙な区分けと格差

では、どのような「特異性・ゆがみ」が日本の司法制度と弁護士の働きに生じたのか。長く尾をひいた問題が3つ考えられる。

1番目は、現在は余り聞かない「在野」「在朝」の区別である。『広辞苑（第六版）』をみると「官職に就かないで民間にいること」「官職に就いていること」と出てくる、この2つの言葉を使った三ケ月の論稿「法典編纂と近代法学の成立——司法制度」を見てみよう。

> 法治国家の体裁を整えるために最小限のことは、司法官衙を設営し、そこ

はじめに

に坐る人間を作り出すことであるがゆえに（中略）もっぱら「お役人」たる法律家――司法官僚、すなわち裁判官・検察官――の創出に集中されてしまい、諸外国で普遍的にみられる（中略）他の法律家の分肢――弁護士――の育成は、なおざりにされざるをえなかった。（中略）法律家層の中に、「在朝」「在野」という、東洋的ないし日本的な官民の格差がきわめて強い形でもち込まれざるをえなかったことにわれわれは注目すべきである。
［三ケ月1972b：146頁］

「在野」「在朝」の格差は揺るがぬ制度であり続けた。根拠法令は何度か改正したけれども、弁護士を司法官・司法大臣の監督下に、さらに司法官を司法省（一部の検事・判事が差配した）が統制する構造は、新憲法に依って司法関係法令をすっかり改めるまで続き、長い年月の間に司法官と弁護士の間の序列意識が司法界にとどまらず政治・行政に、さらには一般社会にも広く染みついた。新憲法施行時に再発した「二の次」扱いは、明治以来の制度と意識がもたらしたとみて間違いない。

司法官と弁護士の制度上の地位格差は、弁護士層の司法官に対する不信・反発となり、やがて「権力への警戒と抵抗こそが弁護士精神である」との信条に転化した。

戦後初めて司法機構全般の点検と制度の見直しを審議した、内閣設置の臨時司法制度調査会（臨司。1962〜1964年）が意見書をまとめたとき、その提言に沿って司法制度改革に取り組むべきか。弁護士界の意見は割れ、結局、臨司の審議と意見書作成を主導した最高裁・法務省への不信・反発と「在野性」を高唱する心性が優勢を占め、意見書を拒絶し、法曹三者間の協議を停止した。当時の、東西冷戦の国際情勢を背景にした厳しい保守革新の対立という政治情勢ゆえに反権力・意見書拒絶派が力を得た側面はあったにせよ、明治以来の弁護士層の「特異性・ゆがみ」が、官側の提案による制度改革に対する絶対拒否となって表れたのである。臨司に関する弁護士層の動向は第9章で詳しく述べる。

初めから圧倒的に少なかった担い手

　2つ目の「特異性・ゆがみ」は弁護士人口の極端な少なさである。三ケ月は論稿「法の客体的側面と主体的側面」で「法の担い手の圧倒的稀少」「法曹階級の量質の面における弱体」と表現した。

　「弁護士が少なすぎる」は三ケ月が言い出した新奇な主張ではない。そもそも旧々弁護士法案を初めて審議した1890年12月4日の帝国議会貴族院本会議で、帝国大学（東京大学の前身）総長の政治学者加藤弘之議員が、山田顕義司法大臣に質した。

　　　司法部のことを存じぬ者が考えると、弁護士という者の数が充分に世間の需要に応じないということが有りはしないか。どれほどの民刑訴訟があって、これまで代言人でどれだけに行き渡っているか。世の需要に応じないという不都合はないであろうか。（貴族院第1回通常会議事速記録第1号に載録）

　1979〜1982年に最高裁長官を務めた服部高顕は東京地裁判事だったとき「日本の法曹——その史的発展と現状——」で要旨以下のように書いた。

　　　裁判所が訴訟事件を公正かつ迅速に処理する観点から弁護士にしっかり事前準備をするよう求めてもなかなか応じてもらえない。弁護士は多忙に過ぎ、十分な協力をすることができないといわれることが少なくない（中略）日本の弁護士の数はきわめて少ない。（中略）弁護士自身、過当競争をおそれて、弁護士数を増大させることに対してしばしば反対し、少なくとも消極的である。[服部：204〜205頁]

　さらに前記の臨司意見書（1964年）は委員全員一致で「法曹人口が全体として相当不足していると認められるので、これが漸増を図る」と決議。法曹のなかで「弁護士の充実は、司法制度の適正円滑な運営のキー・ポイントである」

はじめに

と位置づけ「弁護士を増やさなければならない」と結論した。

狭小なまま100年過ごした活動領域・職域

　3番目の「特異性・ゆがみ」は、弁護士人口の少なさとコインの両面の関係にある、活動領域・職域の狭さである。三ケ月が分担執筆した『岩波講座 現代法6　現代の法律家』〈Ⅲ　現代の法律家の職能と問題点〉の〈弁護士〉の項から引く。

　　活動領域にも、当時（明治中期＝引用者注）の日本の置かれていた状況——資本主義の日本的発展の特異性——の反映として、目にみえぬ厚い壁がはりめぐらされていた。（中略）明治期の日本の産業は、政商の活躍や政府の保護政策などの諸現象で彩られている。そのゆえに、自由職業としての弁護士が日本経済の「動脈」の中に大きくくい込んで行くことはきわめて難しかった。［三ケ月1966：216〜217頁］

　以上の記述は「特異性・ゆがみ」の原因として経済・産業分野の急速な近代化・資本主義化に限って論じているが、西欧法・司法制度の慌ただしい移植もまた「特異性・ゆがみ」の発生要因であったのは言うまでもない。
　まだ弁護士が代言人であった時代に司法関係者が匿名で書いた「商業社会と法律家」と題する雑誌記事がある。

　　商業社会に法律家の必要なるは今更余輩が喋々（ちょうちょう＝ながながと）ここに弁ずるを要せざるなり。然れども我邦現時商業社会の情況を見れば、法律家と商業社会との関係は甚だ薄きが如く、商業社会が法律家を見るは訴訟代人たるの資格に於てのみと云ふも過言に非ざるべし。（中略）訴訟代人たる資格は法律家の変格にして常格に非ず。法律家の常格は法律の規定に準拠し取引を正確にして訴訟の起こることなからしむるに在り。［法学協会雑誌1890：417〜418頁］

8

明治の日本が大至急で実行した西欧法・司法制度の移植は、ひたすら「形」（法典と司法機関）の整序を目的としていて、「実質」（法治とその担い手である専門職の働き）を社会に行きわたらせるなど、法制度を作った為政者の眼中になかった。だから西欧の法治国で行われる、法に従った経済・商業活動とか、己の権利の保全とか、それを助言・指導する法律家の役割など、とてもではないが、社会の了解事になり得ない。商業家・経済人ばかりか多くの代言人（後の弁護士）自身の理解と想像が及ぶ法律家の活動領域は、幕藩時代から存在した訴訟の場（江戸時代の司法は第1章を参照）に限られた。

上掲の記事は、うわべだけに終わっている司法の文明開化に対する同時代人の告発といえる。

弁護士の活動領域の狭さは、長い間、日本の弁護士制度ひいては司法全体の弱点であり、社会の〝法治度〟を低くとどめた元凶である。

前出の臨司意見書（1964年）は弁護士制度改革の目標の1つに「職域を紛争予防活動に拡張する」を挙げ、調査会の問題意識と審議経過を記した。

　弁護士の職域の拡大は、国民の法的生活の水準の向上のために緊急に必要なことである。

　国民の法的生活の向上に資するには、まず弁護士が紛争解決的活動のみならず、紛争予防的活動にまでその職域を拡大し、これを強化することが必要である。（以上、臨時司法制度調査会意見書　80、87頁に載録）

歴史に挑んだ司法制度改革

西欧諸国に倣った国家を猛スピードで作りあげるために「形」のみを、法治の精神という「実質」抜きで移植した、張り子のような司法制度にあって、しかも「二の次」扱いに打ち遣られた法の担い手——これが日本の弁護士の出発点の姿だ。まったく浮雲を踏むような起点の有りようというしかなく、そこを足場にして動き出した弁護士層の歩みは、当然に、ユラユラ覚束なくなった。

明治の近代化から100年以上経った2001年6月、司法制度改革審議会（第13、

はじめに

14章に詳述）は、最終意見書冒頭の〈今般の司法制度改革の基本理念と方向〉で司法制度の状況を評定して、未だ日本の国は法治の実質を我がものにしておらず、法治の担い手たる弁護士層は充分な働きをしていない、と断じた。明治維新期の国際情勢に強いられた、圧縮した近代化の歪みが歴史を羈束する力のしぶとさを改めて認識させられる。

> 民法典等の編さんから約100年、日本国憲法の制定から50余年が経った。当審議会は（中略）近代の幕開け以来の苦闘に充ちた我が国の歴史を省察しつつ、司法制度改革の根本的な課題を、「法の精神、法の支配がこの国の血肉と化すために、一体何をなさなければならないのか」（中略）を明らかにすることにあると設定した。（中略）自由と公正を核とする法（秩序）が、あまねく国家、社会に浸透し、国民の日常生活において息づくようになるために、司法制度を構成する諸々の仕組みとその担い手たる法曹の在り方をどのように改革しなければならないのか（中略）これが、当審議会が自らに問うた根本的な課題である。（司法制度改革審議会意見書3頁に載録）

　しかし、視点を変えてみれば、違う景色が目に映る。そもそも改革審が発足したのは、弁護士層が歴史的な羈束の1つから脱却できたからにほかならない。近代化の歪みに起因する日本司法の「特異性・ゆがみ」である弁護士層の司法官・司法官庁に対する不信・反発・拒否感を弁護士層が自身の意志で拭い去り（実際には「暫時ワキに置いて」だったかもしれない）、政府・司法官庁と協働する決心をしなければ司法制度改革は実現しなかった。弁護士層の姿勢変化は第9〜13章で描く。

　改革審意見書を青写真とする一連の司法制度改革は第15章に詳述するが、ここまで述べた司法・弁護士制度の「特異性・ゆがみ」の是正解決は改革審の主要な目標であり、第16、17章に書くとおり、現在なお、改革の調整と深化は続いている。

　明治の圧縮した近代化が遺した負の遺産の実相と、それが解消に向かう過程を追う視座に立って弁護士の歴史を振り返りたい。

第1章
「江戸から明治へ」司法の断絶と継続

弁護士の元始をたずねる

　序章〈はじめに〉の冒頭に引用した瀧川政次郎は「日本弁護士史素描」で「訴訟の補助者及び法律の助言者」の歴史は「大宝・養老（8世紀初め＝引用者注）の律令時代にまで遡る」とし、「更に訴訟といふ語を紛争解決の方法といふ意味にまで拡充するならば、神盟探湯（くがたち。神に正邪の判定を仰ぐ裁きの方法＝引用者注）の行はれた時代にまで遡り得る」と書き、「上代」「中古」「中世」「近世」「最近世」「現代」に区分した時代ごとに「紛争解決の補助・助言を誰がどう行ったか」を記した。

　記述には濃淡があり、「近世」江戸時代から後の時代が一気に詳しく長くなる。幕藩期に生まれた公事宿・公事師と呼ばれる職業従事者たちを弁護士の直接的な前身と捉えたからである。

　瀧川は「日本弁護士史素描」の前に、同じ『自由と正義』に「公事師と公事宿」など江戸期の訴訟代理業に関し幾本もの論稿を書いた。後にひとまとめにして出版した『公事師・公事宿の研究』の〈解題並びに序〉に次のように記した。

　　江戸時代に公事師といえば、他人の為に訴訟技術を供与する職業者を意味した。（中略）公事師は幕府の吏員ではないが、幕府の司法行政の末端にある一機関であった。（中略）幕府の司法制度の末端に、公事師、公事宿なるものがあって、一般庶民は、それに頼らなければ、訴訟を行なうことが出来ない状況にあった。［瀧川1984：17〜19頁］

弁護士の歴史を辿るには、幕藩期から始めればよいようだ。

第1章 「江戸から明治へ」司法の断絶と継続

江戸時代の司法と裁判

　まず、幕藩期の司法について簡単に。

　江戸時代の国家統治機構は、幕府が直轄領と全国の藩を支配し、各藩がそれ
ぞれの領地を支配する二層構造だった。行政の一部であった司法も二層構造で、
各藩はその領内・領民限りの司法権を持ち、幕府は直轄の支配地に関係する事
件および複数の藩の領地・領民が関係する事件を所管し、且つ、各藩の司法権
の行使を監督し随時介入もできた。

　全国的司法権を兼行したのは町奉行・勘定奉行・寺社奉行と、この三奉行で
構成する評定所である。幕府、藩の各司法機関の事件管轄は、寛永年間（1624
〜1644年）につくった公事裁許定などで詳細に定めた。

　時代劇に出てくる大岡忠相や遠山金四郎の姿になじんでいると、奉行がすべ
て自分で裁判をしたかと思えるが、そうではない。神保文夫名古屋大学教授の
講演録「幕府法曹と法の創造——江戸時代の法実務と実務法学——」を読むと、

> 奉行は裁判官としての職務だけを行なっていたわけではなく、むしろ（中
> 略）政務官・行政官としての職務に多忙だから、よほど重大で難しい事件
> であればともかく、通常の事件であればだいたい下役人が先例に基いて判
> 決案を作成し、処理した。［神保：181頁］

　先例とは今でいう判例・裁判例で、現代顔負けの整った例集を奉行所・評定
所で編纂した。奉行や役人たちの業務マニュアルといえる手引書も作ってあっ
た。

　江戸幕府の基本法典といえる公事方御定書（18世紀中ごろ成立）がそもそも
「判例ないし先例を整理し、集大成したもの」（神保）で、御定書の編纂に取り
掛かったころから町奉行所に例繰方（れいくりかた）を置いた。『日本国語大
辞典　第二版』を引くと、この役職は「判例を整理し判決録の保存を主任務と
し、先例の調査にも当たった」とある。御定書は実地の適用例を材料に増補・
修正を重ねたのである。

12

慶應義塾が大学部法律科を開設するため1890年に米国から招聘したジョン・H・ウィグモアは、江戸時代の司法・法制に興味をもち「1400年代以後のイギリスにおけるのと似た判例法の発達」を認めた。これはよく知られた話だが、ウィグモアは、さらに「イギリスでは『国王の裁判官』により、日本では『将軍の裁判官』によって法は作られていった」「徳川時代の裁判官の知的水準はイギリスの同時代の裁判官にくらべて劣っていない」とも述べた（高柳賢三東京大学名誉教授「法の知恵『東と西』──ウィグモア先生のすぐれた貢献──」）。

御定書など幕藩期の法典の説明は石井良助東京大学教授が編纂した『明治文化史 第二巻 法制編』から引用する。

　　江戸時代初期に封建制度維持のための小法典（禁中並公家諸法度・武家諸法度など）が作られ、また中頃には公事方御定書も制定されており、そのほか行政的な単行法令はきわめて多数出されていて、中世に比べると、ずっと成文法主義に移ってはいる。しかし、成文法典主義に移るまでには至っていない。慣習法と単行法が相並んで行われた時期ということができよう。[石井1954：25〜26頁]

留意しなければならないのは、慣習法といい成文法といい、その内容を、一部を触書で公布した以外、公にしなかったことである。わが国で初めて法典を一般に公開したのは1871年（明治４年）、前年末に発布した新律綱領（1882年の刑法施行によって廃止）を書籍にして一般に販売するを許したときで、それは「大変革といわなければならない」（『明治文化史』）ほどの出来事だった。

では、奉行所・評定所は裁判をどう行ったか。

ほぼ刑事裁判にあたる吟味筋（この手続にかかる事件を吟味物と呼んだ）は〝超職権主義〟で、捜査訴追から裁判による刑罰の確定、その執行に至るまですべてを幕府・藩が行った。

いっぽう、ほぼ民事裁判にあたる出入筋（事件は出入物・公事物・公事と呼んだ）は当事者主義的な訴訟構造であった。

手続は、公事人（原告）の目安（訴状）提出から始まり、目安糺（訴えの審

査）、目安裏書（訴えの受理証）交付、白洲での吟味（法廷での審問）、内済（和解）、裁許（判決）、裁許状（判決書）交付、さらには身代限（金銭給付訴訟での強制執行）まで手順とその段階ごとに文書の書式がこまごまと定まっていた。

訴えは出来るだけ内済で片づけるのが奉行所・評定所の一貫した方針で、裁許を得たい公事人にとって白洲での吟味にこぎつけるまでが一苦労だった。奉行所・評定所は吟味を始めてからも、なお内済を目指した。奉行に代わって実際に〝訴訟指揮〟する下役人（留役、吟味方与力）は、内済に応じない当事者を怒鳴りつけたり──公事人が書き留めた裁判日誌は「不届きなやつだ」「ケチなことを言うな」などの叱声を記録している──訴えの中に謀判謀書（印判・文書の偽造）などの犯罪の臭いがすると言い募って「牢へたたき込んでやる」と脅したり、とにかく内済に誘導するのが常法だった。

幕藩期の司法機関は統計も取っていた。現存するものは少ないが、あの大岡忠相が江戸町奉行だった享保3・4年（1718・1719年）の出入筋（民事事件）の数字が法制史研究でしばしば取り上げられる。とにかく膨大なのだ。

目安裏書を与えた件数をみると享保3年が47731件、4年が34053件。白洲で吟味した件数は3年35790件、4年26070件もある。大阪町奉行所の統計もあり、享保3・4年の数字を並べると、目安裏書が10474件・7856件、吟味が7268件・5801件である。

比較の対象にはならないけれど、近年の東京・大阪地裁の民事新受事件件数をあげれば、東京は年間3万数千〜4万数千件、大阪は1万数千件の水準で推移している。現在の5分の1程度に過ぎない人口や比べものにならないほど小さかった経済規模を考えれば、享保の民事裁判件数は大変なものだ。

現在に伝わる19世紀初めの公事人の日誌には「公事人、腰掛（待合場所）に大余り、外にも沢山いて、寒気も強く大難渋」とか「朝六つ半（午前7時）より御評定所へ出る、今日は多くの公事人にして、都合三百人余出る」などの記事があり、享保年間の数字の大きさは一時的な現象ではなかったようだと推測できる。

先に書いたとおり、訴訟の手順に従って定まる手続や訴訟人の遵守事項、書類の書式は煩雑を極め、ほとんど秘儀であったし、恐怖を感じるお役人の審問

（多くの場合は内済の強請）も待ち受けていた。そんな障害・障壁があるのだから、民衆が徒手空拳で訴え出られるわけはない。奉行所・評定所の中で交わされる特殊な言語と、日常の暮らしで経験しない作法・決まり事とに通じた世話人（介添人）の手助けが絶対に欠かせなかった。

その介添を職業にしたのが公事師・公事宿だった。

公事宿・公事師とは

公事訴訟はかなりの期間を要した。おまけに公事人の都合などお構いなしで決まる期日には早朝から出頭しなければならず、すっぽかしには刑罰が加えられたから、奉行所・評定所・各藩の司法機関の周辺に、訴訟人と差添人（町役人・村役人など法定の付添人）や訴えられた相手方が長逗留する旅宿街ができた。江戸では江戸宿と、大阪など江戸以外の地では郷宿と呼ばれ、総じて公事宿と俗称した。

公事宿の主人・雇人は自然と公事人や相手方の相談にのったり面倒な手続を滞りなく進める指南役を務めたりした。奉行所などにとっても公事人を〝手元〟に置く公事宿は重宝な存在で、業務を補助する公的な役割を任せるようになった。時代によって移り変わったが、提出文書の代書や、差紙（召喚状）の伝達、当事者の出頭を確保するためまたは刑罰の一種としての宿預（やどあずけ＝宿で身柄を確保した）の執行、奉行所などへ案内・付添などの業務である。江戸後期には、町村役人に代わる差添人としても認められた。

いっぽう公事師は、代書ばかりか公事人の親族や手代と身分を偽っての訴訟代行までを請け負う〝ヤミ稼業〟である。〝ヤミ〟とはいっても活動は公然で、江戸時代の早い時期から幕府は禁令を出し、実際に処罰もしたが、この稼業への需要はなくならなかった。

公事宿の主人・雇人は、ときに公事師の商売もしたが、制度上、公事宿と公事師はあくまで別個の存在であった。茎田佳寿子広島修道大学教授の「内済と公事宿」の解説では、「公認された公事宿であっても公事師的側面を広げれば、法の規制によって処罰」対象となった。

公事宿・公事師は長い間、法制史・近世史の研究から打ち捨てられていた。

第1章 「江戸から明治へ」司法の断絶と継続

南和男國学院大学教授の「江戸の公事宿」の冒頭の一文を引くと、

> 江戸の公事宿については、その一部が紹介されているだけで、未だ知られ
> ないところがはなはだ多い、公事師、公事宿の研究は、現在（本稿の発表
> は1967年）もっとも遅れたものの一つである［南：68頁］

　他方、服藤弘司東北大学教授は「近世民事裁判と『公事師』」に公事宿・公
事師の実態を解き明かす意味をこう書く。

> 幕藩体制国家の公事師・公事宿を、わが国の弁護士制度の歴史のなかでど
> のように評価し、これを如何に位置づけるかが、公事師・公事宿研究の究
> 極的課題であることは贅言を要しない。［服藤：337頁］

　だとすれば、公事宿・公事師の研究が進んだ1970年代より前に為された弁護
士史の叙述は、弁護士業の濫觴期の説明に欠落ないし欠陥を抱えているのでは
ないか。

開化を焦り過去の全てを切り捨て

　序章〈はじめに〉に取り上げたお雇い外国人ベルツは来日して数カ月しか経
たないうちに、日本人が余りに性急に西欧文明を受容する姿、つまりは文明開
化のあり方に危うさを感じた。教えを求めてベルツのもとに集まる、近代化の
先頭に立つ者たちが自らの文化を卑下し過去・歴史を全否定して西欧の文物を
無批判に取り入れようとする、その心性を不快に感じた。『ベルツの日記
（上）』（既出）の1876年10月25日付には、

> 現代の日本人は自分自身の過去については、もう何も知りたくはないので
> す。それどころか、教養ある人たちはそれを恥じてさえいます。（中略）
> あるものは、わたしが日本の歴史について質問したとき、きっぱりと「わ
> れわれには歴史はありません。われわれの歴史は今からやっと始まるので

す」と断言しました。（中略）新日本の人々にとっては常に、自己の古い文化の真に合理的なものよりも、どんなに不合理でも新しい制度をほめてもらう方が、はるかに大きい関心事なのです。［ベルツ：47〜48頁］

　過去・歴史の切断と捨て去りをもって文明開化と誤信した悲劇的（喜劇的というべきか）な近代化の様相といえる。この姿勢を開化期以降の法学者や法曹・弁護士層が受け継ぎ、幕藩期の司法に対する評価を低く捻じ曲げ、公事宿・公事師の果たした、民衆を司法につなぐ社会的機能を眼中に入れなかった。
　明治維新から100年後の1970年代までの間に流布し、通説化（少数の専門研究者は異説を唱えた）した言説は、まさに、江戸の司法と公事師・公事宿の働きを切り捨てて顧みようとしなかった。典型例を掲げよう。

　我邦弁護士の沿革を見るに、1876年2月代言人規則の発布以前に在りては代人時代に属し（中略）世人はこの代人に対して毫も尊敬を払はざるのみならず、却て此等の人物を目して公事師と称し、此種の人物を敬して遠ざけ、蛇蝎視するに至れり。（中略）余は公事師を以て我邦弁護士の沿革中に加ふるを甚だ恥辱なりと信じ、不愉快の念を禁ずる能はざるなり。［高野：77頁］

　徳川専制時代には（中略）民事事件においては、道徳と慣習による裁判に服せしめられた。（中略）国民は訴訟を忌み、訴訟する者を公事人といって排斥し、口も聞かなかった。公事人から報酬を貰って、その代人となって法廷に出る者が少くなかった。これを公事師といい、最も卑しい人間として忌み嫌われた。［島田1959：5頁］

　（弁護士制度の）初期の時代には、弁護士自体とはなんのかかわりのないはずの徳川時代の公事師の存在と同視されるという不幸な運命を背負っていた。公事師は、訴訟を忌み嫌った徳川時代、とくに幕末に自然発生的に生じた非公認の代人であったが、ひとびとの冷視と蔑視のまとであった。［潮見：98頁］

第1章　「江戸から明治へ」司法の断絶と継続

探り起こした法実務家の働き

　入れ替わって以下に掲げるのは、江戸時代の司法と公事宿・公事師の実態を、史料を探り起こして実証的にとらえた概ね1970年代以降の論考である。前掲の４つの引用文と懸け離れた評価に驚くしかない。

　　江戸時代の庶民は訴訟や裁判をひたすら恐れ、嫌っていたように思われがちだが、（中略）自らに有利な解決を求めるために、お上のご威光を借りるというようなものも含めて、かなり積極的に訴訟制度を利用している様子が、統計史料や実際の裁判記録などから見て取れる。［神保：213頁］

　　幕府の司法機関において、実際に事件を取り調べ、判決を作成するのは、評定所・勘定奉行では評定所留役、寺社奉行では吟味物調役、町奉行では与力・御用部屋手附の同心である。（中略）留役、町奉行の与力等は、終生、裁判事務にあたった。（中略）幕府司法機関にはこのような裁判活動を専掌とする法曹的官吏の一団が成立していた。（中略）公事宿は原則として訴訟代理はできず、法廷内外で依頼者を補佐するだけであるが、（中略）司法機関からもその活動は重視され、不可欠な存在とみられていた。［菊山：46〜48頁］

　　「内済」＝示談が原則の公事出入筋の場合では、裁判役所が圧力で徐々に内済へと訴訟を誘導していくので、公事宿は、その役所の意図にあわせて内済を成立させる媒介者としての役割を果たす場合が多く、その点で役所からみてもしだいに不可欠の存在として重視されるようになっていった。［青木：197頁］

　　地方（社会）での裁決や内済指導を不服とする町人・百姓たちは、より上級の裁判機関の裁決を求めて、三都（江戸、大阪、京都＝引用者注）や城下町に入りこむ。この町人・百姓の需要にこたえ、旅宿と訴願手続の業務

を提供し、また各裁判所の業務を分担しながら、公認をとりつけていったのが公事宿である。（中略）あいだを縫って、私的に活躍するのが出入師・公事師とよばれるものであり、（中略）出府した公事訴訟人は、これらの業者を選択・利用しながら、訴訟を追行し、自らもまた法的知識と技術を習得していく。［茎田：318頁］

　ダリル・E・フラハティ米国デラウェア大学准教授の『近代法の形成と実践──19世紀日本における在野法曹の世界──』は、「世界の政治史に適用された近代化というパラダイムは再考を求められている。欧米諸国が法の近代化を生み出し、日本に輸出したわけではない」との歴史解釈を基盤に置き、江戸後期から明治前期にかけての日本の法制と民間の法実務の実態を、比較法制史の観点も交えて、考察した著作だ。
　序章から引用しよう。

　日本法制史は、長い間、有力な日本史の近代化の捉え方と同じであった。進歩した19世紀西洋が、時代錯誤の伝統に固まっている国を、文明開化へと向かわせたというものである。

　江戸時代の法制史に関する近代化の物語は、この時代について、次の3つの主要な仮説に固執して、変わろうとしなかった。法知識が広く社会に浸透していなかった。役に立つ民間の法実務がなかった。対立よりも調和を好む伝統があった、という3つの仮説である。［以上、フラハティ：6、7頁］

　3つの仮説をフラハティは「支配者の正当性を学問的に分析した結果を反映したもの」に過ぎないと否定し、〝仮説の偏光フィルター〟を通さずに見た公事宿・公事師の姿を描いた。

　民間の法実務家（公事宿・公事師をフラハティは、こう捉えた＝引用者注）は自分や他者を法に精通させ、法を自分自身や依頼者の目的のために

第1章 「江戸から明治へ」司法の断絶と継続

利用することによって、社会調和という幕府の理想を崩壊させた。公事師
や公事宿は訴訟を紛争解決の手段として促し、訴訟は人々が期待し、求め
る紛争解決の手段となった。[同：79頁]

江戸時代の公事師や公事宿（中略）が遍く存在し影響を及ぼしたことによ
り、19世紀最後の四半世紀に劇的な法の変化への道が開かれたのである。
[同：86頁]

公事宿・公事師に対する旧来の低評価（「遠ざけ蛇蝎視した」「最も卑しい人
間として忌み嫌われた」など）については次のように説明する。

低い地位や曖昧な立場は、江戸時代の公事師や公事宿だけではなかった。
いんちき弁護士、もしくは「見下げ果てた弁護士」という公事師の社会的
イメージは、日本以外の近世の法実務家の無節操を否定的に描く記述（フ
ランス、イングランド、米国の実例を、この後、記している＝引用者注）
と共鳴した。日本人の評者は（中略）欧米においても同様の曖昧さや軽蔑
があったことを、しばしば認識しそこねていた。[同：81〜82頁]

結論はこうだ。

自身のオリエンタリズムにより、日本における民間の法実務の歴史は葬ら
れた。[同：83頁]

オリエンタリズムは、パレスチナ出身の英文学者エドワード・サイードが用
いた意味で使っている。西欧文明の絶対的優位を所与とする偏見を通して東洋
の文化・文明・社会を価値評価する思考様式である。フラハティは、西欧文明
への無条件崇拝と自己の歴史の切断・捨て去りという文明開化の歪みを、1世
紀以上前のベルツと同様に、外国人の眼で見出した。

20

強固に繋がった江戸と明治

　江戸時代末期までに形成した司法実務とそれを利用する民衆の実像を頭に入れて、幕藩期から明治最初期にかけて大変動のときに裁判は誰がどう進めたのかをみていく。

　司法制度にとどまらない国家・社会全体の近代化の実相を大づかみにした一文を、田中彰北海道大学教授が『日本の歴史（24）明治維新』に書いた。明治の近代化は封建社会を破壊したのではなく、逆に、封建社会から引き継いだ統治機構の働きによって成し遂げられたとの見解だ。

> 　大久保体制（大久保利通が主導したいわゆる有司専制＝引用者注）は、藩閥色を濃厚にもちながらも、機構そのものをささえる中・下層官僚は、意外に旧幕臣層に依拠するところ大きく、それゆえにまた列強の先進的な技術を受容、継受する能力をもっていたのである。つまり幕藩体制内部に形成され、蓄積された技術的、実務的ひいては文化的能力をうけつぐことによって、はじめて明治国家はその創出の基盤をつくりえたのである。その意味では、幕藩体制と明治国家は明らかに連続面をもっていた。［田中：321～322頁］

「明治維新の大変動期に裁判は誰がどう進めたか」を調べると、この引用文を地で行く事態が起きていた。

　まず「どう進めたか」。

　刑事手続は『明治文化史 第二巻 法制』（既出）を借りる。

> 　最初の刑事訴訟手続上の規則は1870年（明治３年）に刑部省で制定した「獄庭規則」（法庭規則とも呼ばれる）である。大体において、江戸時代における奉行所の吟味の形式を踏襲したものである。［石井1954：258頁］

民事手続は『明治文化史』の編者石井良助の『近世民事訴訟法史』の「付録

第1章 「江戸から明治へ」司法の断絶と継続

第二 明治初年の民事訴訟法」から引こう。

　1872年に司法職務定制（次章で詳述する）ができるまでの「民事訴訟法の実体は全くといってもよいほど不明であった」としつつ、1871年末に司法省の1部局として発足した東京裁判所の「裁判手続に関する覚書」文書を検討して、こう書く。

　　明治2年（1869年）より3年までの手続が不明なのは残念であるが、明治4年での手続とそれほど大きな違いがあったとは思えない。明治4年の手続（上記の「裁判手続に関する覚書」を指す＝引用者注）が大体江戸時代の制度にならったものであるから、2、3年ころの手続も大体これとあまり相違はなかったと考えられる。[石井1984：401頁]

　次に「誰が進めたか」。

　各藩がその領内・領民限りで持っていた裁判権は1867年（慶応3年）の大政奉還の後もそのまま維持したから、連続性は明らかだ。

　幕府の司法機関は1868年1月（慶応3年12月）の王政復古の大号令で成立した維新政府が順次、新しい機関に衣替えし、その機構と裁判管轄は変遷した。肝心なのは、実務を担った中・下層官僚の実体である。

　江戸（1868年に東京に改称）にあった町奉行、寺社奉行、勘定奉行は、維新政府が1868年5月、江戸鎮台府を開設したのに合わせ市政裁判所、社寺裁判所、民政裁判所として鎮台府の管理・監督下に置いた。

　橋本誠一静岡大学教授の「明治初年における聴訟事務——民部官・民部省を中心に」によると、奉行職は廃止したが、奉行より下位の者には『当分是迄之通出勤』するよう指示し、「組織の実態は（中略）ほぼそのまま引き継がれた」。

　旧幕時代に町・勘定・寺社の三奉行で構成し全国的司法権を兼行した評定所の機能も、江戸鎮台府評定所として温存した。橋本の論稿は、鎮台府評定所の後継機関（1カ月後に発足した）に勤務した「留役與頭」「留役勘定」の氏名を掲げ、こう記す。

　　経歴を確認できた人物に限っていえば、（中略）全員がかつて旧幕府評定

所留役（実際に裁判実務に当たった下役人＝引用者注）の経験を有する幕臣であった。［橋本2011：20頁］

（評定所の後身は短い間に何度も機構・名称を変えるが＝引用者注）組織の人的構成——少なくともその主要部分——を見ると（中略）旧幕府評定所に在職していた旧幕臣によって組織されているという点で一貫していたといえよう。［同：29頁］

　上述の市政裁判所、社寺裁判所、民政裁判所は1868年（慶応4年、明治元年）に業務を東京府に引き継いだが、藤原明久神戸大学教授は、そこで裁判実務を担当した職員の名簿を分析して、上掲の橋本論稿と同じ発見をした。「明治初年における東京府裁判法の展開——民事裁判をめぐって——」から引用する。

　　東京府裁判担当職員の出身をみると、東京貫属（本籍者＝引用者注）が全体の半数にのぼる。東京貫属のうち検例（法令調査係＝引用者注）の2人は、旧町奉行所吟味方与力であり、その他はすべて旧町奉行所同心である（中略）旧町奉行所与力・同心の協力なしには、円滑な裁判事務を期待できなかったのである。［藤原：999頁］

　この論稿で藤原は、旧奉行所につながっていた公事宿・公事師の〝健在〟ぶりも描く。

　　東京府が「公事訴訟」において遵守を厳達した事柄でとくに注目されるものは以下の二つである。両者はともに幕府訴訟法の原則につながる。第一に、本人が出訴すべきものとされ、代人による出訴は禁止（禁令にかかわらず公事師の訴訟代理業が繁盛したことは詳述した＝引用者注）された。（中略）第二に、訴訟当事者は、出廷に遅刻してはならない。［同：1016頁］

第1章　「江戸から明治へ」司法の断絶と継続

　他府藩県管轄の者が不参・遅参のとき、この者が宿泊している「東京宿」も処罰された。（中略）「東京宿」は、旧幕藩期の「江戸宿」、いわゆる「公事宿」である。「東京宿」は、出府した公事訴訟人を宿泊させ、その訴訟行為を補佐するとともに、呼出日に出頭させるように注意を払い、差添人と同様、公事訴訟人に付添って出頭したとおもわれる。[同：1031頁]

第2章
圧縮した近代化の始まり

江藤新平による急進策 代言・代書の公認

　司法の「形」を大急ぎで西欧式に整える国家事業を率いたのが、1872年、初代司法卿になった江藤新平である。司法卿とは、刑事司法を分担所管した刑部省と弾正台を合体したうえ、民事裁判の管轄権を民部省から移して1871年7月に発足した司法省の長官で、1885年に内閣制度創設に伴い司法大臣と改称する。

　江藤は太政官（内閣に相当する組織）在職時に国家機構改革案を作成。同案に、裁判権を統一して所管する国家機関（旧幕時代には幕府と各藩が裁判権を持った）の創設を盛り込んだ。江藤はまた、維新政府が1869年の版籍奉還の後すぐに着手した民法典編纂でも中心にいた。

　菊山正明宇都宮大学教授の『明治国家の形成と司法制度』によると、江藤は、維新政府の最大かつ喫緊の課題であった不平等条約撤廃のために司法・法律制度と、国家統治機構の中での司法の位置づけを西欧に倣ったものに改革しなければならない、それも唯々速やかにたとえ不完全であっても、との明確な目的意識を持った。司法卿に就いたのも、ひとつには「司法省内外に司法改革の進展を期待する声が高まった」からだと菊山は記す。

　1年後に参議に昇った江藤は、征韓論をめぐる政府内の混乱（明治六年政変）で1873年10月、西郷隆盛、板垣退助らと下野し、翌年、郷里佐賀で起きた旧藩士の反政府挙兵の渦中に入り首魁として捕縛、晒し首の刑に処せられた。同じ肥前藩出身の大木喬任が司法卿に就き、以後6年余りの間、不平等条約撤廃の大目的のため司法制度の創設、整備に努める。

　江藤が短い司法卿在任中にあげた最大の成果は、1872年に太政官無号達として発令した司法省職制並事務章程（司法職務定制）の策定、施行だ。司法省、裁判所、判事職、検事職、刑事警察職、法律家育成兼新法起草機関（明法寮と

第2章　圧縮した近代化の始まり

称した）の構成・職制・執務方法などを定めた全22章108カ条から成り、形式
上は司法省の組織と権限および運営方法を定めた法規だが、実質は新司法制度
全体の設計図である。

　司法卿就任からわずか３カ月余りであり、章程本文に「仮定の心得を以て施
行致すべし」との但書をつけたところに、「唯々速やかにたとえ不完全であっ
ても」西欧式司法の移植を成し遂げる江藤の意志がうかがえる。

　前出の『明治国家の形成と司法制度』は司法職務定制に込めた江藤の目的を
３点にまとめた。

・司法省による全国的司法権確立のため裁判機構を整備する。
・裁判システムを近代化する。
・法典起草と法律審査を司法省の権限とする。

　裁判システムの近代化とは西欧式の司法手続・法律専門職群の整備であり、
その一環として、旧幕時代は表向き禁じた訴訟代理業を公認し、42条に代書人
の規定を置き、下記の43条で弁護士の前身である代言人の職務・権能を定義し
た。

　　自ら訴ふる能はざる者の為に之に代り其訴の事情を陳述して枉冤（おうえ
　　ん＝無実の責任を被ること）無からしむ。

　幕藩期に訴訟実務に携わった奉行所・評定所などの下役人と公事宿・公事師
たちの実像に光が当たる前（前章の〈探り起こした法実務家の働き〉の項を参
照）、1970年に刊行した『講座 現代の弁護士２　弁護士の団体』の〈第１章
職業史としての弁護士および弁護士会の歴史〉で、大野正男弁護士（のち最高
裁判事）は、司法職務定制の弁護士史上の意義をこう説いた。

　　徳川期には、訴訟において代理制度は認められなかった。（中略）訴訟代
　　理人という観念・制度はわが国に存しなかったから、職務定制が訴訟代理
　　人として代言人を認めたことは、この意味で画期的な改革であった。［大

26

野：6〜7頁］

　いっぽう公事宿・公事師を、対価を得て民衆に法的サービスを提供した民間の法実務家と位置づける立場からすると、評価はどう変わるか。フラハティの『近代法の形成と実践』（既出）から引こう。

　　司法省は司法省職制並事務章程を定めて、司法制度を完全に見直すための第一歩を踏み出した。これらの施策は1868年以前（幕藩期＝引用者注）に法実務家が運用していた構造を決定的に転換するものであった。（中略）1872年以前（司法職務定制以前＝引用者注）の、公事師による非公式で脆弱な法実務とは対照的に、法実務家はいまや私的紛争の当事者の代理を務めることができるようになった。［フラハティ：97頁］

　翌1873年、司法職務定制の代言業務に関する規定を補完する法令2本を太政官が布告した。代人規則（6月施行）と訴答文例（9月施行）である。
　訴答文例は後に民事訴訟法となる手続規程で、30〜32条で原告を代理する業務について、35〜37条で被告を代理する業務について定めた。原告被告どちらも「情願」があれば代言人を「許す」と規定。これにより司法職務定制43条の「自ら訴ふる能はざる者」という訴訟代理を認める要件を事実上廃したといえる。
　なお訴答文例は、訴状と答書（答弁書）を必ず代書人に作成させるよう強制したが、1年後に、原告・被告の「本人の情願に任す」とする太政官布告を出し、代言人と同様にその利用を任意とした。
　いっぽう、代人規則は「凡そ何人に限らず己れの名義を以て他人をして其事を代理せしむるの権あるべし」が第1条で、代理人一般の職務方法規程である。

訴訟代理——実態は江戸から地続き

　訴訟代理を公けに解禁した司法職務定制は、しかし、代言人の資格をなんら規定しなかった。代人規則が定めた代人の資格要件も、心術正実（心根がまっ

すぐで誠実）な成人というだけだったから、無いに等しい。つまるところ、読み書きさえできれば誰でもが代言人または代人として代言業務ができた。

　ただし訴訟人の側からすれば、特別な知識が要る裁判手続の代理を、ズブの素人に依頼するわけがない。制度上は誰でもできても、実際に訴訟代理を業として行う者は限られた。幕藩期に司法機能の末端に公式、非公式に連なり、民衆に法的サービス（代書や訴訟の実質的代理あるいは法知識の教授）を売った公事宿の主人・雇人や公事師たちである。

　林屋礼二東北大学教授は『明治期民事裁判の近代化』にこう記した。

　　　明治初年に代言人として職業的活動をしていた者には、外国で勉強してきた者などもいたにせよ、その大半は、前時代すなわち江戸時代から引き続いて存在してきた、いわゆる「公事宿」や「公事師」の流れをくむ者たちであったと考えられる。［林屋：136頁］

　また橋本誠一（既出）は静岡県の明治初期の裁判の実態調査にもとづいて「郷宿・代人・代言人――日本弁護士史の再検討（Ⅰ）」で端的に断じた。

　　　当時の裁判所の運営システム、そこに関わる代言人・代人等の活動ぶりは、近世における奉行所と公事師・公事宿のそれをほぼそのまま継承したものであった。［橋本2003：109頁］

難関は裁判所全国配置

　司法職務定制によって姿を現わした、西欧に倣う司法制度は、同定制に手を加えあるいは新たな法令をつくりつつ形を整えていく。大目的は不平等条約撤廃であり、とにかく早く、「文明国の標準を満たす」と条約相手国が認めるだけの外観をもつ機構づくりが優先だった。「唯々速やかにたとえ不完全であっても」との江藤新平の目的意識は、本人の失脚後も生き残った。

　1875年4月、太政官は「立憲政体の詔書」と後に呼ばれる詔勅を布告した。そこに「大審院を置き以て審判の権を鞏（かた）くし」とあるのを実現するた

め、翌月、大審院諸裁判所職制章程と司法省検事職制章程を制定。司法職務定制の裁判所構成規程にあたる部分を廃止して新たに大審院・上等裁判所・府県裁判所を設け三審制で裁判所が司法権を行使し、司法省は司法行政のみを管掌する制度に変えた。

　府県裁判所の設置は捗らず、県令（知事）以下の地方官（行政職官吏）が判事を兼任して裁判所業務を運営する府県が少なくなかった。人材・予算の不足が大きな要因だった。

　府県裁判所の名称を地方裁判所（本庁・支庁）に改めたのは翌1876年9月。地方官に裁判業務の代行を許す制度を廃し、全府県に行政から分離した裁判機構の配置が完了するのは1877年になってだった。経過を詳細に論じた菊山正明の『明治国家の形成と司法制度』（既出）に興味深い逸話が出てくる。多くの県が訴訟集中に悲鳴を上げ、地方官を裁判業務兼任から解放するために裁判所の早期設置を中央に要求したのだ。例としてあげた白川県（熊本県）では年に「民事3491件、刑事2857件」、岡山県では同じく「民事5000余件、刑事2900余件」の裁判を処理しなければならないと、業務過多を県令が訴えた。

　これほどの訴訟件数が、裁判機構の整備を急がなければならない1つの理由（主たる理由は、何度も書いたとおり、不平等条約撤廃にあった）になった。三阪佳弘大阪大学教授が「明治九・一〇年（1876・1877年＝引用者注）の裁判所機構改革」で説明するところでは、

　　対内的には、維新・廃藩置県後の社会秩序の変革に伴う紛争をできるだけ司法過程において解決することによって、それらが暴力的闘争に転化しないようにするために（裁判機構の整備は＝引用者注）不可欠のものであった。

　　地方官たちの伺（裁判所設置と判事兼任制廃止を請う内容＝引用者注）は、民衆の裁判に対する期待と要求（訴訟件数の増大という形で表れた裁判所機構整備の要求）への何等かの対応が必要であること、この事態を放置することは、地租改正・殖産興業政策を末端において擔う地方行政事務の円滑な遂行と立憲制への漸次移行を謳った1875年の詔勅にも関係する重要な

第2章　圧縮した近代化の始まり

問題であるという認識を提示している。［以上、三阪：61、64頁］

法典の整備と法律家の創出

西欧式の司法機構をつくるには、制度導入と並行して法典を編纂し、それらの法令を理解し使いこなせる法律家・法律専門職（奉行所から横滑りした司法官吏に代わる人材）を養成しなければならない。ただし、政府が育成に努めたのは、序章〈はじめに〉に繰り返し書いたとおり、司法制度の「形」を整えるのに欠かせない判事・検事に限られ、弁護士の前身である代言人には大した関心を払わず、ほとんど民間任せにした。

法典の編纂では、刑事法は1870年12月に新律綱領、1873年6月に改定律例を定め、実体法・手続法とも一応整えたが、どちらも中国法系の幕藩期の法制を引きずるもので西欧式の法典ができるまでの暫定的な法令であった。

民事法は、いくつかの単行法以外には実体法がまだなく、裁判所職制章程の2週間後に太政官は「民事の裁判に成文の法律なきものは習慣に依り、習慣なきものは條理を推考して裁判すべし」とする裁判事務心得（太政官布告第103号1875年6月8日）を布告した。

「條理」とは、野田良之東京大学教授の「明治初年におけるフランス法の研究」によれば、政府が法整備の手本にしようとしていたフランスの裁判実務を指す。

> フランス法はある意味で直接に当時の日本人の法生活の上に作用していたのである。すなわち、近代法体系の不完全であったこの時代においては、フランス法は条理というかたちで法源の重要な部分を埋めていた。

続けて野田は、フランス留学経験のある司法官で、後の大審院判事井上正一の述懐を引いた。

> 井上正一が「仏国民法の翻訳書（司法省ばかりでなく民間からも盛んに出版された＝引用者注）は当時実に司法官の金科玉条としたるものである。

条理の宝典としたものであった」と述べているところは決して誇張ではないと思われる。[以上、野田：57、58頁]

　民事・刑事の法典が以上のような過渡期を経て体系的にでき上がるのは、明治憲法の策定を待たなければならなかった。

　法律家・法律専門職の育成はどう進んだか。
　官立の育成機関の嚆矢は、1871年9月に司法職務定制によって司法省に設置した明法寮（法学研究や法令の解釈、新法起草なども所管した）の「法科」である。1875年5月に司法省法学校に改組し、翌年7月、第1期生25人が卒業した。1885年に同校は、東京開成学校と東京医学校を統合した東京大学（現在の東京大学と区別して旧東京大学と称する）に編入、帝国大学法学部の源流になる。
　民間の育成機関としては、江藤新平司法卿の下でフランス民法の翻訳にあたりその後長く法典編纂の中心にあって「法律の元祖」の異名を得た箕作麟祥（みつくり・りんしょう）が開いた私塾共学社などもあるが、ここでは代言事務所（代言社）併設の法律実務教習所に焦点を当てる。時代を下って、これらの教習所から私立の法律学校が生まれ、有力私立大学に育っていく経緯は次章の〈私立法律学校の台頭と「在朝」「在野」格差の固定化〉の項に記す。
　代言社で法実務教育を始めた先駆者は、司法省の要職を務めたあと、同郷土佐の板垣退助が明治六年政変（1873年）で下野した後を追うように官職を去った島本仲道である。
　島本は、板垣らが自由民権運動のため高知につくった政治団体・立志社の創設（1874年4月）にかかわり、社内に設けた法律研究所の所長となって法学実務教育の傍ら代言代書の仕事を始めた。
　この年6月に大阪で代言人10人ほどが集まって北洲舎と名付けた共同事務所を立ち上げていた。なかに高知出身者がいて、たまたま上京の途次、大阪に泊まった旧知の島本を訪ね、できたばかりの北洲舎の舎長に就くよう頼んだ。
　引き受けた島本は早速、資金調達に動いて北洲舎の業容をひろげ、代言代書事務所兼法律研究所とした。同年7月に、大阪府庁に提出した「律学研究所御

第2章　圧縮した近代化の始まり

届」によると「同志の者が申し合わせ、律書（法律書）を会読する日課を定め、かつ、銘々が代言代書を請け負って法律実務の研究をする」結社だった。

　舎員のほかに、月給を与えて代言代書の実務を修習させる「生徒」と、日給制で書写・清書をさせる「筆耕生」を雇い、筆耕生から生徒へ、生徒から舎員へと仕事の成績次第で昇格させた。生徒、筆耕生たちは実際に代言代書の仕事をしながら法律・法学を学んだ。

　1874年8月、島本は、かつての勤務地東京に戻り、日本橋に北洲舎本舎を設け、大阪を分舎とした。これが東京に置いた初の代言人育成機関になる。12月以降、分舎網を堺、大津、名古屋、新潟などに広げた。

　同じ年、かつて箕作麟祥の同僚だった元田直が東京・神田に法律学舎を設けた。わが国初の弁護士史とされる奥平昌洪弁護士の『日本弁護士史』と、文部省編纂の『学制百年史』はこれを最初の私立法律学校とするが、元田は後述する東京代言人組合の初代会長であり、学舎は代言業務を請け負ったから、法学校というよりも北洲舎と同じ代言人育成所とみるべきかもしれない。

　北洲舎、法律学舎にならって東京、大阪を中心に全国各地に法学・法律実務教習所を兼ねた代言事務所・代言社が次々に生まれ、次章で述べる免許代言人の主要な給源になる。

第3章
法律専門職としての制度づくり

代言人規則で免許制に

　代言人が誕生して3年半後の1876年2月、司法省は代言人規則を制定、4月に施行した。「免許を経ざる者へ代言を頼み候儀は成らず候こと、此の旨布達し候」と前文にある同規則は代言人を裁判所ごとの免許・登録制にし、裁判官が代言人を監督するため懲戒処分規程を定めた。

　司法職務定制で公認した訴訟代理業をこの規則によって、資格を要し服務規定を課す公定の専門職に格上げしたといえる。

　ただし司法制度を支える機関の位置づけを得るまでには相当な距離があった。

　まず法廷での代言人の行為規制が極めて厳しかった。規則11条は、裁判官を相手に「告達諸規則の是非及び立法の原旨を論議する」ことを禁じ、14条で「訟廷に於て国法を誹議（非難）し及び官吏を侵凌（冒瀆・侮辱）する者」は、裁判官が直ちに処罰（譴責・停業・除名）できると定めた。

　免許制も、実は羊頭狗肉だった。

　資格試験（検査と称した）がお粗末だった（試験問題「破産の3原因を問ふ」に「酒と女と博奕」と答えて及第した、という逸話が伝わる）うえ、所定の条件が整えば、免許がなくても代言業務ができる但書が代言人規則前文に付いていた。

　高額の免許料が毎年掛かる代言人資格をとらなくても、代人として代言業を続けられたので、制度初年度の1876年に免許を取ったのはわずか174人にとどまった。司法省統計をみると、前年の民事訴訟新受件数は全国で32万件余もあるから、このころ代言業務のほとんどは無免許の者が代人として請け負ったとみてよい。

　橋本誠一（既出）は「大審院法廷における代言人・代人」で1875年5月大審院の開庁から1880年5月代言人規則全部改正（無免許の代言業務を規制した。

次章の最初の項で詳述する）までの間の民事判決859件を悉皆調査し、複数の事件で訴訟代理を務めた人物すなわち訴訟代理業者と考えられる者を拾い出した。浮かび上がった127人のうち53人が無免許代言人であり、さらに17人が上記の調査期間の途中まで免許を持っていなかった。

「官」の監督下に——政治目的はらむ規則改正

　1880年５月、施行して４年の代言人規則を全部改正する布達を司法省が出した。瀧川政次郎が「日本弁護士史素描」（既出）で「我が国における弁護士制度の基礎は、ほぼこの時に成ったといってよい」とする大幅な制度改革であった。

　主要な改正点は４つ。

> ① 地方裁判所（本庁・支庁）ごとに強制加入の代言人組合をつくらせた。
> ② 「私に社を結び号を設け営業を為す」を懲罰対象の１つとした。これにより代言社は解散を余儀なくされた。
> ③ 代言人試験の実施庁を地方官から司法省に替えた。
> ④ 免許を大審院以下諸裁判所共通とし、どの裁判所でも代言業務ができるようにした。

　①②の狙いは代言人を司法省の統制・規制の下に置くところにあった。その手段として、代言人組合の規則は「必ず検事の照閲（点検）を経る」と定め、懲罰規程に触れる行為について「各代言人は組合会長に報告し会長は検事に告発」するよう義務づけた。

　統制・規制の目的はどこにあったのか。前章の〈法典の整備と法律家の創出〉の項に登場した島本仲道が代表例だが、多くの代言人が、当時、最も強力な反政府勢力である自由民権運動に加わっていたのを警戒したのだ。

　村上一博明治大学教授が『日本法曹界人物事典 別巻』に書いた解説文「近代日本の在野法曹とその評伝——明治九年代言人規則から昭和八年弁護士法まで——」から引くと、

代言人規則の改正から、わずか2ケ月後には刑法および治罪法が公布され、その実施をうけて、1882年から刑事弁護が開始されたことからみて、政府が、代言人を組合に強制的に加入させ、検事の監督下においた政策的な意図が、自由民権運動と代言人との密接な関係をあらかじめ断ち切ることにあったことは容易に推測できる。[村上：44頁]

　利谷信義東京大学教授が「日本資本主義と法学エリート──明治期の法学教育と官僚養成──」で示した見方は、

　　人民の権利の伸長に努力する代言人の事務所が同時に法学教育を行う学校であり、その代言活動のまわりに学生が多数集合するという現象は、ときの政府にとって決して好ましいものではなかった。

　　人民の権利を目ざめさせようという代言人の活動が、政府に敵視されるのは当然である。代言人の活動の規制を強化した1880年の代言人規則の改正も、この流れの中に位置づけられる。[以上、利谷1965：892、895頁]

弁護士会の祖型が生まれる

　改正規則は代言人の統制・規制だけに目を向けたわけではなく、その職能を確立し職域を保護する規定を新たに設けた。
　まず資格試験改革である。試験の実施主体を行政機関（地方官）から司法機関に代え、実施方法を全国統一にした。内容も、出題科目を改正規則に明記し、法実務職の能力検定にふさわしいものをめざした。
　無免許代言人による訴訟代理の取締りにも乗り出した。代言人業務を一定の範囲で無資格の者に許した代言人規則前文但書を廃止し、併せて「詞訟（民事訴訟）代人心得方」を布達した。代言人でない者が代人として法廷で原告・被告・証人を代理する場合、代人1人につき1つの事件に限る規制で、業としての代人の禁止である。
　ただ、取締りの実効はあがらなかったとみえ、3年半後の1884年1月に太政

第3章　法律専門職としての制度づくり

官布達で同心得方を改正し、改めて複数事件での代理を禁じたうえ「その他不適当の所為ありと認むる時は裁判所に於て之（訴訟代理の許可＝引用者注）を差し止むることあるべし」との規定を設け、代人業者を容易に法廷から排除できるようにした。

1876年の代言人規則で訴訟代理を免許代言人だけに認める原則をたてながら、規則前文但書で大きな抜け穴をわざわざ開けたのは、その当時、代言人の数がまったく足りないのが目に見えていたからだ。4年後、同規則改正に合わせて、抜け穴を小さくする（完全に塞いではいない）布達を出したのは、免許代言人が順調に増加していると司法省が判断したからだろう。

1880年7月末、代言人規則改正をうけて東京代言人組合が生まれた。東京弁護士会の前身である。

規則改正から2カ月余りかかったのは、東京には一般の免許代言人と違う資格の司法省附属代言人が3人いて、代言人組合に入れるか否かで一悶着あったからだ。

司法省附属代言人とは、のちに衆議院議長、東京市会議長などを歴任、1901年6月に暗殺された星亨（ほし・とおる）が自分のために司法省につくらせた資格で、代言人の業務を自由に執り行いながら官員として給与を受けた。

星は、維新政府で横浜税関長を務めてから英国に留学し、日本人初のバリスター（法廷弁護士）となった。この資格をタテにとって、政界の実力者大隈重信にかけあい、特別な資格を獲得したとされる。

東京代言人組合が発足するまでの曲折を、日本弁護士連合会が創立10年記念に刊行した『日本弁護士沿革史』を要約して記すと、

> 星亨が組合結成の協議を呼びかけ、120人のうち92人の代言人が集まって相談会を開いた。ところが星に反感をもつグループが司法省附属代言人を組合から排斥する運動を起こし、結局、これが多数を占め、附属代言人を除外する組合規則案を作り検事の照閲を求めた。検事はこの規則案を受け入れず、改めて星が提出した規則案を認許した。［日本弁護士連合会1959：30頁］

初代会長には、先述した法律学舎の創設者元田直を選び、星は副会長に甘んじた。

私立法律学校の台頭と「在朝」「在野」格差の固定化

改正代言人規則によって解散に追い込まれた代言事務所・代言社のいくつかは、代言人紹介を専門にして存続したが、法学・法律実務の教習は継続できなかった。ちょうどこの時期、代言人層に深いかかわりのある自由民権運動の高まりの中で、若者に法治・民権を教える法律学校が東京をはじめ大阪、広島、栃木など各地で相次いで開学した。これが代言事務所・代言社に代わって法実務家を養成する機関になり、やがて有力私立大学に成長する。

民法学者で日本大学の理事長・総長を務めた高梨公之は「五大法律学校の創立と代言人たち」で各法律学校の成り立ちに代言人たちがどう関わったかを調べ「学校の創設には代言人の力は与って大きいものがあり、なかには代言人が創ったというべきものさえある」とし、改正代言人規則が代言事務所・代言社を禁止したために「法学教育の学校化が始まったらしくみえる」と書いた。五大法律学校とは、専修学校（1880年開校。現在の専修大学）、明治法律学校（1881年。前身の講法学舎は1877年。明治大学）、東京専門学校（1882年。早稲田大学）、英吉利法律学校（1885年。前身の明治義塾は1881年。中央大学）、東京法学校（1882年。法政大学）──である。

私立法律学校の叢生は、序章〈はじめに〉に書いたわが国司法制度の「特異性・ゆがみ」の1つ「担い手の圧倒的希少」を少しであっても改善したが、一面でもう1つの「特異性・ゆがみ」である「在朝」「在野」の区別を際立たせる副次的な結果をもたらした。

天野郁夫東京大学教授は『増補 試験の社会史』で、「在朝」「在野」それぞれの法曹の育つ経路が別々になってしまうまでを簡略にまとめた。

在野法曹である代言人の養成の主流は、明らかに私立法律学校にあった。いや司法官についてすら、官立校の卒業生だけでは不十分であり、1884年には「判事登用規則」をつくって、私立法律学校の卒業生に、試験任用の

第3章　法律専門職としての制度づくり

道を開かざるをえなかった。（中略）その危機感が、東京大学（旧東京大学。前章の〈法典の整備と法律家の創出〉の項を参照＝引用者注）法学部の関係者に（中略）短期間に大量の法曹を育成する「別課法学」の開設を構想させる。（中略）しかしこの「簡易速成」の課程は80人余の生徒を入れただけで廃止になってしまった。それは東京大学が「帝国大学」になり（1886年度から＝引用者注）、そこでの法学教育が格段に整備されたことにもよるが、それだけではなく、私立法律学校への監督・統制を強化し、これを体制内化することで、法曹、とくに在野法曹と中・下級官僚の養成機能を代替させようという政策転換があったためである。（中略）これによって司法官は官学、弁護士は私学という現在（1980年代初め＝引用者注）まで続く法曹の事実上の二元的な構造が、ほぼ確定をみることになった。
［天野：188〜189頁］

　「監督・統制を強化」とは1886年8月に文部大臣が発令した私立法律学校特別監督条規を指す。「東京五大法律学校」の授業・試験を監督する権限を帝国大学総長に与える行政命令で、2年後に特別認可学校規則（文部省令）に置き換え、監督権を文部大臣に移し対象を「法律学政治学又は理財学を教授する私立学校」に広げた。

代言人、刑事弁護に

　司法職務定制、代言人規則、改正代言人規則と制度整備が進み、代言人は次第に、のちの弁護士に近い専門職へと育っていく。しかし決定的に欠けた職能・職責があった。刑事手続への参与である。

　司法省は、刑事裁判に代言人が関わるのに「特段の禁令はない」という立場だった。実際、吉田正志東北大学教授の「明治初年のある代書・代言人の日誌」によると、大阪の堺で代書・代言業をしていたこの日誌の主は「博奕犯の自首への付添い」（1874年12月）、「窃盗容疑者の無実主張書の作成」（1875年5月）などの業務記録を残している。

　1876年、司法省の立場が試される事件がたて続けに発生した。法制史学者の

代言人、刑事弁護に

　尾佐竹猛が大審院判事在任中に出した『明治警察裁判史　附録・刑事弁護制』の記述を要約、箇条書きにして経緯を記そう。

---

① 1876年5月、東京・築地の居留地近くで外国人数人が八百屋主人夫婦と喧嘩し、夫婦が重軽傷を負った。
② 外国人たちが代言人を立てて夫婦を刑事告訴した。
③ 司法省は「外国人は代言人を使い、日本人には代言人を付けられないのでは国民保護の道に外れる」から夫婦側に代言人を付けるのを許すべき、との伺いを太政官法制局に出した。
④ 法制局は「伺いの趣、聞き届け候」と回答。司法省の要望を容れた。
⑤ 同年6月、今度は日本人同士、江戸時代からの政商三谷組と三井組の間で生じた争訟に絡む刑事告訴があり、司法省は、裁判で被告人が代言人を用いたいと申し出たならば、これを許可したい、と法制局に伺いを立てた。
⑥ 法制局はこれも「伺いの趣、聞き届け候」と回答した

　尾佐竹は上記③④について「刑事弁護史の第一頁は此時から創まるのである」と書き、⑤の「伺い」の文面から「此頃は司法省では刑事弁護を許す方針で取調（調査研究＝引用者注）中であり、また願出があらば之を許す方針であったことが解る」とした。
　司法省の方針を立法化し、初めて法令で刑事弁護を代言人に許したのが、刑法（現行刑法を1908年に施行後、旧刑法と呼ぶ）と共に1880年7月に布告（翌々年1月施行）した治罪法である。明治の初年に定めた中国法系の幕藩期法制を引きずる新律綱領と改定律例（前章の〈法典の整備と法律家の創出〉の項を参照）をフランス法系に替えた2つの刑事法は、司法近代化と法典整備の核心であった。
　日本初の法学博士の1人で東京帝国大学教授だった穂積陳重は随筆「刑事弁護制の首唱者」で刑事弁護を「東洋刑獄史上破天荒の規定」と評し、制定の舞台裏を司法省文書をもとに推定した。穂積によると、上記の尾佐竹の理解とは違い「司法部全体の意見は刑事弁護の制度に絶対に反対」であり、省内の会議で圧倒的多数で提案を一旦は退けた。それが実現したのは、治罪法と刑法を起草したフランス人法学者ギュスターブ・ボアソナードが刑事弁護制度の提案に

39

第3章　法律専門職としての制度づくり

賛成したからだと推し測った。

　裏の事情はさておき、刑事訴訟法と刑事裁判所法を兼ねた治罪法はその第4編〈公判〉第1章〈通則〉266条で「被告人は弁論の為め弁護人を用ふる事を得。弁護人は裁判所所属の代言人中より之を選任す可し。但し裁判所の允許（許可）を得たる時は代言人に非ざる者と雖も弁護人と為す事を得」と定めた。

　禁固6年以上の刑を宣告できる重罪裁判所にあっては、被告人に弁護人がついていなければ「裁判所長の職権を以て其裁判所所属の代言人中より之を選任すべし」（378条。大審院では421条に依り大審院長が選任）、「弁護人なくして弁論を為したる時は刑の言渡の効なかるべし」（381条）と必要的弁護の規定も設けた。

　弁護人の権利として、重罪裁判所係属の事件に限るが「被告人と接見する事（ただし官吏の立会が要った）。又書記局に於て一切の訴訟書類を閲読し且つ之を抄写する事」を382条に定めた。また医師・薬商・産婆・神官・僧侶・代書人・公証人と並んで、予審での尋問、公判廷での証言を拒絶できるようにした。

　この画期的な刑事被告人の人権を護る規定は、残念なことに、わが国司法制度の「特異性・ゆがみ」の1つ「担い手の圧倒的希少」によって絵に描いた餅になった。当時の免許代言人が1000人にも足らず、しかも東京、大阪に偏っていたので、刑事弁護人は容易に見つけられなかった。

　現に、必要的弁護事件にかかる381条は、施行わずか8日後に出た太政官布告「其裁判所所属の代言人無きの場所に於ては当分の内、弁護人を用ひざるも其刑の言渡は無効の限りに在らず」によって、免許代言人のいない地域では空文と化した。

40

第4章
代言人から弁護士へ

立憲政体と法典近代化の完成

　代言人に刑事弁護の職務を与えた治罪法は、法典を西欧式にするために刑法とともに上述のボアソナードの起草によって制定したが、「立憲政体の詔書」（第2章の〈難関は裁判所全国配置〉の項を参照）の示す方針に従って諸法令を体系的に整備するなかで廃止した。すなわち、治罪法のうち刑事裁判所の構成を定めた部分を裁判所構成法（1890年11月施行）に移し、残る部分を刑事訴訟法（旧々刑訴法、同年同月施行）につくり変えた。

　民事でも、立憲政体にそぐわず手続法として不十分な訴答文例に代わる民事訴訟法と、憲法に「行政官庁の違法処分による権利侵害を訴える訴訟を担当する」と定めた行政裁判所の設置・構成・訴訟手続法を策定する作業が進んだ。前者は憲法から1カ月遅れて1891年年初に、後者は行政裁判法として1890年10月にそれぞれ施行した。

　残る民事実体法は法典は完成したのに施行できなかった。

　経緯を記すと、まず政府は1879年、ボアソナードに刑法・治罪法に次いで民法の起草を委嘱、1881年にはドイツ人学者ヘルマン・ロエスレルに商法の起草を求めた。約10年かけて成案を得た民法と商法は、憲法施行と帝国議会開設を半年後に控えた1890年4月に公布、まず商法を翌年1月に施行し、民法は、周知期間を置き、1893年1月施行と決めた。ところが公布前から法律家の間で起きたいわゆる民法典論争（伝統的な道徳・習慣を固守する立場から「ボアソナード民法」に反対する議論）が、開設したばかりの議会に燃え移り、民法商法施行延期法が成立してしまった。

　編纂し直した民法典を施行したのは、計画より5年以上遅れ、民法が1898年7月、商法が1899年6月だった。

　上述の諸法令のうち裁判所構成法、行政裁判法、刑事訴訟法、民事訴訟法に

第4章　代言人から弁護士へ

法制史上初めて「弁護士」が、弁護士法に先行して、登場したと序章〈はじめに〉に書いた。明治憲法が定めた司法制度の下で、いよいよ弁護士が姿を現した。

代言人20年──高評得た「玉」嘲笑浴びた「石」

　弁護士としての歴史に踏み入る前に、ほぼ20年の代言人史を総括しよう。

　目を見開かされるのは、社会に地歩を占めたその速さだ。

　江戸から名を改めて年浅い帝都の世相を軽妙な戯文に写し取った服部撫松の『東京新繁昌記 六編』は代言人が生まれて４年しか経たない時期の本だが、文明開化を象徴する流行りの文物として瓦斯会社、女学校、西洋料理店とともに「代言会社」の探訪記を載せた。現代文にすると、

　　　法廷に持ち込まれる新しい訴訟は一日に三百件を下らないと聞く。これが
　　　代言社の繁昌する所以だ。代言社なるものは、大概は旧官員或いは書生の
　　　結社で法律研究を目的に掲げ、その実、代言代書をしている。（中略）個
　　　人で代言代書を請け負う者もいる。東京府下に十一の大区と百五の小区が
　　　あるが、代言代書業者のいないところはない。[服部：422〜423頁]

　この本が出た1876年の『朝野新聞』９月８日付に社長の成島柳北（徳川幕府で侍講、外国奉行などを歴任。維新政府に仕官しなかった明治の文人）は、政府の言論弾圧にあらがう記事に「当分筆硯を焚（たき）て著述を止め、変じて流行の代言人とならんか。はたまた高利貸とならんか」と書いた。

　「筆や硯を捨てて、当分、物書きはせず、代言人にでもなろう。それとも高利貸か」というボヤキだ。高利貸もまた開化の東京で急成長した商売だった。

　1881年９月には、信頼できる代言人を紹介する銘々録『東京代言人列伝』が出た。「代言業者は玉石混交で多数いる、本書は『石』を選んでしまわないための案内書」が売り文句だ。

　社会での地位も得たようにみえる。

　明治憲法施行半年前に刊行した『新撰 東京独案内図会』は今で言う街歩き

代言人20年——高評得た「玉」嘲笑浴びた「石」

ガイド本。名所旧跡、神社仏閣、毎月の縁日、買物の場所などが第1編で、第2編は諸官庁の所在地一覧、高位官職者や著名人の人名・住所録だ。そこに「貴顕及有名家」「博士」「東京学士会院会員」「有名医師」と肩を並べて「有名代言人」74人の氏名住所（事務所か居宅かは不明）が載る。

　福地重孝日本大学教授は『士族と士族意識——近代日本を興せるもの・亡ほすもの——』で明治初期の代言人たちの社会的評価・地位について次のように指摘した。

　　代言人の社会的地位を決定的に向上せしめたのは、法学士（第2章の〈法
　　典の整備と法律家の創出〉の項に書いた司法省法学校とその後身の旧東京
　　大学法学部の卒業生＝引用者注）がこの職に就いてからのことである。
　　（中略）法学士が無試験で免許状を下附されたことによって、代言人社会
　　には新らたな知識層を加えることになった。［福地：287頁］

　法学士が代言人になるには2つの経路があった。1つは卒業してすぐに代言人になるみち、もう1つは官職を辞して代言人に転身するみちだ。人数は多くはなかったが、官尊民卑の念が甚だしかった当時、法学士の流入は重い意味があった。

　法学士代言人でなければ社会的な評価を得られなかったわけではもちろんない。天野郁夫の『増補 試験の社会史』（前章に既出）は、代言人の主要な給源である私立法律学校が有為の人材を代言人の世界に多く送り込んだと論じた。

　　全国から集まってくる学生の多くは、いわゆる「地方名望家」層の子弟で
　　あり（中略）新政府の官僚になることをめざす人たちや、政治家への道を
　　めざす人たちもいた。しかし私立法律学校の野心に燃えた、また優秀な生
　　徒たちがめざしたのが、なによりも法曹、とりわけ在野法曹としての代言
　　人への道であったことは間違いない。

　　この難関（代言人試験＝引用者注）はとくに、貧しく身分も家柄も低いが、
　　高い知的能力と野心をもった若者たちにとって、きわめて魅力的な上昇移

第4章　代言人から弁護士へ

動への道であった。（中略）合格すれば、ただちに高い社会的地位と金銭
的な報酬が与えられる。それはまさに「立身出世の捷径」であった。［以
上、天野：186〜187頁］

　多人数の集団になれば玉石混淆は古今変わらぬ世の習い。代言人層も例外で
はなく、「石」の部分が少からずあった。
　江戸時代末期から明治にかけて犯罪ネタやゴシップで売る「小新聞」（政論
がウリの「大新聞」と対比した呼び方）の経営者兼記者兼戯作者として書きま
くった仮名垣魯文の連載記事「東京顕微鏡（とうけい むしめがね）」第1回の
罵言を記す。魯文は、代言人の告発によって讒謗律（1875年に新聞紙条例とと
もに制定した言論統制法令）違反の廉で罰金刑を食ったから筆鋒は尖った。

　　官員となり久しく等外の座を占めて動かざる者（最下級の官吏のまま昇
　　進・昇給できない者）、不平を癒すに所なく、辞して代言人流に入り、口
　　に民権を称ふるも糊口の術に過ざれば（生計を立てる手段に過ぎないの
　　で）大ひに民情の妨害を来す（人心を害する）に至る。（中略）代言入費
　　に暖まれば（代言の手数料が入れば）勝敗（依頼人の勝訴・敗訴）如何を
　　顧みず。之を号（なづけ）て嗚呼（あゝ）終身汝の馬鹿。［魯文：2〜3
　　頁］

　世を斜めにみて手当たり次第に嘲笑悪罵を放つ戯作者には「石」の代言人た
ちは格好の標的だった。嘲世庵喜楽が『呆（あきれ）た浮世』に書いた「平凡
（へぼ）代言人犬も食（くわ）ない自慢の糞話」では、

　　傍（かたえ）の人々はソラ法螺吹（ほらふき）代言なり、馬鹿代言なりと
　　後指を指て、且つ誹り且つ笑ひ居るにもお気が付れず（中略）聞人（きく
　　ひと）もなき自慢話を真面目に説き了（おわり）て虚心平気の平左衛門た
　　るは最（い）と可笑（おかし）きことにてありけり。［嘲世庵：6〜9頁］

中村狸遊の『百妖笑々寄如件（よってくだんのごとし）』には大阪の無免許

代言人が登場して依頼人にまくしたてる。

　免許は（中略）下がってござらぬのではない。下げてもらはぬのでござる
　て。（中略）なぜ無免許で居るかとお疑いだらうが、全体大阪の組合代言
　人に人物がないから、とかく不品行の誹（そし）りを免れず、ややもすれ
　ば法律を左右する（ネジ曲げる）とか、又は不当の謝儀（謝礼）をとると
　か（中略）よろしくない（という）のが迂生（小生）の持論さ。[中村：
　6頁]

自由民権の先頭に立って

　代言人史を顧みて大きな節目になる出来事は1880年5月の代言人規則全面改
正だった。改正規則で導入した、強制加入の代言人組合を通じて代言人全員を
司法官が監督統制する制度の狙いは前章の〈「官」の監督下に 政治目的はらむ
規則改正〉の項に書いたとおり、代言人たちが多く加わった自由民権運動の抑
圧にあった。自由民権運動とのつながりは代言人20年の歴史を貫いた特質なの
である。
　免許・無免許合わせて相当な人数がいた代言人・代言業者の大半が自由民権
運動の運動家ないし同調者であったというのではない。戦前戦後を通じて反権
力の活動で知られ多数の著作がある森長英三郎弁護士は「在野法曹85年小史」
に「その数は全体の2、3％を出ないのではあるまいか。エリート代言人とみ
られるものもその数は少ない。歴史に名をとどめたこれら少数の人々から全体
をおしはかってはならない」と書いた。
　森長は根拠を示していないので「全体の2、3％」が「おおよそ」としても
正しい数字か判断しかねるが、自由民権運動家やエリートの存在から「全体を
おしはかってはならない」のは当然だ。
　それを前提において、以下に代言人層と自由民権運動の深い関係を見ていく。
　升味準之輔東京都立大学教授が自由民権運動を詳密に論じた『日本政党史論
1巻』から代言社・代言人に関係する豊富な記述の一部を並べる。

第4章　代言人から弁護士へ

　　当時（1880年代半ば＝引用者注）の政治社会は、都市の職業的知識人と地
　　方の豪農商知識人・記者・代言人・学校教員とからなる薄い狭い社会的皮
　　膜にすぎず、彼らがすなわち国論の形成者であった。

　　代言人は、あたらしい都市的な専門職業である。都会に事務所をおき、訴
　　訟をあつかって収入をえ、社会関係をひろげ、野心のあるものは、その事
　　務所と収入を政治活動に投入する。（中略）大井憲太郎や星亨はそういう
　　経歴の指導者（自由党の役員を指す＝引用者注）である。（中略）代言人
　　の専門知識や弁論技術は、論説をかき演説をぶち、政府を攻撃し官憲とあ
　　らそうために重要な武器であったと思われる。

　　代言人は、大都会や地方都市の知識人として相当の役割を果たしたのでは
　　ないかと思われる。（中略）各地の結社の指導者をみると、代言人が意外
　　に多い。［以上、升味：216、315、316頁］

　代言人の活動は、本来の職場である裁判法廷でも世人の耳目を集めた。自由
民権運動を背景にした民衆蜂起事件や政治活動弾圧事件の刑事裁判で弁護人と
して活躍し、民権派の諸新聞は公判の様子と代言人の弁論を逐一、大きく報じ
た。
　なかでも、河野広中（後の衆議院議長）ら自由党員6人を「国家転覆を目的
とする内乱を陰謀した」として禁固刑に処した福島事件（公判・判決は1883
年）は、新聞がこぞって連日、法廷傍聴記を掲載し、民権派の主張や勢いの良
さを広く世に訴えた。
　話は変わるが、河竹黙阿弥が文明開化の風俗スケッチを交えて作劇したいわ
ゆる散切物世話狂言の一作「水天宮利生深川（すいてんぐう　めぐみのふかが
わ）」（1885年初演）の戯画的な登場人物に「もぐり代言」の茂栗安蔵（もぐ
り・やすぞう）がいる。主人公の敵役「高利貸の金兵衛」に太鼓持ちのように
付き従う人物で、何かというと「次第に寄れば法律で、きっと片を付けてみせ
ます」とか「法律上で押して参っても」とか代言人風の口を利いて煩がられる
が、こんなセリフを吐く。

46

来年は試験を受け僕も立派な代言となり、やがて二十三年（明治23、1890
年＝引用者注）には国会開設の時至り、名義を上げる了簡ぢゃ（名を立て
るつもりだ）。［河竹：486頁］

　安蔵が「代言人から国会議員になる」と皮算用したのは有名代言人の多くが
政治活動家として知られ、帝国議会に進出すると世間がみていたからだ。
　前項で取り上げた『新撰　東京独案内図会』は帝国議会の最初の選挙を数カ
月後に控えた刊行だから、人名録の区分に「東京府選出議員候補者」を設けた。
そこに何人か代言人の名を並べた。
　実際、1890年7月1日の第1回衆議院議員選挙で代言人は多数の議席を獲得
した。
　稲田雅洋東京外国語大学教授は『総選挙はこのようにして始まった——第1
回衆議院議員選挙の真実——』に、当選者300人のうち25〜31人が代言人で、
落選候補の中にもかなりの数の代言人がいたはず、と記した。31人は稲田が選
挙時の資料を元に数えた人数。25人はそのうち奥平昌洪の『日本弁護士史』
（既出）所載の名簿で名前を確認できた人数だ。
　当選者を出身分野別でみて、府県会議員経験者（この中にも代言人がいたと
推測できるが、実態は不明）の200人、新聞・雑誌関係者80人に比べればかな
り少ないとはいえ、代言人は1つの社会勢力・階層として国政に関与する地盤
を最初の選挙で固めたといえる。

第1回帝国議会に弁護士法案

　明治憲法の下に体系化した司法機関構成諸法、訴訟手続諸法と同時に施行す
るべき法律であるのに、わが国司法の「特異性・ゆがみ」を反映して制定が後
回しになった弁護士法は、ようやく1890年12月、帝国議会の第1回会議で法案
審議が始まったが、法の成立までにはさらに紆余曲折を経た。
　政府が「弁護士の資格を厳正にしその権利を保護しその位置を尊重しその行
為を監督するは国家の必要にして欠くべからざること」（貴族院での司法大臣
の法案趣旨説明）と大見得をきって提出した法案に対し、当の代言人たちから

第4章　代言人から弁護士へ

強硬な反対論が噴き出し、貴族院の特別委員会が政府案の大幅修正を議決したので政府は翌1891年1月に法案を撤回した。

日弁連10周年記念誌『日本弁護士沿革史』（既出）によると、

> 法案において、弁護士の階級を設け、営業の区域を限り、巨額の免許料保証金を定めんとしているを知るや、全国在野法曹界の人々は、その不当を論じ、その運動は激烈を極めた。[日本弁護士連合会1959：53頁]

「弁護士の階級を設け」は、地方裁判所・控訴院・大審院それぞれで弁護士業務を行なうのに必要な経験年数と登録料・預託保証金額を、審級に応じて段階的に引き上げる制度規定を指す。「営業の区域を限り」とは、大審院登録の弁護士は全裁判所の事件を扱えるが、控訴院登録弁護士はその控訴院と管内下級裁判所の事件だけ、地方裁判所登録弁護士はその地裁と管内の区裁判所の事件だけしか扱えない、とする制度である。

代言人には「階級」や「営業区域」はないので、法案のこれらの規定は新たなしかも厳しい規制であり、弁護士法施行後、当然に弁護士となる代言人たちには到底受け入れられるものではなかった。

2年後、政府は「深く実際の得失に照し、かれこれと修正を加え、再び本院の議に付せらるる場合に立ち到った」（1892年12月1日衆議院本会議で司法次官の趣旨説明）と新法案を提出した。

この時の衆議院議長は代言人の星亨で、法案審議に当たった議員もほとんどが代言人・法律家出身だった。法案は、弁護士の営業を規制する条項の一部を緩和方向に修正したのち1893年2月に弁護士法として成立した。

その特徴を記すと、

・司法省による監督を維持した
　弁護士会を所属地方裁判所の検事正の監督下に置いた。弁護士会会則は司法大臣の認可を受けなければならない。司法大臣は、弁護士会の決定が法令・会則に違反すると判断すれば、その決定を無効にできた。
・司法官と資格要件に差をつけた

弁護士資格付与は判事検事登用と別の試験で行った。弁護士試験の出題・採
点・合否決定をする試験委員長・委員は司法官から司法大臣が任命し、弁護士
を排除した。また判事検事には弁護士試験を免除したのに対し、弁護士には登
録後3年以上経って初めて判事検事登用試験を免除した。
・訴訟外の法律事務について規定しなかった
　弁護士の職務を「当事者の委任または裁判所の命令に従い、裁判所に於いて法
律に定めた職務を行う」とだけ定め、訴訟外の法律事務について何ら規定しな
かった。代言人免許制度が実効性をもつようになった後も生き残ったモグリ
（無免許）代言業者は、おかげで法廷外の業務を大っぴらに続けられた。
・職務制限は削除した
　元の法案にあった「弁護士の営業の区域を限る」条項は「大審院での業務には
登録後2年の経歴を要する」との制限だけを残した。これも1900年の法改正で
削除した。
・職能団体の強制加入制度を維持した
　改正代言人規則で導入した代言人組合への強制加入制度を維持し「弁護士は弁
護士会に加入したる後に非ざれば職務を行ふことを得ず」と定めた。弁護士会
の設置規制は代言人規則を厳格化。「検事の見計（みはからい＝見て判断する）
を以て代言人組合を分合（分割や合併）することあるべし」とあったのを「弁
護士は其の所属地方裁判所毎に弁護士会を設立すべし」に改めた。

　現行の弁護士法ができてから旧々弁護士法と称されるこの弁護士法および弁
護士が条文にあらわれる4本の法律（行政裁判法・裁判所構成法・刑事訴訟
法・民事訴訟法）によって民間の法曹が初めて国家統治機構上に地位を確立し
た。しかしそれは司法官（判事・検事）と同じ高さにはなく、わが国司法・弁
護士制度の「特異性・ゆがみ」は解消に向かわなかった。

玉石混交を曝け出した混乱

　弁護士法の施行（1893年5月1日）後、代言人たちは急いで弁護士登録をし
弁護士会を設立しなければならなかった。
　35条で「現在の代言人は本法施行の日より60日以内に弁護士名簿に登録を請
ふときは試験を要せずして弁護士たることを得」と定め、同年4月の司法省令

49

第4章　代言人から弁護士へ

第6号で「弁護士法施行に付き弁護士会設立の手続は旧代言人組合に於て之を取扱ふべし」と命じたからだ。

　代言人組合から弁護士会への移行に関して奥平昌洪の『日本弁護士史』は「弁護士会長たらんとする者多く、到る所選挙競争生ぜり。競争の最も激烈なりしは東京にして」と書いた。

　東京の代言人組合は「進歩派」「保守派」と呼ぶ派閥対立が組合長以下の人事争いになって先鋭化し、1889年に分裂した。東京弁護士会は、反目する2組合を統一しなければならないから、「最も激烈な競争」が生じたのだった。

　『東京弁護士会百年史』によると、弁護士会設立時、大きく3つのグループがあった。学んだ法系による英法派と仏法派、そして「大学出の学閥に対抗する」中立派である。

　弁護士会会則案に盛り込んだ役員選出方法は、設立総会に諮る原案では英法派が推す選挙方式だった。代言人組合時代に進歩派がとった方式である。

　ところが総会冒頭で突然、役員を抽選で選ぶ方式（役員総数に見合う人数の役員候補者を抽選で決め、その候補者に総会出席者の投票で役職を割り振る。代言人組合時代に保守派がとった方式）にする会則案を仏法派と中立派が手を組んで提案。中立派に属した議長が討議を省略して抽選方式の採用を議決してしまった。英法派は激高、怒号の応酬にとどまらぬ大混乱になった。

　総会の荒れようを『東京日日新聞』（現在の毎日新聞）1893年5月9日付2頁の記事「東京弁護士会創立会」から覗く。

　　開会前より競争のありし事と云ひ、且つは口舌を以て雄視（ゆうし＝威勢を張って他に対すること）する人々の会合なれば多少の紛擾は免れざる所ならんとは記者の予期せし所なれども、その紛擾は予期にも増していっそう劇しく。

　　議場忽ち喧噪し拍手するもの、床板を踏鳴すもの、馬鹿と叫ぶもの、ダマレと叫ぶもの四方に起り。

　　演壇に飛上り帽子打振りて万歳と叫び。

議長席に飛上り議長と何か言い争ふ。

　選挙派は抽選方式を弁護士法違反だと断じ、監督庁である東京地方裁判所検事正や司法大臣に介入を要請。司法大臣が選挙方式をとるように命じたため、総会のやり直しが決まったが、再度の総会もまた紛糾した。『東京弁護士会百年史』をみよう。

　　当日会員262名（当時の会員数は407＝引用者注）が出席し（中略）検事正は２、３の検事を従えて臨席し、一方議場には警部が、場外には数名の巡査がそれぞれ警固に当った。［東京弁護士会：177頁］

開会直後の議長選びで早くも選挙派・抽選派の衝突が始まった。

　　（抽選派の議長候補が）議長席に上ろうとしたところ、抽選派の人人はこれを押上げ、選挙派の人人はこれを突落さんとして争闘となり、鉄拳が飛び交ったので、警部は巡査を呼び入れ検事正等と協力してこれを鎮静した。（中略）検事正の忠告があって再び議事が進行したが、動議が続出して採択は困難をきわめ、喧喧囂囂のうち午後６時空しく閉会した。［同：同頁］

　結局、弁護士会会則の認可権をもつ司法大臣が、選挙方式を明記した会則を総会で議決するよう示達し、３回目の総会で会則が定まった。６月４日、会長以下役員を決める選挙会を開いたところ、そこでまた大騒ぎがもちあがった。
　もう１度『東京弁護士会百年史』を引こう。

　　（会の進行をめぐって）選挙派、抽選派双方が互いに罵り合い、まさに摑みかからんとして満場総立ちとなり、闘争寸前の状態に陥ったが、臨監の警官に阻止されてことなきを得た。［同：178～179頁］

　すったもんだの末に会長に大井憲太郎以下の初代役員を選出した。全員が抽選派（仏法派と中立派）であった。

第4章　代言人から弁護士へ

大阪も、東京に輪をかけた紛擾であった。

『大阪弁護士史稿』と『大阪弁護士会百年史』によると、大阪では古くから「学校出身の代言人と自由党に属する代言人およびそれ以外の古参の代言人」の間に対立感情があり、それが弁護士会の人事を巡って爆発した。

1893年5月3日の設立総会は幕開けから議事運営を巡って「議場囂隘（ごうかい＝けたたましいさま）し番号札を以て椅子を叩く者あり阿房（あほう）と叫ぶ者あり糞馬鹿と罵る者あり、喧嘩いつ果つべしとも思はれざりし」（『大阪弁護士史稿』）という修羅場と化した。その後、設立にこぎつけるまでに総会の延会と再開催を10度も重ね、会則を議決し会長・副会長・常議員を選出し終えたのは8月2日であった。

「大正期における在野法曹の3元老、3博士の1人」（『東京弁護士会百年史』）とされ、昭和に司法大臣や枢密院（天皇の諮問機関）議長を歴任した原嘉道は、農商務省を辞し試験免除で代言人になったばかりで派閥抗争など知らぬまま選挙派（原は英法派の人脈に連なっていた）の陣笠連として東京弁護士会設立総会に狩出された。

聞書の自伝『弁護士生活の回顧』で原は「会員の言語行動に野卑下劣のものがあり、収拾困難を極め（中略）検事正の忠言演説や議長への注意を必要とするに至り、到底紳士の会合とは思はれぬ醜態を呈した。吾輩は、余りの浅ましさに、涙のこぼれるのを感じた」と吐き捨てた。

第5章
隆盛期に至る地位の確立

なぜ「弁護士」にしたか

　弁護士法を施行した翌日1893年5月2日付東京朝日新聞に「弁護士ノ職」と大活字を使った広告記事が見える。現代文にすると、

> 私、本月1日より弁護士の職に従事し、従前の通り、訴訟事務を取り扱いますので事件の大小難易に拘わらず委嘱いただきますようご案内申し上げます。但し小事件は簡易な取扱いをいたします
>
> 東京市芝区桜川町20番地　弁護士小川広吉

　真新しい職名が誇らしげだ。
　無理もない。第1回帝国議会で弁護士法案を審議した貴族院特別委員会の細川潤次郎議員が本会議（1890年12月23日）への報告で次のように述べたのだから。細川は土佐藩から仕官し数多くの法律を起草した法制の専門家である。

> 代言人と違って資格を常に高尚なるものにせんならぬと云ふことから、名まで改めて弁護士と云ふことになった。（第1回帝国議会貴族院議事速記録第8号に載録）

　「代言人」はフランスの訴訟代理人の訳語として福沢諭吉が考え出したとされる造語だが、「弁護士」は、漢籍にもある古い語「弁護」と「士」を組み合わせた〝半造語〟だ。
　1603年に日本イエズス会が布教の用に供するためにつくった『日葡辞書』の邦訳版を引くと「弁＝口数多くよどみなくしゃべること」はあっても「弁護」は載っていないから、日常の会話では使わない言葉だったのだろう。しかし日

53

第5章　隆盛期に至る地位の確立

本初の国語辞書『言海』には「弁護＝言い開きて回護（かば）ふこと」とある。「回護ふ」は「害（そこな）はぬやうに守る、いたはる」の意味だ。

つまり「弁護」は書物が読める人には了解できる言葉だった。弁護士法案ができる5年余り前、1875年2月に公布した広沢故参議暗殺事件別局裁判規則の4条、5条は「弁護官の事」と題して「被告人の為めに弁護するの責に任ず」云々とその職務内容を規定した。同別局は1871年1月に発生した広沢真臣参議暗殺事件専用の特別法廷で、多数の容疑者・被告人を取り調べながら、犯人特定、処罰に至らなかった。

1880年7月に布告した治罪法にも「被告人は弁論の為め弁護人を用ふる事を得。弁護人は裁判所所属の代言人中より之を選任す可し（後略）」（266条）と「弁護」が出てくる。

ではどうして、「資格を高尚なるものにするために」職名を変えなければならなかったのか。

『言海』には「士＝（1）学芸などあり、又、仕官などして、人民の上流（うはて）に居る人類の称。（2）さむらひ、武士」とあるから、「代言人」改め「代言士」でも十分に「高尚な職名」になったはずだが、それではダメだった。とにかく「代言人」を消し去る、世に広まりわたってしまった「三百代言」という高尚ならざるイメージが貼り付いた旧職名を捨てるところに目的があったのだ。

「三百代言」の語源に諸説あるなか、これまで何度も引用した瀧川政次郎は少額報酬説をとる。論稿「三百代言」で瀧川は「三」「三百」を安物、つまらぬ物の意に使う俗語・俚言を並べ、さらに江戸時代の「早期資本主義勃興期」以降は「人の価値をカネで量る」世の中になったと説き、結論を下した。

　　明治の初めに、安っぽい、下賤な代言人を三百といったのは、彼らが少額の報酬で働いたからであることは（中略）疑いなきところである。［瀧川1951：41頁］

第4章の〈代言人20年──高評得た「玉」嘲笑浴びた「石」〉の項でみたとおり代言人・代言業者は、免許のあるなしにかかわらず、玉石混交だったから

「三百代言」と蔑まれて仕方のない者がいたのは間違いない。問題は、味噌も糞も一緒にして代言人一般をこの言葉でとらえがちな世間の目だった。『言海』を増補改訂した『大言海』で「三百代言」を引くと「代言人を、卑しめて呼ぶ語」と出てくる。

「代言人」を捨て去らなければならない理由が、ここにある。

弁護士の歴史に「三百」がまとわりつくのは、しかし、職名の変更をもって終わりにはならなかった。悪名から離脱を果した弁護士たちが、今度は自分たちの方から、弁護士資格を持たずに法律事務ないし訴訟関連の仕事を業とする相当な人数の者たちを「三百」「三百屋」と指さし、取締り追放を政府・司法省に求めるようになった。

その経緯と結末そして「三百」追放が弁護士の歴史にもたらした得失は次章の終わりに詳しく述べる。

統治機構に根を張り、日本弁護士協会を発足

「高尚なる資格」とそれにふさわしい新しい職名を得た弁護士界の指導者たちが次に目指したのは地位の向上であった。

> ①　その職務が世人から尊ばれ高く見られるようにする。
> ②　司法機関の中で司法官と対等の立場に上る。
> ③　統治機構に弁護士層が足場を築く。

以上の目標のうち③は第1回衆議院議員選挙での大量当選が最初の達成で、その後も帝国議会で弁護士層は確固とした勢力を保ち、貴族院にも勅選議員となって進出する。

日本初の政党政権となった1898年の第1次大隈重信内閣では憲政党（板垣退助の自由党と大隈の進歩党が合併）に属した自由民権派弁護士たちが、内務次官、司法次官、外務次官、内務省警保局長・北海道局長、大阪府知事などの要職に就いた。

時代を下って、昭和初年に刊行した『現代法学全集』の「弁護士法」の冒頭

第5章　隆盛期に至る地位の確立

に、後の大審院長長島毅は次のように書いた。

　（弁護士は）数に於て一大勢力であるばかりではない、質に於ても一大勢
　力である。内閣が改まる度毎にきっと弁護士出身の大臣の顔が１ッや２ッ
　は表はれる。衆議院や多くの府県会、市会等に於て弁護士が牛耳を（少な
　くともその片ッ方くらいを）握って居ることは争はれない事実である。
　［長島：213頁］

　政界への進出とは別の経路でも弁護士層は国家統治機構に足がかりを得た。
法律家として政府が識見・力量を認めた著名弁護士たちが内閣法典調査会や司
法省法律取調委員会の委員になり諸法令の策定に関与したほか、主要な法典の
編纂・改定にあたって司法大臣が弁護士会の意見を徴するようになり、例えば
1897年と1901年には刑法改正で、1899年には裁判所構成法、民事訴訟法の各改
正で弁護士会に弁護士法に基づく諮問をした。

　弁護士の地位向上の具体的目標のうち上記①と②を達成するために、1896年
6月に結成したのが、全国の弁護士有志による任意団体日本弁護士協会だった。
　発起人５人の１人、鳩山和夫が機関誌『録事』創刊号に寄せた「日本弁護士
協会の任務」から会創立の目的を要約すれば「弁護士界の綱紀振粛」と「法制
度の発展と人権の拡充擁護」である。鳩山は、米国留学で法学博士号を取得し
帰国後、あえて野に下り、試験を受けて代言人となった。第３回総選挙で衆議
院議員に当選、のちに議長の座についた。1954年から1956年まで首相だった弁
護士出身の鳩山一郎の実父、2009年から８カ月余り首相を務めた鳩山由紀夫の
曾祖父である。
　上記の「会創立の目的」を追求するのになぜ弁護士会とは別に任意団体を立
ち上げなければならなかったか。弁護士法28条が「弁護士会に於ては左の事項
の外、議することを得ず」と活動範囲を３点（法律命令又は弁護士会会則に規
定したる事項／司法大臣又は裁判所より諮問したる事項／司法上若は弁護士の
利害に関し司法大臣又は裁判所に建議する事項）に限定したからだ。
　最初の事項について付言すれば、会則を定めるには「検事正を経由して司法

大臣の認可を受くべし」(23条)との束縛があり弁護士会の自由にはならなかった。

『録事』創刊号は29頁にわたって評議員会第1例会の議事録を掲載した。それを読むと、協会の実質的な意思決定機関である評議員会の議論は最初から、たんに研究や意見交換にとどまらず、法改正や司法省・裁判所その他諸官庁への働きかけに及んでいる。

実際に日本弁護士協会は職能団体として時代に先駆けた功績をいくつもあげた、と今日、賞賛を得ている。

一例として中尾正信弁護士が2018年に発表した「日本弁護士史序論——戦前弁護士の誕生・発達史から何が学び取れるか」から引用する。

> 旧々弁護士法の施行期(中略)、戦前弁護士の職能は自らの主体的かつ旺盛な活動により発達を重ねていったところ、その活動は専ら日本弁護士協会を中心に展開され、その範囲は司法の変革から人権擁護活動にまで広く及び、戦前弁護士の職能の発達に大きく寄与した。その意味で、その発達史において日本弁護士協会が果たした役割は極めて大きかったといえる。
> [中尾:64頁]

水平運動に乗り出す

前項の冒頭に書いた「弁護士の地位向上を実現する3つの目標」のうち「司法機関の中で司法官と対等の立場に上る」は日本弁護士協会が特に力を入れた課題で「水平運動」と呼び、さまざまな要求を政府・司法省に突きつけた。

法改正による制度改革要求は「判検事と弁護士の資格同一化」「判検事を弁護士から任用」「弁護士会が弁護士を監督する」の3項目。要するに法曹一元制を求めたのだ。

法曹一元化は、序章〈はじめに〉でわが国司法の「特異性・ゆがみ」の1つにあげた「在野」「在朝」の区別と地位格差を根本から解消する制度改革になる。

大野正男弁護士は論稿「職業史としての弁護士および弁護士会の歴史」(既

第5章　隆盛期に至る地位の確立

出）で水平運動と陪審制度導入（本章で後述する）を「弁護士階層がわが国司法制度に対して提起した最も重要な提案であった」と評価した。

大野の論稿を参照しつつ運動の道筋をたどってみよう。

1890年施行の裁判所構成法は111条で「裁判長は不当の言語を用ゐる弁護士に対し同事件に付き引続き陳述するの権を行ふことを禁ずることを得」と定め、1882年施行の旧刑法141条は「官吏の職務に対し其目前に於て形容若くは言語を以て侮辱したる者」を処罰の対象とし、弁護士法（1893年施行）は弁護士に対する懲戒裁判を請求する権限を、弁護士会の監督官である地方裁判所検事正に与えた。

これらの規定によって弁護士は民事刑事を問わず法廷での言動を縛られ、しばしば訴追、懲戒、弁論停止処分を受けた。

弁護士たちは懲戒裁判で、また日本弁護士協会は機関誌『録事』で、判事・検事が弁護士の活動を不当に甚だしく阻害していると訴え、是正を求め続けた。

法廷内での弁護士の地位の低さは、訴訟手続が職権主義・糾問主義であり、かつ裁判所に検事局を置く制度下にあった刑事裁判で一層顕著だった。大野は次のように書く。

　　　単に不満にとどまらず、刑事裁判制度に対する非常に大胆かつ根本的な改革案が、日本弁護士協会において、すでに1897年に次々と議せられていることは（中略）注目すべき事実である。刑事裁判に対する不満は、弁護士の職務の自覚への1つのテコになった。［大野：44頁］

「大胆かつ根本的な改革案」は評議員会第3例会で議題にした「予審制度を廃止する」「予審に弁護人を付する」「検事制度を改革する」の3件で、それぞれ評議員の弁護士がまとめた提案理由について、大野は「理論的水準が非常に高いことに驚く」と付記した。

本項の初めにあげた水平運動の制度改革要求3項目は、日本弁護士協会の設立以来の主張であり、1900年に大阪で開いた臨時総会の決議として採択した。決議案は、

① 弁護士会を自治体となす。この目的を貫徹するため委員会を設ける。
② 司法大臣が裁判官を監督する制度を廃する。この目的を貫徹するため委員会を設ける。
③ 判検事と弁護士の資格を同一にする。

①と③を実現するには弁護士法改正が必要で、日本弁護士協会は1903年に、弁護士自治を主眼とする弁護士法改正案を議決。翌年、東京弁護士会も独自に改正案をまとめた。以後、1933年に新しい弁護士法（旧弁護士法）ができるまでの弁護士層の法改正運動は次章で詳しく述べる。

偉才・花形が彩った黄金時代

1958年度日弁連会長の島田武夫は1933年に「昔の弁護士と今の弁護士——薄れ行く弁護士の影を眺めつゝ」と題したエッセイを書いた。「盛時を回想して今昔の感に堪えない」「先人は、万丈の気焔を吐いて天下に闊歩した。その勇姿を顧みて感慨なきか」など大仰な調子だから多少割り引いて読むべきだが、弁護士法施行後の明治期を黄金時代と振り返った。

　治外法権撤廃後の明治時代は、法律家の最も得意な時代であった。（中略）一騎当千の法律家が、在野法曹を率ゐて天下に呼号し、弁護士の存在を人心に焼きつけた。弁護士の威風は、社会の各層を靡（なび）かせ（中略）弁護士の黄金時代を出現した。［島田1933：134頁］

前章の〈自由民権の先頭に立って〉の項で引用した森長英三郎「在野法曹85年小史」は、著者が島田とはまったく違う道を歩んだ弁護士だから歴史評価も自ずと異なるはずだが、黄金時代に関しては同じ書きぶりだ。

　弁護士法は、1893年５月から実施されて、代言人は弁護士となった（中略）弁護士の地位ははるかに向上し、明治末年には著名弁護士がくつわを

第5章　隆盛期に至る地位の確立

　ならべた黄金時代をつくった。［森長1960：112頁］

　島田と森長は、明治末の弁護士界のどんな状況をとらえて黄金時代とみるの
かを、同じような言葉で語った。つづめて言えば、法律家として有能で行動力
もある逸材が多数あらわれ世人の耳目を集め社会に影響力をもった、というこ
とである。

　島田が評して「天下の偉才、一騎当千の法律家」としたのは「菊池武夫、鳩
山和夫、江木衷、原嘉道、花井卓蔵など」だ。各々の功績や人物評は書いてい
ない。

　森長が列挙した名は、司法省の法律取調委員（前々項〈統治機構に根を張り、
日本弁護士協会を発足〉を参照）に就いた三好退蔵、磯部四郎、菊池武夫、高
木豊三、鳩山和夫、岸本辰雄、江木衷、原嘉道、関直彦、元田肇、花井卓蔵だっ
た。大審院長から弁護士に転じた三好については、在官中の行動を批判しつ
つその存在を「当時の時代背景では、元検事総長、大審院長の肩書きを持つも
のがおることは、弁護士の重みを加えたにちがいない」と評価した。

　森長には、大変な時間と労力を要したと想像される論稿「代言人・弁護士伝
記書誌──伝記でみる日本弁護士史」がある。1881年から1976年までに刊行し
た弁護士・代言人の列伝・銘銘伝44冊と、物故者の伝記・自伝95冊の寸評付き
の目録で、一部の人物には月旦を加えた。

　列伝・銘銘伝の部から、島田と森長が黄金時代と称した時期の本を拾い出す
と、1909年～1911年の３年間で５冊を数える。弁護士を紹介する本がそれほど
多く出たのは世間の関心が高かったからに違いない。当時の列伝が「偉才」を
どう書いたか、４人を例にとって以下に引く。褒めすぎの感がありいささか興
ざめだが、過剰な賛辞は「黄金」の照り映えなのだろう。

　花井卓蔵
　　私立学校出身者中で第１の成功者を求めんとすれば花井博士を措いて先
　　づ外にはあるまい。年歯（よわい）僅かに20にして而も抜群非凡の成績
　　を以て代言人試験に及第し、年齢30にして郷里広島県より選出せられて
　　代議士となる。法廷に於ける縦横無尽の弁論と議会に於ける侃々諤々の

議論とは既に定評あって一世の珍とするに足る。各種法典の立案に努め、就中（なかんずく）刑事法の立案に就ては君の力与って最も多大なる事、人の能く知る所である。［日本弁護士総覧第1巻］

江木衷

法律家として又弁護士として既に功成り名を遂げてゐる。江木博士の刑法にあらざれば刑法にして刑法にあらずとまで謳はれたのに視ても其の声誉と信望の如何を知り得られるであらう。［同］

菊池武夫

帝国大学最初の法科教授たり。野に在りては弁護士会々長たる事数次、斯界の元老として尊重せられ、未だかつて1日も読書を廃せず、新刊の法律書は遠く欧米より之れを購入して悉く読破し尽さずんば歇（や）まざる精力、真に愕（おどろ）く可きものあり。極て斬新の知能に富みて識慮高卓、加ふるに老成慎密（つつしみぶかく行き届いている）。而して、其の資性頗る廉潔にして端直（心や行いが真っ直ぐである）、胸底寸毫も私曲を蔵せず（よこしまな思いが少しもない）。［同第2巻］

原嘉道

東京帝国大学法科の俊才で、在学時代は常に首席で押し通したさうな。頭脳の緻密な点に於て他の儕輩（せいはい＝同輩）に抽（ぬき）んじて居る。当代民事弁護の名人と云へば言下に原かと首肯せしむる有様となった。如何なる細微な法文でも如何なる簡単な先例でも、一として識らざるものなしと云ふ。［菊あはせ：34頁］

地位確立の面目躍如 米騒動で全国に出動

　1918年7月23日、夜になってもおさまらない暑さにうだる富山県魚津の港で「細民婦女一揆」と地元や大阪などの新聞が書き立てる騒動が勃発した。
　このころ、第1次大戦による総需要と通貨量の急拡大が引き起こした世界的

第5章　隆盛期に至る地位の確立

インフレが日本に襲いかかり、諸物価なかでも米価が急騰して家計に乏しい「細民」は食うにも困るほどになった。富山の騒ぎは、地元より高値で売れる北海道に向かう輸送船にコメを積み込むのを阻もうと漁民の女房連数十人が港の倉庫や役場に押し掛けた自然発生の集団強請だった。

塩田庄兵衛東京都立大学教授の論文「『米騒動』と現代」は魚津の後の展開をこう書く。

　　おどろくべきスピードで全国に連鎖反応がおこった。京都、大阪、名古屋、東京等の大都市で、民衆が街頭におどり出て、『米の安売り』と『悪徳商人征伐』を叫んでデモンストレーションをおこし、米穀商や『戦争成金』を襲撃し、さらに警官派出所や警察署をも焼打ちする暴動に発展する事件がつぎつぎにおこった。民衆の蜂起は、さらに各地の中小都市から農漁村・鉱山へと波及し、一部では工場・鉱山の労働者の賃金引上げ・待遇改善等を要求するストライキ闘争と結合したところもあった。結局、7月末から10月はじめまでの2カ月余にわたって、日本全国の1道3府32県、33市104町97村で民衆が蜂起し、約1千万人がこれに参加したとみられた。
　　［塩田：6頁］

政府の対応を成田龍一日本女子大学教授の『大正デモクラシー』から引くと、

　　寺内正毅内閣は、緊急輸入した「外米」や白米の廉売政策により民心をなだめようとしたほか、寄付金を利用しての救済も行う。寄付には、天皇家300万円をはじめ、三井、三菱などの財閥、富豪が応じた。鎮圧には、警官隊のみならず軍隊が出動し、兵士の派遣は8月1日以降、122カ所、10万1718人に及んだ。また、2万5000人以上が検挙され、そのうち7786人が起訴された。死刑2人、無期懲役12人を含め、厳しい判決が出されている。
　　［成田：88頁］

騒動から20年後の1939年2月に司法省刑事局の思想特別研究員検事がまとめた「所謂米騒動事件の研究」と題する部内資料がある。思想犯を強力に取締・

弾圧するために治安維持法を勅令で改正したときであり、「未曾有の騒擾」とされた米騒動に関する確実な資料を系統的に収集して保存し行政・司法が同種事案に備えることを目的にした500頁に及ぶ報告書だ。

〈序説〉に次のくだりがある。

　「米騒動」当時、之と関聯して特に注目すべき動向を示したる社会的存在として、全国新聞界の政治的行動及び全国弁護士団の司法的活動あり。（中略）後者は８月下旬に至り日本弁護士協会を中心として騒擾事件並びに之に関する人権蹂躙の有無等に亘りて調査を開始し、各地弁護士会にして之に参加協力するもの尠からず、其の活動は一般社会の注意を喚起するところありたり。[吉河：５頁]

　〈第４章　取締状況〉の〈所謂人権蹂躙問題〉の項と、〈第５章　外部的動向と社会的影響〉の〈全国弁護士団の動静〉の項で計10頁を使い弁護士の動きを分析した。

　〈全国弁護士団の動静〉では「先づ活動を開始したる」ものとして、富山からの飛び火が全国で最初８月10日に燃え移った京都の弁護士会を取り上げた。早くも12日に常議員会を開いて対処法を協議、翌日、首相と農商務大臣に電報を打って早期の事態収拾を要請した。次いで日本弁護士協会の決議や全国調査の報告書などを紹介した。

　日本弁護士協会は機関誌『録事』1918年10月号を米騒動の特別号として事件の状況と弁護士層の動きを報じた。

　それによると、東京の騒動は８月12日からほぼ１週間、連日、市内や周辺の郡部で起きた。官庁庁舎や米の取引所などは警察や軍が警備を固めたので群衆は米穀商、高級品を扱う繁華街の商業施設とその近辺の公共機関を標的にした。協会は騒動が収まった後、19日に評議員会を開いて特別調査委員会をつくり、「騒擾の原因は、民心の動向を政府がつかめず、食料供給の施策が徹底を欠いたことにある」などの決議を採択した。

　特別調査委は下記の３つに分け、それぞれ有力弁護士16人ずつが全国各地に赴いた。

第5章　隆盛期に至る地位の確立

【騒擾事件特別委】騒擾の実態、警察・軍の鎮撫の状況、暴徒となった群衆の属性（職業・年齢など）。

【食料問題特別委】米価暴騰の経緯、生活不安の実情、政治的な反感や思想問題の有無、貧富格差の不満など騒擾の真因。

【人権問題特別委】警察署や拘置施設などの実地見分を含め不法検束・拘引の有無、連行・取調べの際の暴行陵虐の有無。

　新聞各紙は概ね騒擾に同情的で政府に批判的であったので、協会派遣の弁護士が地元弁護士たちと共同で進める調査の進展をよく報道し、9月21日に発表した協会の調査報告書は詳細に紙面化した。

　検事が作成した「所謂米騒動事件の研究」にはまったく言及がないが、全国各地の弁護士は、大半が資力に乏しい膨大な数の被告人の弁護に力を尽くし、政府（検察）・裁判所の、騒擾の背景を斟酌せずひたすら厳罰をもって臨む姿勢を批判して法廷の内外の民衆に強い印象を残した。

　被告人が272人に達した東京地裁での統一公判の顛末を、森長英三郎の雑誌記事「米騒動事件——続史談裁判（4）」を摘要して記す。

　　立会検事は論告で本件暴動は米価騰貴のためではないといって、被告人だけを責めて、272名に懲役または罰金を求刑した。（中略）50余人が弁論した。（1918年）12月20日に第一審判決があった。率先助成者は懲役8月以下、付和随行者は罰金刑（20円から100円）であった。強盗の罪名のついた3、4人については3年、4年の刑もあった。（中略）被告のうち67名が控訴し、布施辰治ほか数十人の弁護人がついている。論告のとき、検事が「貴様は怪しからぬ奴」とか、「こういう奴は厳罰に処す」とかいって被告人を「奴」呼ばわりしたことから、法廷で弁護人が怒り、弁護人はさらに検事長に抗議するという一幕もあった。1919年7月14日に第二審判決があり17名は原審どおりであったが、他は軽くなったり、執行猶予がついたりした。また1名の無罪が出た。［森長1967：76頁］

布施辰治による地裁、控訴院での弁論は、「騒擾の根本震源は国民の生活不安・生活難にあり、責任は政府が負うべき」などとする主張に世人の評価が高く、本項の最初に引用した塩田論文を収めた『労働運動史研究』の「米騒動五十年」特集号は巻末に弁論記録のパンフ『法廷より社会へ　生きんが為に』を覆刻して載せた。

隆盛期が産んだ陪審法

　2004年5月、裁判員法ができると、1943年以来、陪審法停止法によって〝お蔵入り〟になったままの陪審制度がにわかに注目を集めた。日弁連はウェブサイトに設けた「裁判員制度」のページにコラム「日本にもあった陪審制度」を載せ、陪審法の制定過程や陪審裁判の実施状況などを説明した。

　そこに「陪審法の成立に中心的役割を担ったのは、政党・政友会の原敬でした」とある。

　司法省法学校（第2章の〈法典の整備と法律家の創出〉の項を参照）に学び、外交官としてフランスに駐在し欧州各国の統治機構を観察した原敬は、国民の司法制度・機関への信頼があって初めて国家が安定すると感得したといい、1918年9月に政権を握るとすぐに、国民を司法に参画させ司法への信頼を醸成する陪審制度の導入を図った。

　歴史をさかのぼると、第3章の〈代言人、刑事弁護に〉の項に書いた治罪法（1880年布告）の原案では、起草者ギュスターブ・ボアソナードの考えに従い、重罪裁判は陪審制で行うとした。だが政府は「時期尚早」と導入を拒絶し、その後もずっと、陪審制を忌避する政府・司法省の姿勢は変わらなかった。

　司法省の消極姿勢を承知する原首相は、農商務省で部下だった大物弁護士原嘉道と刑事弁護の大立者であった江木衷、花井卓蔵（3人とも前々項〈偉才・花形が彩った黄金時代〉に登場）に協力を求めた。

　そのうえで原は、司法省を抑え込むために、通常、法典改正を諮問する司法省所管の法律取調委員会に代えて内閣直属の臨時法制審議会を1919年7月に新設し、意を通じた原・江木・花井に鵜沢総明、磯部四郎を加えた5人を弁護士委員として送り込み、「陪審制度を採用するに就ての要綱」を諮問した。鵜沢

第5章　隆盛期に至る地位の確立

は花井とともに衆議院議員であった。磯部には、かつて司法省修法課員として陪審法の試案を起草した経歴があった。

　審議会の議論が捗らないのをみて、弁護士委員たちは要綱の具体案を自分たちで案出した。かつて自著に「陪審制度案」を書いた江木が法文体の原案をつくり、これに多少の修正を加えて審議会に提出。原の聞き書きの自伝『弁護士生活の回顧』（既出）によると「此提案が討議の基礎となり、爾後会議は順調に進行し、終に陪審制度の要綱が決定されるに至った」。

　要綱が成った後は通常の法律案策定の手順を追い、司法省の調査委員会の手を経て政府案となり、天皇の諮問機関である枢密院の審議にかけた。

　陪審制に消極的な枢密院は、陪審裁判に付す事件の範囲と、陪審員の評決の効力を狭める方向で法案の修正を政府に求めた。「江木衷による審議会要綱案」が「審議会要綱成案」となり、それを基にした「政府案原案」が枢密院意見によって「実際に上程した法案」に改変されるまでを検証した利谷信義東京大学教授の「司法に対する国民の参加 ——戦前の法律家と陪審法」によれば、「枢密院の意見は実質的に廃案要求に外ならなかった」。しかし政府はどんな形であっても陪審制度実現を優先し、「『陪審法ならざる陪審法』と呼ばれた」（利谷）法律を2度目の議会上程で1923年3月にようやく成立させた。

　公布は同年4月。施行は、十分な準備期間をおいて、5年半後の1928年10月だった。この時、司法大臣には奇しくも原嘉道が初めて民間から就任していた。期していたところとはかなり隔たりがあったとはいえ、大臣談話には、先輩同僚弁護士たちの宿望を遂げた喜びが滲み出た。

　　陪審制度実施によりまして始めて立法、行政、司法共に人民が参加することとなり、我立憲政治はこゝに完ぺきに達したといへるのであります。たゞに我刑政史上の一大革新たるのみならず、実に我立憲政治史上にも又一大時期を画したといふべきであります。（東京朝日新聞1928年10月1日付2頁に載録）

第6章
衰微へ向かうなかの「三百」追放

玉石混交から「大家」対「小家」に

　隆盛期は長く続かずに終わった。前章の〈偉才・花形が彩った黄金時代〉の項に引いた島田武夫の論稿「昔の弁護士と今の弁護士」の副題を思い起こそう。「薄れ行く弁護士の影を眺めつゝ」である。島田は「弁護士には家主が家を貸さない。米屋からも酒屋からも鼻づまみにされる。既に人心を失った」とまで書く。これが1933年の弁護士層の現実だった。

　この年に、長年願った弁護士法全面改正と法律事務取扱いの排他的独占、当時の表現を使えば「三百追放」が実現する。弁護士の歴史に現れた痛烈な皮肉だろう。

　衰微の時代は、ある日突然に始まるものではない。弁護士層を下り坂へ向かわせた要因は、内的なもの外的なもの、いくつもある。それぞれ目に見えるようになった時期は異なるが、前駆症状というか予兆というか、どれも隆盛のうちかそれ以前に生じていた。

　とりわけ早い時期、代言人の時代から抱え込んだ内的要因は第4章で詳述した玉石混交の問題だ。

　第2章以下で引用した大野正男の「職業史としての弁護士および弁護士会の歴史」は玉石混交を弁護士層の宿痾と捉えた。

　　弁護士の場合、公事師—代言人—弁護士という人的継受がかなりの部分残っており、同じ職業階層の中に玉石混交を生じさせたのであるが、この玉石混交の問題は（中略）共通の職業的使命観の形成のうえにも、そして弁護士の司法および社会に対する活動のうえでも、非常に困難な問題を生じさせる。[大野：51頁]

第6章　衰微へ向かうなかの「三百」追放

　古賀正義弁護士は論稿「日本弁護士史の基本的諸問題——日本資本主義の発達過程と弁護士階層」でこの問題を「弁護士層の二重構造」と言い表した。明治から戦前にかけての弁護士層はその出自によって「学士代言人」と「自由民権運動家の流れをくむ代言人」の２層に大きく分かれるとの分析だ。

　　学士代言人の場合、民権運動家たる代言人とちがって、人民と直接に結びつくモメントを、多くは欠いていた。彼らには外来の知識や近代的な法思想はあったが、それがエリート意識を結果して、在野精神を稀薄にする傾向をもたらした場合もあろう。逆に、民権運動家をはじめ在野精神の濃厚な分子は、往々にして大量・急激な外国法思想の継受についてゆくことができず、無知を在野精神にすりかえる安易な態度に堕した者も多かったであろう。弁護士史をつらぬくこのいわば二重構造が、さまざまな他の要因とからみあいつつ、代言人組合・弁護士会の紛争・分裂となって現れる。
　　［古賀：80頁］

　英米法の研究家高柳賢三東京帝国大学教授は1927年に発表した「弁護士法改正の根本問題」で弁護士層の二重構造を「大家」と「小家」の対立と表現した。大家とは「一流の人物で弁護士になった者」で、それ以外の群小の弁護士たちを小家と呼んだ。

　　大事件を小数の知名一流の大家の手に極端に集中せしむると同時に、「小家」は事件を得ることが困難となる結果を生み出し、弁護士内部の貧富の差を著しくし、其処に思想的にもブル（ブルジョワ＝引用者注）派とプロ（プロレタリア＝引用者注）派を生ぜしむる　［高柳1927：346頁］

　1923年、東京弁護士会（全国弁護士の半数以上を擁した）と唯一の弁護士全国組織であった日本弁護士協会がともに分裂した。次項で詳述するとおり、分裂は弁護士界の階層分化と対立が臨界点に達した結果であった。引用文は、その背景分析として読める。

臨界点に達した階層分化

　代言人時代からの弁護士界の階層分化と対立は代言人の数が最も多い東京で最も激しく、東京弁護士会設立時（1893年）に暴力沙汰までみた人事抗争の酷さは第4章の〈玉石混交を曝け出した混乱〉の項に書いた。翌年からしばらくの間は正副会長と常議員選出は平穏に過ぎ、相争った抽選派と選挙派はいつの間にか雲散した。

　ところが世紀が改まってすぐ再び争乱が生じる。

　1913年7月15日付の『法律新聞』に「城南の隠士」名の寄稿「東京弁護士会役員争闘史」がみえる。『法律新聞』は、代言人時代からの弁護士で衆議院議員にもなった高木益太郎が創刊した、新しい法令と裁判例の解説、法曹界の動向などを載せる専門紙だ。

　3頁にわたる「争闘史」を箇条書きに摘要して、人事争いの再発から東京弁護士会内の階層分化・対立が臨界点に近づくまでをたどる。カギ括弧は原文のままの引用である。

・1901年頃から黒須竜太郎（のちに衆議院議員＝引用者注）等が中心となって会内に「ひとつの団体を組織し」、元老級の3人を「会長候補者に戴き、以て自分等の勢力を扶植しようと謀ったのがそもそも新たなる競争の発端」だった。
・1904年頃、「旧派（黒須派＝引用者注）の横暴なる状態を見るに忍びず」と反発する人々が「他に団体を組織し」役員選挙に臨んだ。
・この「新派」は1904～6年の役員選挙で旧派に敗れる。
・1907年、「競争が絶頂に達して」、旧派のかつぐ会長の4選を新派が阻んだ。以来、敗れた側の「旧派を称して非協会派といい、新派を称して協会派と唱える」ようになった。

　協会は日本弁護士協会である。新派の中心メンバーが協会の運営・活動に熱心な弁護士たちだったので協会派とされ、いっぽうの旧派は協会加入の弁護士が少なかった。

　弁護士界の階層分化で言うと、新派＝協会派は古賀正義の「学士代言人」、

第6章　衰微へ向かうなかの「三百」追放

高柳賢三の「大家」に重なり、旧派＝非協会派は「自由民権運動家の流れをくむ代言人」（古賀）、「小家」（高柳）を中心勢力とする。

新派＝協会派は、翌年以降の役員改選を平穏に乗り切る目的で選挙運動組織を常設とし、本部を置いた旅館の名を拝借して桃李倶楽部と名づけた。

「東京弁護士会役員争闘史」に戻ろう。

・1908年から1912年にかけては、「両派の競争熱も自然に消滅」し「常議員は両派より公平に選出」できた。

・1913年になって、それまでとは違う不穏な動きが出た。上記の桃李倶楽部で若手グループが要求して役員候補選定方式を改めたため、会長、副会長候補選びが難航した。弁護士会の常議員会でも若手グループが、常議員会議長に古参でない会員をかつぎだす波乱が起きた。結局は、会長、副会長も常議員会議長も桃李倶楽部の古参弁護士たちの意向どおりに収まったが、「少壮弁護士団の勢力も侮るべからざるもの」があると知らしめた。

若手がこれほどに発言力を増したのは、弁護士になりたての会員が急増したからだ。東京弁護士会会員は1913年までの3年間で3割176人も増えた。

「役員争闘史」の筆者は、抗争の構図が変わったとみて「明年以後に於ては或は長老派対少壮派の競争を来す憂えが無いとも限らぬ」と警告し「東京弁護士会の人々は宜しく中庸を得て内訌を防ぐことに努められたい」と注文した。

果して、長老派と少壮派は3年後1916年に激突した。

役員を改選する通常総会の1カ月前に開催した、役員選投票規則を改定するための臨時総会が「5年振の騒ぎ」（東京朝日新聞4月30日付）に陥った。記事によると、規則改定を求める少壮派と、反対する桃李倶楽部の主流派（長老派）の「柔道家の会員と相撲達人の会員とが対陣してアワヤ拳の雨が降ろうとしたこと幾度するうち、有耶無耶の裡に散会」となった。

問題の決着は通常総会に、「騒ぎ」とともに持ち越された。5月29日付東京日日新聞はこんな見出しで報じた。

　　狼藉の弁護士会　少壮連入り乱れて大格闘を演ず　検事正の一喝に漸く鎮静す

70

総会に出席した、弁護士になりたての小林俊三（のち第二東京弁護士会会長、最高裁判事）は1969年に「第二東京弁護士会成立の事情」で総会の大混乱を回想した。

　　反主流の少壮弁護士は演壇にかけ上り、岸清一議長を引きずり下ろそうとし（中略）数人がベンチを差し上げ主流派の方にたたきつけ、負傷者が出るという騒ぎになった。その時演壇のうしろの扉が左右に開かれ、（中略）中川一介検事正がやおら次のように荘重に述べたことを今だに忘れない。「東京弁護士会は、弁護士法上検事正たる当職の監督の下にある。その会員が暴力を振い、品位を著しく傷つけるような行動があれば、何時にても当職本来の職権を行使する。[小林：680頁]

　総会の結末は、出席者数をみて勝ち目なしと見切った反主流派が採決前に一斉退席して、あっけなく来た。投票規則改定は否決、役員は桃李倶楽部の案どおりに決まった。
　騒動の後も東京弁護士会の若手弁護士（多くが少壮派にくみした）の数は増加を続け、とくに1921年の新入会員は314人、翌22年はなんと624人を数えた。1923年から判検事登用試験と弁護士試験を一本化するので、現行試験用の受験準備をしてきた志望者を救済するとして、司法省が合格枠を広げ、新人弁護士が大量に生まれたのだった。

東京弁護士会・日本弁護士協会が分裂

　数を膨らませた少壮派による弁護士会制圧の始まりは、桃李倶楽部の内乱再発だった。1922年の東京弁護士会役員選に備える倶楽部内の調整で長老たちが会長候補に決めた大物を少壮派が拒み、選考委員の投票に持ち込んで勝ちを収めた。長老派はほとんどが抗議の意を込めて弁護士会総会を欠席。少壮派の候補が新会長になった。長老派は弁護士会総会後に16人の連名で桃李倶楽部から脱退を宣言した。創設した人々が抜け倶楽部は自然消滅した。
　この年11月、今度は日本弁護士協会でクーデターが起きた。定期総会に少壮

第6章　衰微へ向かうなかの「三百」追放

派が前年の５倍を超す出席者を送り込み、多数決によって、議事進行と役員選任の方式を変更し、協会設立時から運営を担った大物弁護士たちを根こそぎ排除した。

　長老派の中心人物で人一倍、協会の活動と歴史に誇りをもつ原嘉道の堪忍袋の緒がこれで切れた。1935年から37年にかけて第一東京弁護士会で行った連続講演「我が弁護士制度の進展と帝国弁護士会の設立」で、原は、このときの怒りと決意を振り返った。

　　　今や一派の人々（少壮派＝引用者注）は、日本弁護士協会をも乗取って、
　　　先輩友人を排斥するの態度に出た。（中略）東京弁護士会内の紛争が、直
　　　ちに日本弁護士協会にも影響して来るのである。就ては先づ東京弁護士会
　　　の内争を根絶する方法を採らなければ、紛乱の本を絶つわけには行かない。
　　　（中略）是を根本的に直さうとするには、同じ思想、感情の人達だけで団
　　　体を作り得るといふ途を開く、弁護士法を改正して１地方裁判所所属の弁
　　　護士会が２個以上あることを認むるの外ない。（正義1937年10月号75〜76
　　　頁に載録）

　原が弁護士法改正に動き始めたのは翌1923年１月の後半だった。わずか２カ月後に議員立法による弁護士法一部改正法が成立し、１つの地方裁判所管内に１つの弁護士会しか認めない18条に例外規定（300人以上の弁護士会で100人以上の同意と司法大臣の認可があれば、別に弁護士会を設立できる）を新設した。

　第一東京弁護士会設立を司法大臣が認可したのは改正法施行当日の1923年５月８日である。原嘉道の決意から３カ月半ほど、しかもこの間、東京弁護士会は分立阻止に猛烈な運動を続けたのだから、驚くべき速さで成就したというしかない。

　帝国議会衆貴両院に広岡宇一郎、鵜沢総明、小川平吉、三木武吉、花井卓蔵ら長老派の弁護士出身議員が多数いて改正法案策定から成立させるまで力を尽くし、さらに司法大臣岡野敬次郎が背後から協力しなければできない早業・力業だった。

　東京弁護士会の分裂は、弁護士界の階層分化と対立が激化し遂に爆発した出

来事だが、同時に、上位の階層（高柳賢三の言い方では「大家」）が国の統治機構にしっかり根を張っていたから実現した側面を見逃してはならない。

先に引いた講演「我が弁護士制度の進展と帝国弁護士会の設立」で原が明確に述べたとおり、新しい弁護士会をつくる理由は日本弁護士協会を取り返すところにあった。協会はすでに〝敵対する一派〟の手に落ちたから、協会と同じ働きをする全国弁護士の任意加入団体をつくるしかなかった。

新会分立の４カ月後に突然襲った関東大震災の疵跡がまだ生々しい1924年１月、第一東京弁護士会の正副会長以下100人を超す弁護士が集まり、日本弁護士協会に代わる団体の創設を決めた。

帝国弁護士会と命名した新しい全国組織の発足は翌1925年５月。６月から「民間法曹の主張を汎（ひろ）く天下に声明する」（発刊之辞）機関誌『正義』を刊行した。

創刊号巻末にある会員名簿に1277人の氏名と、台湾、朝鮮など外地をふくむ64の所属弁護士会が並ぶ。弁護士総数は5673人だったので組織率は22.5％になる。同時期の日本弁護士協会会員数は記録が残っていないが、第一東京弁護士会会員が抜けた直後の1923年12月には2407人だった。

1926年３月、東京にもう１つ新しい弁護士会が誕生した。設立申請時の会員は178人。初代会長は京都帝国大学、東京帝国大学で長く教鞭をとり、1921年に弁護士に転じた仁井田益太郎。名称は司法省の〝押しつけ〟で第二東京弁護士会となった。

新会創設に携わった真野毅（のちに同会会長、最高裁判事）が1969年に書いた「創立当時の思い出──第二東京弁護士会──」によれば、弁護士側が提示した東都弁護士会・帝都弁護士会・千代田弁護士会・中央弁護士会・大東京弁護士会などの案を司法省はすべて退け「これからできる弁護士会は設立の順序に従って数字で表現して貰う」と指示したという。

第３の弁護士会設立が東京弁護士会の内訌と一弁分立に触発された動きであるのは言うまでもない。設立の９カ月ほど前、1925年６月に東京の弁護士たちに新たな弁護士会への参加を呼びかけた檄文に明確に書いてある。

第6章 衰微へ向かうなかの「三百」追放

東京に於ける弁護士界の現状より見て互いに心持を同じくするものが相集まり別に弁護士会を設立し夫々理想に向って進む方が（中略）より良き途であることを感じ、茲（ここ）に同志相寄って別に弁護士会を設立したい。

　東京の弁護士会の三分裂と全国組織の二分裂に至った弁護士界の階層分化と階層間の激しい対立を弁護士史の文脈でどう読みとるか。何度か引用した大野正男の「職業史としての弁護士および弁護士会の歴史」は次のように述べた。

エリート層からみると、これら（玉石混交の「石」あるいは「大家」「小家」の「小家」たち＝引用者注）の醜状みるに忍びがたいものがあったにちがいない。最大級の非難を浴びせている。非難は確かに正当であるといわなくてはならないが、（中略）理想主義的な職業像を追うあまり、多くの弁護士のおかれている現実を低くみて、自らをもって高しとする傾向があったことも否定しえない。

初期弁護士の築いてきた職業的伝統は、多くの若い世代によって継受することを拒まれた。（中略）他方、長老派は、自分たちに反する主張をする人々を「醜弁護士」のごとく考えた。（中略）新らしい職業的伝統の形成・発展を最も必要とする時期において、その伝統の継受と発展は双方の側から拒否されたのである。[以上、大野：53、75頁]

昭和恐慌が広げた格差、堕ちる興望

　田坂貞雄（1943年度東京弁護士会会長）は日本弁護士協会機関誌に1929年から翌年にかけて連載した「社会問題としての弁護士の生活及其対策」にショッキングな文を綴った。

弁護士の生活問題は、今はもう手後れとも言ひ得る程に危険性を帯びた、切迫した重大問題と化して居る。

忌むべき新聞記事が往々にして弁護士の上に顕はれたり、弁護士に対する告訴事件が時々検事局の手を煩はすのも（中略）生活苦の生んだ病態ではあるまいか。［以上、田坂：法曹公論1929年11月号3、6〜7頁］

『東京弁護士会百年史』（既出）は「忌むべき新聞記事」の内容を明記した。

1929年の東京朝日新聞によると、この年弁護士の検挙が目につく。「不良弁護士の検挙に着手、黒表（ブラックリスト）に上った者10数名」「背任弁護士召喚か」「不正弁護士を更に大検挙」などの見出しで、弁護士に対する取調べの記事が掲載されている。容疑の多くは、背任、横領、詐欺などで、この年逮捕者の合計は20名にものぼったようである。［東京弁護士会：453頁］

1930年３月、日本弁護士協会は弁護士の経済的状況を調べる全国アンケート調査をした。弁護士１人当たりの平均総収入から平均事務経費を差し引いた純収入の平均額は年約2700円で検事の平均俸給の８割程度だった。まずまずの数字になったのは、少数の「大家」たちの高収入が平均を押し上げたからだろう。回答者（「小家」が大多数である）の57％は「弁護士純収入では生活費を賄えない」と答えている。

多くの弁護士を困窮させ、弁護士界全体を衰微の坂道へと向かわせた最も強い圧力が経済情勢という外的要因だったのは疑いがない。

まず1923年９月の関東大震災がある。甚大な被害は金額にして国民総生産の37％に相当し、政府・日本銀行は支払い不履行になる手形（震災手形）の補償処理に追われた。1927年３月には議会答弁中の蔵相の失言から銀行取り付け騒ぎが起き、翌月の数日間に20近くの金融機関が破綻する金融恐慌を招来した。この信用不安をもたらした膨大な不良債権も、一部は震災手形処理の過程で生じていた。

1929年10月、米国で株価が大暴落。ところが日本政府は世界恐慌の始まりとは思ってもなく、1930年１月に為替レートを14％も引き上げた旧平価で金本位

第6章　衰微へ向かうなかの「三百」追放

制に復帰（金輸出解禁）して、輸出不振と輸入デフレを招く大失策を犯した。
日本経済は昭和恐慌の深い淵に沈む。

　経済情勢以外で、弁護士業不振の原因を田坂の「社会問題としての弁護士の
生活及其対策」は5点あげた。カギ括弧内は原文。[田坂：法曹公論1929年11
月号7〜18頁]

・弁護士人員の過剰
　1921、1922年に新人弁護士が急増（前々項〈臨界点に達した階層分化〉を参
　照）したが、「其前後に於ても、世況と需要を省みず、350名乃至250名の間に
　於て毎年新合格者を迎へつゝある」。
・訴訟事件数の減少
　訴訟の新受件数は民事で横ばい、刑事で漸減と統計数字をあげ、「訴訟材料は
　無数に存在する」のだが、訴訟に要する費用と歳月を考えると「不況の今日に
　於て、事件の増加は到底空望たるを免れぬ」。
・競争の弊
　弁護士の増加によって「収入の激減を来たし、収入の激減は競争の弊を馴致し
　た」。つまりダンピング競争に陥って、遂には訴訟戦術が成功報酬狙いの「無
　理となり横車となり、稀には偽証の危険をさへ敢てする」ようになっている。
・非弁護士の侵入
　弁護士でないのに「直接間接に他人の紛争に関与し、訴訟事件に立入って生活
　するもの（本章の章題にした「三百」を指す）を広く数ふれば」東京だけでも
　「2万人を遥かに」超えようと推定し、弁護士は「この非違者と同じ性質の職
　業たる関係上、一種の競争が当然行はれ、之が為めに生活は脅かされ、品位は
　失はれる」。
・質の低落
　弁護士は「学問識見と経験力倆を要し、他人からの信任を受くるに足る品性、
　徳操を用意しなければならぬ」のだが、現状では弁護士界全体に「世間の信頼
　を博し、事を委されるに些かの弱点」が生じている。

　通読して、5つの要因はいずれも訴訟代理の受任件数減少に結びつく、と分
かる。つまり弁護士業不振の根本原因は受任事件の減少にあるというのだ。
　それならば、もし当時の一般の弁護士が訴訟代理・事件受任のみに事務所経

76

営を頼るのではなく、別の法律事務取扱いを収入源に持っていたなら、「もはや社会問題だ」と訴えるほどの経済的苦境に立たされずに済んだはずだ。

しかし、弁護士層はその歴史ゆえに、訴訟代理以外の職域に恵まれなかった。序章〈はじめに〉に書いた日本の弁護士制度の「特異性・ゆがみ」の１つ「活動領域・職域の狭小」が祟ったのである。

難航した法案づくり──全面改正の中身

代言人が弁護士の名称を得た旧々弁護士法は最初の法案提出から法案の出し直しを経て成立・公布まで２年数カ月を要した。同法を全面改正した新法（現行の弁護士法が1949年５月に成立してから旧弁護士法と呼ぶ）はそれ以上の難産で、誕生までに旧々法の５倍、まる11年もかかった。

最初の改正法案上程は1912年。以後1913年、1921年、1922年と計４度にわたって弁護士出身の衆議院議員が提出した法案は弁護士の地位を判検事と同等に引き上げる主旨で、日本弁護士協会が1900年の総会決議で採択した司法制度改革方針（前章の〈水平運動に乗り出す〉の項を参照）の引き写しだった。政府・司法省が受け入れるはずはなく法案は４回とも廃案になったが、改正実現への気運を育み、1922年10月、司法省は判事、検事、弁護士、大学教授をメンバーとする弁護士法改正調査委員会を設置した。

５年間、78回の総会審議の末、同委員会は1927年10月に要綱案をまとめ、４月に就任した弁護士出身の原嘉道司法大臣に答申した。

難路はここからも続いた。

1929年１月に司法省が法案をまとめると、弁護士側が「法案は調査委員会の要綱を無視している」と猛反発し、３月には早くも議会上程を断念せざるを得なくなった。

非弁活動取締に関する条項を分離した法律案との２本立ての法案に作り直して公表したのが1930年11月。これも議会上程に至らなかった。弁護士側の意見をより多く容れた第３次案（２本立ては維持）をようやく議会に提出できたのは1933年３月だった。

難産だった改正弁護士法と法律事務取扱の取締に関する法律は1933年５月に

第6章　衰微へ向かうなかの「三百」追放

公布し、準備期間を長くとって1936年4月から施行した。

改正の要点を整理すると、

・独占職務範囲の拡張
　訴訟に限定せず、当事者その他の関係人または官庁の依頼によるあらゆる法律事務を独占させた。
・弁護士試補制度の導入
　1923年に判事・検事・弁護士の資格試験を高等文官試験司法科に統一した後も判検事だけに課した試補制度（資格付与前に実務修習を施す）を弁護士にも課した。ただし修習は判検事とは別で各弁護士会が行った。
・女性弁護士の認可
　資格要件から性別を撤廃した。
・外国人弁護士の認可
　相互主義を前提に外国人弁護士に外国人または外国法に関する法律事務の取扱を認めた。
・弁護士名簿の所在および登録請求手続の変更
　旧々法では弁護士は「地方裁判所に所属する」と規定し各地方裁判所に名簿を備え、登録請求は裁判所検事局経由で司法大臣にした。改正法は「地方裁判所に所属する」の文言を消し、名簿を司法省に備え、入会を希望する弁護士会を経由して司法大臣に登録請求するとした。
・弁護士の権利義務
　義務の面では、2個以上の事務所の設置を禁止し、職務を誠実に行うこと、職務の内外を問わず品位を保持すべきことなどを新たに加えた。権利の面では、職務上知り得た秘密の保護を弁護士の権利と明文で認めた。
・弁護士会に法人格を付与
　「弁護士会は法人とす」と定め、目的を「弁護士の品位の保持及弁護士事務の改善進歩を図る」とした。旧々法では3つの事項以外「弁護士会に於て議すること」を禁じたが、改正法はそれを「為すことができる」事項にした。
・監督権を司法大臣に移管
　旧々法は「弁護士会は所属地方裁判所検事正の監督を受く」としたが改正法は司法大臣を監督権者とした。

　一見すると多岐にわたる改正ではあるが、弁護士側が明治以来掲げた、司法

官に対する地位平等と自治権——わが国司法の「特異性・ゆがみ」を正す制度改正でもある——の要求には形ばかりの実質ゼロ回答しか与えていない。

1939年1月23日付『法律新聞』は第1面に大きな集合写真を入れた記事「第一東京弁護士会の試補修習開始式」を載せた。

> 第一東京弁護士会の弁護士試補修習開始式は12月25日、同会館会議室で行はれた、採用試補中、田中正子、久米愛さんの紅2点が加はったので他の男性試補諸君はもとより、指導弁護士も大した張り切りやうであった。

改正弁護士法を施行した1936年から女性も弁護士資格を得るために高等試験司法科を受験できるようになった。

あまり知られていないが、1876年施行の代言人規則で免許制になるまでは女性の代言人がいた。19世紀末に米国で女性キリスト者禁酒運動に参加し、ウィキペディア英語版が "An early Japanese educational reformer, lawyer, author, businesswoman." と紹介する園輝子もその1人である。

代言人規則は免許要件に性別を入れていないが、司法省が「婦女には免状を与ふべからず」との指令を全国の免許試験担当官に発出、園輝子は免許試験を受けられなかった。代言人を弁護士に改めた旧々弁護士法は、資格要件として「男子」を明文化した。

門戸開放した年の女性受験者は1人も第1関門の論述筆記を突破できなかった。翌1937年、『法律新聞』に名がでる田中正子が筆記試験に合格。ただ、続く口述試問で落とされた。ようやく女性の合格者が出たのが1938年。上記の2人と、東京弁護士会で試補修習をした武藤嘉子の計3人が初の女性弁護士となった。

田中（結婚後は中田）は東京の法律事務所に5年間、勤務したあと、1945年に夫の郷里鳥取に疎開。1950年に鳥取県弁護士会に登録し開業した。1969年に同弁護士会長に就任、全国初の女性弁護士会長となった。現在、和服の上に戦前の弁護士法服をまとった「まさこ先生」が同弁護士会のマスコットキャラクターになっている。

79

第6章　衰微へ向かうなかの「三百」追放

　久米は東京の法律事務所でキャリアを積み、1950年に女性の法曹、法学者、行政官計11人で日本婦人法律家協会（現・日本女性法律家協会）を結成、亡くなるまで会長を務めた。女性弁護士の草分け３人の足跡をたずねた『華やぐ女たち』で佐賀千恵美弁護士は「日本の女性の法律家のドン（首領）だった」と書いた。

　武藤は戦後すぐ司法官に転身し、初の女性判事、初の女性裁判所長など、後に続く女性裁判官たちに進路を切り拓いた。最高裁判所初代長官三淵忠彦の子息乾太郎と結婚した後の名、三淵嘉子のほうが通りがよいだろう。2024年４月から９月まで放映したNHKの連続テレビ小説「虎に翼」の主人公のモデルである。

「三百」再考 跳梁跋扈なのか求められたのか

　弁護士法改正で司法省と弁護士側が最も厳しく対立したのは、非弁業者取締の問題だった。旧々弁護士法は訴訟外の法律事務を弁護士の独占業務と法定しなかったので、代言人免許を持たずに示談や債権回収、私人間の紛争仲裁など法律事務を業としてきた者はそのまま仕事を続けた。

　三百代言を略して「三百」「三百屋」とか、無免許を意味する「モグリ」とか呼んで弁護士層は蔑視したが、人数は弁護士（旧弁護士法成立当時約7000人）と比べものにならないほど多かった。

　改正弁護士法と２本立てで成立した法律事務取扱の取締に関する法律を施行して２カ月後、大阪市選出の衆議院議員が「同法は一般国民の利便を無視して弁護士の利益のみを保護している」と非難して、広田弘毅首相に「之を改正する意思なきや」と尋ねる質問主意書（第69回帝国議会衆議院議事速記録第18号に載録）を出した。その中に「従来国民の要求に依りて法律事務取扱に従事せし全国約十数万人の所謂非弁護士」とある。数字の根拠は不明で誇張があるかもしれないが、弁護士をはるかに上回る人数だったのは間違いない。

　橋本誠一静岡大学教授（既出）は「『三百屋』と弁護士──日本弁護士史の再検討（Ⅱ）」で大正中期の史料から「三百」の総数規模を推測できる記述──「東京で約６千余あり」「静岡県下に３千人とか５千人いた」「横浜は全国

中三百屋最も多き土地」など——をいくつも拾い出した。

　さらに「各府県における非弁護士の活動実態」を調べ、業務内容を4類型に整理した。そのうち「モグリ」の語感からかけ離れた正々堂々たる2つの業務類型と橋本が付したコメントの要旨を紹介する。[橋本2004：213頁]

・法律事務処理型
　顧客の依頼に応じて法律事務一般（法律相談を含む）を処理する。自ら事務所を構え——場合によっては、弁護士からの看板貸しを受けて——、そこで顧客の依頼を受け付ける。非弁護士のなかでもかなり高度な法的知識が必要となる。
・紛争解決型
　地域社会に生起する各種紛争に介入し、仲裁行為等を業とする。とくに当該地域社会のなかで名望家とされる人物が行ったと想定される。

　橋本は、1907年に東京・銀座に、各種紛争・紛議を当事者双方から報酬を受けて解決する「東京仲裁所」が開業した記事を当時の新聞から探し出し、こう考えた。

　　業務はおもに非弁護士によって担われていたのではないかと思う。（中略）非弁護士の活動の一端、しかもきわめて組織的な活動事例の1つ、といえるのではないだろうか。[橋本2004：207頁]

　非弁業者の量と、こうした業務の〝質〟の現実を重く見た司法省は、弁護士法改正案の第1次案では、訴訟外の法律事務を業とする者に司法大臣が「業務方法の変更を命じ若しくは其の業務を禁止することができる」と規定した。非弁活動を法禁せず、行政による監視規制下におく制度である。

　弁護士法改正調査委員会がまとめた要綱案は非弁活動を刑事罰をもって禁止するとしていたから、弁護士側は第1次案の撤回を強硬に求めた。ただ、法律の作り方で意見が二分した。東京弁護士会・日本弁護士協会は非弁活動を禁止し処罰対象とする条項を弁護士法に入れる方式を主張し、第一東京弁護士会・帝国弁護士会は、弁護士でない者に適用する規定を弁護士法に組み込むのは相

第6章　衰微へ向かうなかの「三百」追放

当でないとの理由で非弁活動条項を別立ての法律に分離する方式を提唱した。

　司法省は調査委員会要綱に沿うよう、第2次案は非弁活動を原則禁止にしたが、「別立て」方式を選んだうえで、単行法に附則を設け、現に非弁活動をする業者を対象に一定の条件と期限を付けて営業継続を許容するやり方で第1次案の延命を図った。

　本章の〈昭和恐慌が広げた格差、堕ちる興望〉の項で引用した田坂貞雄弁護士の論稿「社会問題としての弁護士の生活及其対策」は、司法省が「三百」の仕事を容認する理由を推し量り4点にまとめた。括弧内は論稿（法曹公論1929年12月号12～14頁に載録）の原文である。

①　改正法で拡張した「広汎な職務を弁護士に独占せしむるは正しくない」。
②　弁護士の少ない地方では「甚だしく不便を感ずる。この場合に非弁護士といえども之を利用して民人の便利に役立たせる必要がある」。
③　「訴訟以外の万般の法律事務を弁護士にのみ限ることは実生活に於て不便である」。
④　非弁活動を業とする者は「社会経済上、有要の機関」となっている場合もあり、「其の職を奪ふは」社会的に相当でない。

　田坂は、ある程度、司法省の考えに理解を示し特に③④には「相当の考慮を払はねばならぬ」と一歩を譲った。

　本章の〈玉石混交から「大家」対「小家」に〉の項で引用した「弁護士法改正の根本問題」で高柳賢三東京帝国大学教授は、進行中だった弁護士法改正調査委員会の審議を見て、上記の③④に共鳴する意見を表した。

　　何故公衆は（中略）「三百」を使用するか。恐らく、それは（中略）弁護士に依頼することが簡便でなく安価でないからではないか。（中略）弁護士自身の従来の遣り方にも罪の半ばがあるのではないか。（中略）弁護士業の問題として充分弁護士諸君（中略）の猛省を促したい。［高柳1927：336～337頁］

司法省や高柳が認めた非弁業者の一面の有用性は、弁護士界がこぞって上げる「三百」追放の声にかき消され顧みられなかった。
　弁護士界の中で亀裂深く分化し対立していた、かたや「大家」の人々は「三百」を「弁護士界の忌まわしい前身である公事師、無免許代言人の同類」として排斥し、こなた「小家」の人々は「三百」を不当廉売を武器に跳梁跋扈する商売敵とみなした。「大家」「小家」ともに、多数の非弁業者が現に引き受けている民衆・小規模企業・商業者の大きな法的需要や、社会の中で実際に果たしている役割を分析・評価しようとしなかった。高柳が「弁護士諸君」に促した「猛省」は遂になかった。

　近代日本の民衆の歴史を掘り起こす独自研究で知られた色川大吉東京経済大学教授は、1972年11月、第二東京弁護士会が催した弁護士制度100年を記念する集会で講演をした。演題は「明治の精神──自由民権運動と代言人──」。話が終わりにさしかかるころ、聴衆の弁護士たちに挑発的な問いを発した。

　　現在のように東京でも弁護士がわずかに５千人ぐらいしかおらず、民衆からも広く歓迎され、必要とされないという状況にあるのはなぜか。

　色川は弁護士たちへの呼びかけを以て回答を示した。

　　三百代言の精神に戻れ。

　公事師・公事宿から無免許代言人という連なりの末にある「三百」が、上述のように〝質・量〟両面で大いに盛った理由を色川は以下のように分析した。

　　（明治の近代化は）ほとんど選択の余地がなく、司法、経済などの諸制度を移入することによって、はじめて日本が進歩するという幻想を抱いてなされてきた。従って、民衆と、そういう制度を運用するエリート層との間に生じた、深い感情的違和感、あるいは深い断絶感は、この百年間宿命のごとく続いた。［以上、色川：73頁］

83

第6章　衰微へ向かうなかの「三百」追放

自由民権時代の民衆レベルにおける法意識（中略）は近代移植法、英法、独法などではなくて、固有の慣習法のうえにたった法意識だ。（中略）それを近代社会にふさわしい形に刷新し、制度化し、擁護するということを怠ってきて、西洋からの移植法の忠実な解釈や貫徹を追い続けた。（中略）それこそが、今日、人民の法意識と専門家の法意識との大きなみぞをつくった一因ではないか。

初期のころの代言人は、のちに三百代言と悪語されながらも、必死に移植近代法と伝統的な民衆の法意識との間を埋める努力をした。だから、民衆から非常に広範な支持を受けた。［以上、色川：71、73頁］

　性急なしかも〝上から〟押しつけの司法制度近代化がもたらした、「民衆とエリート層との感情的違和感・断絶感」「人民と専門家の法意識のみぞ」を越える架橋の役割を務めたのが「三百」だった、と色川は観たのだ。
　非弁活動の全面法禁が弁護士史のうえで持つ意味を、色川の視点から解釈すれば——法改正で司法官と同等の地位に一歩近づいた弁護士界は「三百」の完全追放によって民衆とエリート層をつないでいた架橋を焼き落とし自分たちの立ち位置をエリート層の側にとった——となるだろう。

第7章
戦時へ 統制と抑圧に薄れゆく存在

押し流される司法

　弁護士界が衰微の坂道を転げた昭和初め、日本全体に目をやると、やがて破滅の最後を迎える長期戦争と全体主義へと入り込んでいく姿が映る。

　1928年、弁護士黄金時代の最後の余映となった陪審法を施行した年の6月、中国東北部で日本軍（関東軍）の謀略部隊が軍閥司令官張作霖を爆殺した。この事件を境目に日本は満州事変（同年9月）、満洲国建国（1932年3月）、国際連盟脱退（1933年3月）そして1937年7月の盧溝橋事件をきっかけとする日中戦争への道を進んだ。

　国内では、1928年以降、全体主義・国家総動員体制へ向かう出来事が続く。

　同年6月、政府は緊急勅令によって治安維持法を議会に諮らずに改正。処罰範囲を拡げ、最高刑を死刑に引き上げた。1931年8月には、昭和恐慌下の産業を保護する目的でカルテル行為を公認・助長する重要産業統制法を施行し、経済産業の国家統制を強化する。

　1935年2月、軍部・右翼による国体明徴（国家の在り方を明確にさせる）運動で美濃部達吉東京帝国大学教授の憲法学説を反逆・不敬として攻撃。いわゆる天皇機関説事件である。国体明徴運動は勢いを増し、1937年3月に文部省が政府の公定解釈を示す教本『国体の本義』を作成するに至る。国体の根本を「三権分立主義でも法治主義でもなく天皇親政」と規定し、司法権を著しく制約した。

　経済産業ばかりでなく国民生活全般を国家統制する国民総動員体制は、第1次近衛文麿内閣の下、1938年5月施行の国家総動員法によって究極の姿を現す。

　この時期に司法がどの程度機能していたかを民事訴訟の新受件数（『明治以降裁判統計要覧』による）でみてみよう。

　民事訴訟法を施行した1891年以降で新受件数が最も多かったのは1924年の約

47800件で、そこから右肩下がりに低落し1938年には約21700件とピーク時の45％まで減った。以後、戦況が悪化する1943年まで21000件前後で底這いになる。

　訴訟件数が減ったのは政府の政策が原因だった。昭和恐慌の経済苦境の克服、中国への軍の侵出、総力戦体制の構築——これらの政治課題に対処するために歴代政権がとった諸政策に民事訴訟を減らす副次効果があった。

　訴訟件数を減らした諸政策は2つ——司法の行政化と経済産業の国家統制化——に分類できる。

　弁護士界の長老で貴族院議員だった岩田宙造は1935年初めに「恐るべき司法の行政化」と題した論稿を発表した。書き出しは、

> 司法制度改善に関する司法大臣の諮問に付き我帝国弁護士会は、現下司法行政化の傾向著しきものありとして（中略）司法権を尊重し其の行政化を防止する為め金銭債務臨時調停法其の他裁判無視の制度は之を廃止することの1項を明記した。[岩田：13頁]

　上記の調停法は、1932年10月に施行した。昭和恐慌で窮乏した農林漁業者や中小商工業者を救済するのが目的で、私人間の1000円（現在価値で500万円程度）以下の金銭債務について「債務者を更生せしむる為債権者債務者の互譲を必要とするとき」に利用する調停制度の手続を定めた。調停が不調でも裁判所が職権で「債務関係の変更を命ずる裁判を為すことを得」との規定が問題で、これは司法制度を通じて、不況対策・零細事業救済という純然たる行政目的・政策目標を達成する権力行為にほかならなかった。

　この調停制度は、政府が導入した4件目の非訟手続だった。最初の借地借家調停法を1922年10月に施行してから、小作調停法（1924年12月施行）、商事調停法（1926年11月施行）と次々につくった制度の狙いを佐々木吉男金沢大学教授の『増補 民事調停の研究』は次のようにみた。

　・借地借家調停
　　資本主義の発展に伴う必然的結果たる都市における苛酷な借地借家紛争を非権利的に解消する——むしろ正確には、それを抑圧する——ことに努

め、深刻な社会不安を緩和し緊迫した社会的経済的局面を切り抜けていく濃厚な政治的な意図にもとづいた。[佐々木：32頁]

・小作調停

　小作関係上の紛争の質的特性を直視しその公正あるいは妥当な解決を図ることを意図したものと考えることは困難であり、小作争議の拡大を防圧するために設置せられた行政的な制度であった。[同：35頁]

・商事調停

　紛争解決制度の理念たる合理性の要請にもとづいて設置せられたものであり、借地借家調停制度や小作調停制度のように、政治的意図の託されたものではなかった。しかし、かかる制度設置の趣旨を無視し、訴訟制度——法と裁判——を白眼視して当事者の和衷妥協による解決を促進する制度にすり替えようとする傾向が（政府には＝引用者注）みられた。[同：38頁]

　日中戦争が始まったあと1939年5月に施行した人事調停法に至っては、〝銃後の護り〟を明確に立法目的にした。
　衆議院本会議（1939年1月31日）で司法大臣が説明した提案理由によると、

　　今日の非常時局に際会して、家庭に関する紛争の円満なる解決を、調停の方法に依って解決する途を開くことは、正に焦眉の急務となってきた。

　「家庭に関する紛争」とは一般的な家事争訟ではなく、戦没将兵の遺族の間で起きる恩給や扶助料の分配の争いを指す。本会議で最初に質問した議員は次のように述べた。

　　（日露戦争時に）或は一時賜金、或は扶助料をめぐって、親子相争ひ、骨肉相背くが如き事例のあったことは、実に遺憾至極であった。今回の事変に於て（中略）斯の如き事件が（中略）若し不幸にして発生した場合には、

第7章　戦時へ　統制と抑圧に薄れゆく存在

之を従来の如く法廷で争ひ、血で血を洗ふ惨状を暴露することなくして、速に円満解決をするやうに処置せねばならないと痛感する。（以上、第74回帝国議会衆議院議事速記録第8号に載録）

　もう1つ、訴訟件数を減らした政策である経済産業の国家統制はどう進行したか。

　第1次大戦に参戦した各国は、これからの戦争は常備の戦力・兵力だけではなく産業、経済、兵役に就いていない国民の労働力、民族意識・愛国心にいたるまで国力のすべてを注がなければ勝てないと理解した。日本政府は陸海軍を中心に国家総力戦体制を構築する方途を探り、軍需工業動員法（1918年5月施行）を手始めに制度整備にとりかかった。

　中国大陸で戦火勃発が避けられない情勢になってきた1937年5月、陸軍は「有事に備える」として「重要産業5か年計画」を策定した。産業に限らず財政、金融、貿易・為替、物価、運輸交通から行政機構に至るまで経済産業全般にわたる総合的体系的な統制・再編案である。

　7月の盧溝橋事件で「有事」に突入すると、政府は、9月に臨時議会を開き一般会計から軍事関係予算を切り離す臨時軍事費特別会計の設置（終戦まで続く）を決めるとともに経済産業の国家統制計画を実行に移す輸出入品等臨時措置法（同年9月施行）、臨時資金調整法（同）を成立させた。

　12月開会の通常会には政府内にも慎重論があった国家総動員法案を提出。衆議院委員会審議で法案内容を長々と説明した陸軍中佐に議員がヤジを飛ばすと、中佐が「黙れ」と怒鳴りつける、時勢を象徴する出来事を経て、1938年3月に成立させた。

　これらの法律を補完する、1000を超す数多の法令をつくり、物資・資金・労働力を全面的に政府が管理運用するようになった。軍部が実質支配した軍需産業だけを保護し、ほとんどの中小企業は非効率であるとして整理したから、企業活動や商取引に起因する民事訴訟の件数は、当然に、減少の一途をたどった。

狭まり失われる居場所

　国の政策に加えて、この時代、訴訟を押さえ込む強い力となったのは、憲法を超えて政府・国民を覊束した「国体の精神」だった。

　前述の教本『国体の本義』は国家統治の原則を「法治主義ではない」と規定し、「人々が飽くまで自己を主とし、私を主張する場合（権利を実現するための訴訟提起はこれにあたる＝引用者注）には、矛盾対立のみあって」国体の根本にある「和の精神」にそぐわないとした。さらに「和の精神は如何なる集団生活の間にも実現せられねばならない。役所に勤めるもの、会社に働くもの、皆共々に和の道に従はねばならぬ」から、企業間の紛争も法と裁判に委ねず「和」と互譲によって解決するよう「国体の精神」は求めた。

　「国体の精神」が国民の思想・行動を縛り、総動員体制が経済活動の自由を奪う戦時下にあって、弁護士の居場所が狭まるのは必然の成り行きだ。弁護士人口の推移を記そう。

　明治から終戦まで弁護士が最も多かったのは1934年の7082人。翌年もほぼ同数の7075人だが、1936年に5976人に急減する。減少幅は1099人、率にして16％だ。1937年から1938年にかけても945人（16％）減り、4866人となった。これが終戦の年までの最低数で、ピーク時からみれば全体の３割以上にあたる2216人の弁護士が消えてしまった。

　『東京弁護士会百年史』（既出）は戦時体制下に会員が減少した原因を４点あげた。原文のまま記すと、

① 戦時の進行は国民の権利主張を圧迫し、それに伴って弁護士の活動範囲がせばめられた。
② 国策に協力する意味もあって、満洲国等の新興国に希望をもって転出したものもあった。
③ 朝鮮司法官として相当数転出者が出ている。
④ 日中戦争が始まると応召によって軍務につく者、司政官（日本軍占領地で軍政に従事した職員＝引用者注）に転ずる者などが次第に数を増した。

第7章　戦時へ 統制と抑圧に薄れゆく存在

　司法が行政のしもべとなり果てた総力戦体制・全体主義体制下で弁護士界が総体としてどう行動したか。松井康浩弁護士は「昭和史における弁護士の活動と今後の課題」で厳しく批判した。

　　早くから侵略戦争に協力する態勢をとって、さまざまな時局協力団体を設立して協力し（中略）思想犯等取締立法について何ら反応を示すことができなかった。かえって非科学的な天皇制イデオロギーである国体論に依拠して、これと反する思想、信条の自由を認めず、権力がこれを弾圧することを容認、支持している。［松井：14頁］

　しかしこの論評は、ないものねだりではあるまいか。当時、弁護士層は経済基盤が侵され社会的地位と輿望が低落し1つの職業階層として大袈裟に言えば風前の灯であった。議会や政界に張った根っこは健在とはいえ、国家権力をほしいままにした軍部には足がかりすらなく、政府や国民、世論を動かす力はほとんどなかった。大野正男の「職業史としての弁護士および弁護士会の歴史」（既出）は「戦争に協力するにせよ、反対するにせよ、弁護士階層は社会的に無力であった」と結論した。

弾圧された抵抗、あげ続けた声

　「侵略戦争に協力する態勢をとった」「社会的に無力であった」としても、また弁護士層がいかに衰微し存在感が薄れたとしてもなお、個々の弁護士あるいは弁護士の団体が人権と法治の護り手たらんとして面目を施した活動・行動は見出せる。そうした事績を、以下の3つの局面に分けて、たどってみたい。

・人権蹂躙や総動員政策について調査・批判・告発
・自由法曹団の人権擁護活動と、治安維持法が弾圧した日本労農弁護士団
・議会で政府・軍部に抗った弁護士出身議員

人権蹂躙、総動員政策で調査と告発

　最初にとりあげるべきは人権問題の調査・告発や、法治の観点から問題がある政策・立法に反対する意見表明だ。ほとんどの場合は任意加入の全国組織（日本弁護士協会と帝国弁護士会）が行動主体となった。

　日本弁護士協会が人権問題で調査・告発した例を『東京弁護士会百年史』は10頁にわたって記録した。事件・事項を列挙すると、

・新潟県下の小作争議、日本楽器の労働争議などへの官憲の介入（1925年）
・和歌山県で右翼団体員が弁護士２人を殺害（1928年）
・東京・本所での無産政党演説会で立会警察官が聴衆や取材記者に暴行（1928年）
・警視庁に「近時、犯罪捜査にあたり不当の処置ありとみとめらるるものあり」と警告（1929年）
・検察・警察の人権蹂躙に対処するため臨時総会を開催。両当局に対し、具体的に問題事例を挙げて「直ちに事実を精査糾明して其責任者を懲罰する」よう求めるとともに、協会内に人権蹂躙問題対策委員会を設置（1930年）
・衆議院議員選挙の選挙違反捜査で神奈川、群馬、鹿児島の各県下の警察署で多数の検挙者を長期勾留し拷問を加えた事実が発覚。各県に協会員弁護士を派遣し、加害警察官を割り出し告発（1936年）

　いっぽう帝国弁護士会の人権問題追及は、1934年に政財官界から多数の逮捕者を出した帝人事件が契機だった。斎藤実内閣を総辞職に追い込んだこの事件は、検察の無理な立件・訴追と捜査・取調べの非違行為が早い段階から明らかになり、「倒閣狙いの政治的でっち上げ」と世論は厳しかった。1937年12月、東京地裁は起訴事実を「水中に月影を掬するが如し」と全面否定し、被告16人全員に無罪を言い渡した。

　帝国弁護士会の有力者で貴族院議員だった岩田宙造（既出）が1934年11月、本会議で事件をとりあげ「空中に楼閣を画いたやうな案件でありまして、或は検察当局は一種の夢遊病に罹って居られるのではないか」とこき下ろし、続け

第7章　戦時へ　統制と抑圧に薄れゆく存在

て、「捜査官が逮捕者に拷問というしかない違法な取調べをしているうえ、訴訟法の規定に明らかに背いて被告人の勾留が長期間に及んでいる」と突いた。翌日以降も衆議院の本会議、委員会審議で帝国弁護士会員の3代議士が次々に帝人事件捜査などでの人権蹂躙を質した。

　翌1935年1月、帝国弁護士会は臨時総会を開いて、官憲による人権蹂躙の実態を全国で調査する計画を承認した。貴族院議員だった鵜沢総明を委員長にした34人の人権問題調査実行委員は2月に入ると全国各地に出張し、被害者はもちろん裁判所、検事局、警察署などを歴訪。いつどこで誰が誰を相手にどのようなやり方で暴行陵虐をしたかを記録した報告書をまとめ、3月から4月にかけて司法大臣、検事総長、大審院長、控訴院長、内務大臣に提出し、責任者の処分と違法行為の根絶を求めた。

　調査は1回で終わらなかった。

　司法・内務当局は検察事務調査会を設置したり、検事による警察巡回や訓戒教育のための制度をつくったりの対応をとったが、帝国弁護士会はこの年秋に再び調査に乗り出した。翌1936年2月、新たに特別委員に任じた大御所の弁護士たちが再調査の結果を携えて司法大臣、検事総長、東京の検事長・検事正、内務大臣を回り、前年の申し入れ後にとった対策を訊きただし、一向に止まない人権蹂躙に警鐘を鳴らした。

　1936年2月執行の衆議院議員選挙の違反取締捜査で拷問が頻発したことは、日本弁護士協会の活動記録で触れたが、帝国弁護士会も翌1937年に全国で調査を実施、人権蹂躙を告発する報告書を前2回と同様に関係当局に提出した。

　戦争遂行のために、政府が国民全員を指定業務に徴用し、すべての団体に協力を強制し、産業・経済はじめすべての国力を管理下におく国家総動員法は、戦時に発動する授権法で、実質的に帝国議会の立法機能を政府が奪う内容であり、法律家団体として見過ごしにできない法律だった。

　日本弁護士協会は、憲法違反を理由に法案に反対する決議を1938年3月に採択したが、なんの効果もなく、翌々日に衆議院本会議で法案を可決した。帝国弁護士会も憲法違反の疑いありとして早くから法案反対の合意はできていたが、会内手続の最中に貴族院で法案が可決、成立したため決議採択にいたらなかった。

人権蹂躙、総動員政策で調査と告発

　総動員政策に、帝国弁護士会は、日本弁護士協会とは別の形で立ち向かった。
会内に置いた精動協力委員会の民情調査である。
　第1次近衛文麿内閣が戦時体制・国民総動員体制を築くために1937年9月の
内閣訓令で興した国民精神総動員運動（略称・精動）に協力するとして、帝国
弁護士会は1940年8月に精動協力委員会を設け（国家総動員法5条は、すべて
の法人・団体に総動員政策への協力を求めた）、9月から11月にかけて、100人
の委員を全国に分散派遣して、地元の会員弁護士の助けを借りつつ、地域住民
や官公署を訪問したり懇談会を開いたりの手法で総動員体制下の国民の意識調
査を実施した。
　翌年1月に政府、関係当局に提出した報告書（帝国弁護士会機関誌『正義』
1941年2月号2〜11頁に載録）は大胆な内容だった。

　　　一般民衆は各部門に於ける時局便乗的指導者（官僚のみならず）に対する
　　憎悪の念強し。
　　　公定価格の決定妥当ならず。物資の円満なる配給なき為め物産の円滑なる
　　移出入行われず。
　　　官庁等に於ける購買組合の物資は一般配給に比し特に豊富なる不公平に対
　　し怨嗟の声多し。

　政府の施策に不満を抱き反発する国民のこうした言葉を数十項目も並べ、
〈結語〉に痛烈な言葉を入れ込んだ。

　　　征戦4年、100万の将兵を外地に曝し、巨万の国帑（国費）を費やし、未
　　だその終局の期を知らず。徒に滅私奉公を説き一億一心（全国民が心を1
　　つにすること）を称（とな）へ、違失（違反）を責むるに急なるものの如
　　し。為めに、新体制に対する国民思想の動向未だ必ずしも帰一する（一つ
　　にまとまる）に至らず、怨嗟の声は必ずしも鮮（すくな）しと云ふべから
　　ず。

　上意下達の官製社会運動である精動はスローガンに掲げた「尽忠報国」「堅

93

第7章　戦時へ　統制と抑圧に薄れゆく存在

忍持久」を強いるだけで、国民の声を汲み上げる仕組みは備えていない。帝国弁護士会の報告書は下情を伝える貴重な資料になったはずだが、要路の官僚や政策立案者が耳を傾けたかどうか。

自由法曹団と労農弁護士団

　自由法曹団は、神戸市の川崎造船、三菱造船で1921年7月に起きた労働争議を支援するため東京から駆け付けた弁護士団が帰京後、8月に結成した。
　『東京弁護士会百年史』第四章の〈戦時体制の進行と人権擁護活動〉の項から引用すると、

> 　事件が思想、信条にかかわるものになってくると、残念ながら日本弁護士協会の活動は及ばなかったのが実情である。大正の後半から昭和のはじめにかけて、労働事件、農民事件、思想弾圧事件などで活動をしたのは、自由法曹団に所属する弁護士であった。［東京弁護士会：403頁］

　森正名古屋市立大学教授は『治安維持法裁判と弁護士』に「自由法曹団（員）による戦前の代表的な法的実践活動」として「関東大震災時の社会主義者・朝鮮人虐殺事件を含む人権蹂躙事件／部落差別事件／小作争議、労働争議の法律戦術指導／政治弾圧事件」を挙げ、「それは、一定の階級意識にもとづいた組織的な活動であった」と評した。
　自由法曹団の弁護士たちは政治志向が強く、1925年3月に、納税額によらず選挙権・被選挙権を認める（ただし男子に限る）普通選挙法が成立すると、複数の無産階級政党設立に関わり、それぞれの党から多くの団員が1928年2月の初の普通選挙に立候補した。
　普通選挙法を成立させた加藤高明内閣は、選挙権が労働者、農民に広がると社会主義・共産主義が力を得ると恐れ、その組織と運動家ひいては思想そのものを抑圧する治安維持法を抱き合わせで成立させた。
　選挙で、合法無産政党と呼んだ諸政党に所属する議員が8人（非合法の共産党につながる労働農民党の2人を含む）誕生すると、田中義一内閣はさっそく

94

選挙の翌月、治安維持法を発動して、共産党員を大量逮捕した。いわゆる3・15事件である。

　続けて政府は4月に労働農民党など3団体に治安警察法（大衆運動を取り締まる法規。1900年施行）を適用して非合法化。さらに6月に緊急勅令によって治安維持法を改正し最高刑を死刑に引き上げるとともに処罰の対象を大きく拡げ治安当局が恣意的に法を適用できるようにした。翌1929年4月、再度、共産党員を大量逮捕した。

　政治運動に対する弾圧は、当然、自由法曹団の活動に影響を及ぼし、共産党関係者の弁護に当ったのは1931年4月に設立した解放運動犠牲者救援弁護士団（1933年1月から日本労農弁護士団となる）だった。救援弁護士団は、団員の大部分が自由法曹団に所属したが、母体となった組織は自由法曹団ではなく「共産党の指導で1928年4月に結成された」（『治安維持法裁判と弁護士』）解放運動犠牲者救援会だった。

　治安当局は救援会・労農弁護士団のメンバーについて、改正治安維持法で処罰対象に加えた「国体を変革することを目的とした結社の目的遂行の為にする行為を為したる者」にあたるとして、1932年から1933年5月にかけて弁護士5人を同法違反で検挙。共産党員大量逮捕事件の統一控訴審公判を翌日に控えた1933年9月13日には、日本労農弁護士団本部所属の16人を警視庁特高部が一斉に逮捕し、3人を全国手配した。

　弁護士の業務自体を法律違反に問い、集団で逮捕する異常事態に、9月20日付『法律新聞』は「弁護士会始まって以来の大事件として在野法曹に一大衝撃を与へてゐる」と報じた。結局、これがとどめの一撃となり、自由法曹団をはじめ思想信条の自由を護ろうとする組織的な弁護士活動は終焉した。

粛軍演説・腹切り問答・翼賛会違憲論

　本項で取り上げる「議会で政府・軍部に抗った弁護士出身議員」は弁護士史のなかで語るべきなのか疑問なしとはしない。弁護士出身だからといって、弁護士界を代表して政府・軍部に抗ったわけではないし、彼らの言動によって弁護士界に何らかの利害得失が生じたのでもない。

第 7 章　戦時へ 統制と抑圧に薄れゆく存在

　しかし、自由民権運動の一翼を担って憲法制定と民選議会開設に寄与し、帝国議会に確かな地歩を築いた代言人・弁護士の歴史を考えると、議会が全体主義の大波に機能を停止してしまう瀬戸際で、無力であったとはいえ、立憲・法治の旗をかざして抵抗した事実は弁護士史の重要なひとコマとして書き留めるに値する。

　粛軍演説・反軍演説の反骨と孤高で今に名を知られる斎藤隆夫は、弁護士法施行 3 年目の1895年、苦学の末に試験に合格。鳩山和夫（既出）の事務所に入って弁護士業を始めた。
　1912年に郷里の兵庫県から初出馬で衆議院議員に当選し、以後、1949年の戦後 2 回目（新憲法施行後では初）の総選挙まで12回連続で立候補し11回の当選を果たした。自伝『回顧七十年』によれば、独立弁護士事務所を開いたころから政界進出を望み、当選後は議会人・政党人として生涯を送った。
　粛軍演説は 2・26事件後初めて開いた1936年 5 月の帝国議会で「反乱事件の原因と軍部当局の態度を論難し、事件に対する国民的感情を披歴した」（『回顧七十年』）質問だった。

　　もし軍人が政治運動に加わることを許すとなると、政争の末、遂には武力にうったえて自己の主張を貫徹するに至るのは自然の勢いであって、事ここに至れば立憲政治の破滅は言うに及ばず、国家動乱、武人専制の端を開くものであるから、軍人の政治運動は断じて厳禁せねばならぬ。[斎藤：253頁]

　斎藤は、演説翌日の新聞各紙の見出しや記事を『回顧七十年』に引用し「私の演説中の粛軍に関する速記を満載して、議会未曾有の歴史的大演説であると激賞した」と誇った。
　反軍演説では、日中戦争が泥沼化し戦時総動員体制が国民を圧迫しはじめた1940年 2 月、発足したばかりの米内光政内閣に、すでに国民が払った犠牲の大きさを訴え、早期の収拾に導く道筋を質した。
　 1 時間半に及んだ演説は速記録の 3 分の 2 ほどを議長が職権で削除したうえ、

斎藤を「聖戦の目的を冒瀆した」として懲罰にかけ、翌月の本会議で除名処分を科した。

　削除になった発言のほんの一部を引くと、

　　いたずらに聖戦の美名に隠れて、国民的犠牲を閑却し、曰く国際主義、曰
　　く道義外交、曰く共存共栄、曰く世界の平和、かくのごとき雲を摑むよう
　　な文字を列べ立てて、国家百年の大計を誤るようなことがあれば、現在の
　　政治家は死してもその罪を滅ぼすことは出来ない。[斎藤：287頁]

　粛軍演説・反軍演説とならんで帝国議会の歴史に残る、1937年1月の「腹切り問答」も弁護士出身議員の質問演説だ。浜田国松は10数年の弁護士生活のあと1904年から35年半にわたって衆議院議員を務め、議長の経験もあるベテラン政治家だった。

　「腹切り問答」を説明すると、「広田弘毅内閣崩壊の原因となった、政友会の浜田国松と寺内寿一陸相の衆議院本会議での問答。軍部の政治関与を批判した浜田の質問に対し、寺内陸相は軍人を侮辱したような言葉だと反論した。浜田は、速記録を調べて軍隊を侮辱した言葉があったら割腹して謝るが、そうでなかったら寺内が割腹せよと迫った」（『日本歴史大事典』）。

　「軍部の政治関与」とは広田内閣が復活させた、陸海軍大臣に現役軍人を充てる制度を指す。この制度を逆用して軍部は意に沿わない内閣には大臣を出さない（組閣させない）と脅して、政治のイニシアチブをとるようになった。

　寺内陸軍大臣が侮辱と受けとめた発言は、

　　軍民一致協力と近頃よく言うが、憲法政治には宜しくない思想だ。（中略）
　　国民一致協力の政治となぜ言わない。現役軍人にあらざる方々が（中略）
　　一般国民として懸命の努力を政治運動に注ぐことをむしろ我々は希望する。
　　しかし、軍服を着てサーベルをさして、（中略）一般国民と対蹠的の立場
　　に於て日本の政治をリードするのである、というところに憲法政治との矛
　　盾と離齬を生じる。（第70回帝国議会衆議院議事速記録第3号に載録）

第7章 戦時へ 統制と抑圧に薄れゆく存在

　第2次大戦下、政治と国民を統制した大政翼賛会について違憲論を打ち出し近衛文麿首相を追及したのも弁護士出身の議員だった。

　1940年7月に発足した第2次近衛内閣は「庶政百般に根本的刷新を加え国防国家体制を完成する」を緊急の課題に掲げた。1939年9月、ポーランド侵攻で欧州大戦の火ぶたを切ったナチス・ドイツの電撃的進軍をみてわき上がる「バスに乗り遅れるな」の声に棹差す「新体制運動」である。運動を進める中核機関としたのが大政翼賛会で、近衛を総裁にして、1940年10月に発会式を執り行うころには、すべての政党が解党し、大多数の議員が翼賛会内の1部局である議会局に収まった。同年12月開会の議会は「有史以来未だ曾（か）つてない超非常時下に迎え、翼賛議会の本義を完（まっと）うすべく各政党を解消して、無党無派の下に召集された」（会期終了後に内閣情報局が発行した『第76回帝国議会便覧』）。

　1941年2月、この第76議会の貴族院予算委員会で、岩田宙造（既出）が、大政翼賛会を通じた国政上の行為には違憲の疑いが生じると、法律家らしい論法で追及した。

　　国民の再組織をやるのだと云う非常な使命を持って生まれてきた大政翼賛会が何等法制上の根拠なくして生れ出たと云うことは、誠に驚きに堪えない。統治を行う、所謂政治を行う機関、並びに其の方法は総て憲法の規定に依ってのみ行うことが、憲法政治の根本の原則であると信じる。（第76回帝国議会貴族院予算委員会議事速記録第5号に載録）

　質疑応答を重ねるうち、岩田は、内務大臣から「大政翼賛会は政事結社ではなく公事結社（政治に関わらない、公共の利益を図る結社＝引用者注）である」との言質を引き出した。

　議会での首相、内相の答弁を受け、翼賛会は議会局を廃止するなどの組織替えと、役員・幹部人事の入替えを余儀なくされたが、中央本部と地方支部に高級官僚を配し、国民総動員のための政府補助機関として、相変わらず根拠法を持たないまま終戦の年の6月まで専断の権力を振るった。

　法的根拠を持たない翼賛体制に対する一部の弁護士層の抵抗は、翼賛体制の

一環としてすべての弁護士・弁護士会を傘下に収めるためにつくった大日本弁護士報国会が所期の目的を達成できない事態につながった。第一東京弁護士会と帝国弁護士会が会として加入を拒絶し、第二東京弁護士会が、会としては加入を決めたうえで、会員弁護士の加入・不加入を各自の判断に任せたのだ。

　大日本弁護士報国会の発足は1944年2月だが、全国の弁護士を単一の団体にまとめる動きは、日中戦争が始まり国家総動員・挙国一致を政府が国民各階層、諸団体に要求するなかで持ち上がり、1939年10月、弁護士法52条「弁護士会は共同して特定の事項を行うために連合会を設立できる」に依拠して大日本弁護士会連合会を設立。全弁護士会が加盟した。

　1940年9月には、日本弁護士協会内に組織した新体制全国弁護士連盟が、全弁護士会を一本化し同協会と帝国弁護士会を解散する運動を始めた。これが大日本弁護士報国会発足の発端である。運動の中心になったのは東京弁護士会で、1944年に入って、第一東京弁護士会、帝国弁護士会などが不参加のまま見切り発車で新団体を始動した。団体発足に際して、司法大臣が「翼賛的な意味を取り入れたほうがよい」と示唆したので、名称を、当初案の大日本弁護士会から大日本弁護士報国会に改めたという逸話がある。

「正業に就け」の叱声を浴びて

　思想信条の自由を国民から奪い反権力反政府の政治活動を弾圧する改正治安維持法と、国家機密保護およびスパイ活動防止を目的とする国防保安法（1941年3月公布・施行）は刑事弁護を半ば否定する指定弁護士制度をとりいれた。

　両法違反の被告人を弁護できるのは、あらかじめ司法大臣が指定した弁護士に限り、人数も被告1人につき2人以下に制限した。しかも指定規準を定めた司法省令には「思想、経歴其の他の事由に因り適当ならずと認むる者を指定せず」の1項があって、司法大臣が恣意的に指定をし、指定を解除できた。

　さらに両法違反容疑の事件には検事に広範な強制捜査権をあたえ、裁判は控訴を許さず第一審と上告審の二審制をとった。

　帝国弁護士会は、国防保安法のうち訴訟手続を定めた第2章を削除し同法違反事件も刑事訴訟法に拠った捜査・公判にするよう求める意見書をまとめ、法

第7章 戦時へ 統制と抑圧に薄れゆく存在

案審議中に衆議院の委員会と貴族院議員に送り付けた。

それは、しかし、何の効果もなかった。議会は「翼賛議会」になっていたし、刑事被告人を弁護する業務は、『日本弁護士沿革史』（既出）を借りれば、以下のような状況に置かれていたのだから。

> 決戦体制下に罪を犯す者は国賊であり、国賊を弁護する必要はないという考え方が強力になり、熱心な弁護活動をする弁護士は、時局非協力とされた。[日本弁護士連合会1959：256頁]

1941年12月8日、真珠湾奇襲で太平洋戦争に突入すると、翌年3月には司法手続一般を簡略化する裁判所構成法戦時特例・戦時刑事特別法・戦時民事特別法の3本の法律を施行した。弁護士の居場所はほとんど立っているのがやっとというほどにまで狭まった。

更なる追い撃ちも加わった。『日本弁護士沿革史』から引用しよう。

> 憲兵による法律相談、紛争の処理が大企模に行われ、これが弁護士の職域に影響を与えるようになった。これは、出征軍人遺家族の救援が目的であったけれども、戦争の進行につれて遺家族の数は莫大になり、憲兵の関与する事件の種類も、土地家屋事件から人事事件に至るまで広範に亘った。[同：257頁]

続けて『日本弁護士沿革史』は「かくて弁護士よ正業に就けという暴言がはかれるに至った」と記し、1958年に東京弁護士会の会内派閥会報に掲載した回想記を引用した。孫引きになるが、その引用文を摘要する。

> 私は戦時物価統制令違反事件で検挙された人のもらい下げに、九段の憲兵隊司令部へ行って、係の憲兵軍曹に会って種々事情を説明した。ところがその軍曹は威猛けだかになって「この非常時に先生らはどうしてあんな国賊の弁護をなさるのか」と剣もほろろであった。「国賊かどうか裁判してみなければわからないではないか」とやり返して立去ろうとしたら、彼は

私を呼び止めて。低い声で「でも先生方もそろそろ正業についたらどうですか」と云った。[同：258頁]

司法街に焼け残った3棟の会館

本章の〈狭まり失われる居場所〉の項に戦前の弁護士人口の推移を書いた。底を打ったのは1938年の4866人。翌年に5527人と1937年の95％まで盛り返し、その後、年を追って漸減し1944年には5174人になった。1945年の統計はない。応召しても弁護士登録を抹消しないのが普通だったから、減少分のかなりの部分は戦死・戦災死によると考えて間違いないだろう。

1944年11月から、B29爆撃機の大編隊が東京はじめ全国の主要都市に連日連夜のように襲いかかり、爆弾と焼夷弾をまき散らした。1945年3月10日未明、一夜にして死者10万にのぼった大空襲で東京東部は焼尽した。司法省、大審院・裁判所も赤レンガの外壁を残して、屋根から1階床まで焼け落ちた。ところが同じ司法街に建ち並ぶ東京3弁護士会それぞれの会館は奇跡的にそろって無事だった。

第一東京弁護士会創立50年記念誌『われらの弁護士会史』によると、

> この奇蹟に目をつけた司法省は3弁護士会にそれぞれ会館の一部提供方を申入れてきた。（中略）その結果、東京民事地方裁判所および区裁判所の調停部が会館の3階に引越してきて、お互い不便な同居生活がはじまった。[第一東京弁護士会：333頁]

焼け落ちた裁判所・司法省の傍らに3棟の弁護士会館が立つ司法街の光景は、半年後に来る終戦直後の司法界のありようを予言していたのだが、当時、そんな想像をめぐらせた人など居ようはずもない。

第8章
新憲法と新司法制度と新弁護士法

弁護士が法相に 終戦2日後に幕開く新時代

　1945年8月15日水曜日正午、「戦争終結に関する詔書」を朗読する昭和天皇の声がラジオに流れた。

　翌々17日、司法の戦後新時代が早くも始まった。終戦を実現した鈴木貫太郎首相は退陣し、史上初めて皇族を首班とする東久邇宮稔彦（ひがしくにのみや・なるひこ）内閣が発足。司法大臣に弁護士の岩田宙造（既出）が就任した。

　1931年から貴族院議員を務め鈴木貫太郎内閣で10人の内閣顧問の1人となり、時局打開のために阿南惟幾（あなみ・これちか）陸軍大臣と「2、3度直接意見を交換したこともあった」（『日本経済新聞』に1957年8月に執筆した「私の履歴書」）というほど政治権力の中枢近くにいてなお軍部に批判的な姿勢を保ったのが選任の理由だろう。

　明治憲法下で司法の頂点にあった司法大臣に弁護士が就くのは、田中義一内閣（1927年4月発足）の原嘉道（既出）以来、2人目だった。原のあと終戦まで14人を数えた歴代のうち9人が司法官（判事・検事）出身だったのに、戦後は、最後の司法大臣（1948年以降、官制改正に従い法務総裁、法務大臣となる）まで4人全員が弁護士だ。岩田の就任は、敗戦と占領によって司法制度がすっかり姿を改め、弁護士が司法官と同列の地位にのぼり独立して司法の運用に携わるようになる先触れであった。

　岩田には改革の宿志があった。明治に司法制度ができ上がって以来、弁護士層が求め続けた「司法権の独立」と「法曹一元化」である。具体策は「裁判所を司法大臣の監督下から離脱させ天皇の直接の指揮・監督下に置く」「裁判所と検事局を分離する」「司法警察官と行政警察官を分離し司法警察署を設けて検事の下に置く」「判事・検事はすべて弁護士より採用する」——だった。

　9月に入ると司法省では、米国・英国・中国・ソ連4カ国によるポツダム宣

103

第8章　新憲法と新司法制度と新弁護士法

言が示した占領政策「民主主義的傾向の復活強化」「言論・宗教・思想の自由」「基本的人権の尊重」を司法の分野で具現するのにどのような制度改革・法令の改廃が必要なのか、検討に取りかかり、論点を整理した「司法制度改革の要点」をまとめた。

岩田司法大臣はこのうち、裁判所・検事局の機構改変と、犯罪捜査の適正化に的を絞り、11月に大臣の諮問機関として司法制度改正審議会を設置して法律案策定を求めた。審議会の会長は司法大臣で、委員は、裁判所、検事局、弁護士会、法律学界だけでなく衆議院・貴族院、警察を所管する内務省からも選んだ。

新しい憲法をつくる政府の作業をにらんで迅速に審議を進め、答申は12月18日に出た。翌1946年1月には裁判所構成法全面改正案の骨格ができ上がった。

この改正案は、しかし、日の目を見ずに用済みとなった。3月に政府が公表した「憲法改正草案要綱」を見て司法制度の改変が司法省の想定をはるかに超える徹底的なもので、裁判所構成法は改正ではなく根本からつくり直さなければならないと分かったためだ。

裁判所構成法に替わる裁判所法策定の経緯は〈急ごしらえを強いられた新しい司法〉の項で詳述する。

「稀有の脱皮」と呼ばれた法曹一元人事

岩田はまた、大臣就任直後より、幹部人事の大改革に着手した。主眼は、裁判所の司法省からの独立と法曹一元化である。

人事に関する補佐役に、岩田は、同郷山口出身の判事でかねて司法権の独立、裁判所と検事局の分離を主張し、終戦の半年前に、同志の判事と連れ立って来訪して来たことがある河本喜與之（かわもと・きよし）を選び、大臣就任翌日に面談して協力を求めた。

河本は後述する事情で、岩田の後任大臣である弁護士出身の木村篤太郎と衝突、退官して岩田の法律事務所に入る。野に下った後、河本は岩田司法大臣との協働から退官までの経験を雑誌上で積極的に発言した。「戦後司法権独立運動をめぐる秘話　岩田司法大臣と私」「法曹あの頃　河本喜與之氏に聞く」「司法

104

権独立の歴史」などで、以下では合わせて「河本論稿」と表記する。

　岩田が、河本らの意見を聴きながら、まず手を着けたのは司法次官と刑事局長を検事から判事に差し替える人事異動だった。9月に宮城控訴院の院長を次官に充て、10月には東京刑事裁判所長を刑事局長にした。

　その10月に東久邇宮内閣はわずか54日間で退陣した。外交官出身で大正末から昭和初期に外務大臣として国際協調路線をとった幣原喜重郎（しではら・きじゅうろう）が後を襲い、岩田は留任した。

　12月、岩田は「判事及検事の退職並に判事の転所に関する法律案」を政府に議会提出させた。同法は、政府が行政機関を整理し官吏を大幅削減する機をとらえ、判事・検事の身分を保障する法令を一時的に停止し、司法大臣に人事の大ナタを振るう権限を与えた。

　河本論稿によれば、同法を公布施行して3日後の12月24日夜、岩田は河本を自邸に呼び、同法が効力をもつ4カ月の間に敢行する人事異動計画を立てるよう、また司法省秘書課長に就くよう命じた（辞令は1946年1月17日付）。

　人員整理を伴う大人事異動を議題にした全国司法長官会同は1946年1月11、12日に開いた。1月9日付『朝日新聞』2頁のトップ記事を見てみよう。

　　司法部では、司法部陣容の一大刷新を企図、新春早々稀有の脱皮を断行することとなった。このため大審院、同検事局以下控訴院、同検事局、地方裁判所、地方検事局の各長官は辞表をとりまとめ、法相の裁断によって勅任官（大審院部長判事、控訴院長、検事長、地裁所長、検事正、次官、局長＝引用者注）約五十名、判検事二百数十名の淘汰を行ふこととなった。

　2月8日に発表した人事案はまさしく「稀有の脱皮」といえる大胆さで司法部内外を驚かせた。

　司法次官に1938年度の東京弁護士会会長・谷村唯一郎、大審院検事総長に1935・36年度の第一東京弁護士会副会長・木村篤太郎を用いた。2人とも生粋の弁護士である。

　弁護士を裁判所、司法省、検事局の要職につける法曹一元人事は次官、検事総長以外にも及んだ。河本論稿と、1972年の谷村唯一郎のインタビュー記事

第8章　新憲法と新司法制度と新弁護士法

「終戦直後の司法改革の思い出」をもとに、弁護士を充てた官職を並べると、

静岡地裁所長／浦和地裁判事1人（後に千葉地検検事正になる／長野地裁判事1
人／大審院検事1人／東京控訴院検事2人／東京地検検事正／浦和地検検事正／
前橋地検検事正／京都地検検事正／岡山地検検事正／司法省調査官／河本が司法
省人事課長に転じた後の秘書課長

　弁護士起用ではない裁判所人事で、のちの最高裁判所発足前後に司法部を激
しく揺らす原因となる異動を、この時、岩田が発令した。大審院長に1946年2
月8日付で広島控訴院長の細野長良を充てたのだ。
　細野は裁判所の司法省からの独立、検事に対する判事の優位を説いてやまな
い声高な論客として知られ、その硬骨ぶりは1944年2月に時の東条英機首相が
司法官会同で述べた恫喝的な訓示に「行政による裁判干渉は憲法上、許されな
い」と抗議する上申書を司法大臣に提出、写しを首相官邸や大審院に送り付け
た件によく表れた。
　ただ細野は河本論稿によれば「部内外とも評判の悪い人」でもあり「司法部
内は猛反対」だった。大審院判事在任時に自分の箱根の別荘に若手裁判官を集
めて開催した「民訴研究会」などは、細野と距離を置く同僚・後輩たちは、子
分をつくり派閥を形成する活動だろうと警戒したし、そもそも裁判所の司法省
からの独立という旗印、東条首相に独り盾突いた武勇伝すら、名誉心とか野心
が裏にあると冷やかに見る向きもあった。
　細野を岩田に推薦したのは、戦前・戦中から裁判所内の司法権独立運動に河
本と一緒に携わり、岩田と面識のある判事だった。1945年暮れ、岩田に会って
直接、細野起用を懇請したという。

岩田法相の退場、司法部に起きた内紛

　1946年4月、旧憲法下で最後にして戦後最初、そして女性が参政権を得て初
めての総選挙を執行、5月22日に吉田茂内閣（第1次）が発足した。
　岩田の再任は既定路線だったが、GHQ（連合国最高司令官総司令部）から

岩田法相の退場、司法部に起きた内紛

横ヤリが入った。同年1月初めにGHQが政府に与えた覚書「好ましくない人物の公職よりの除去」には、追放の対象者に「1945年9月2日（降伏文書に調印した日＝引用者注）より前に任命された戦時内閣の閣僚」を明記してあり、東久邇宮内閣からの司法大臣である岩田はこれに該当した。

岩田は後任の人選を河本に相談した。第1候補にした長老弁護士・有馬忠三郎が固辞したので、次の候補に河本が検事総長の木村篤太郎を薦め、岩田は、別の弁護士2人をあげた。結局、岩田が折れて木村に落ち着いた。検事総長の後任には、やはり弁護士の福井盛太が就いた。

就任早々木村は、課長以上の幹部を集めた会議で人事に関して岩田前大臣の路線は踏襲しないと宣言した。河本論稿によれば木村は「民事局長、刑事局長を弁護士から採ろうと思っていたのだけれど、そんなことはしないから、諸君安心してやってくれたまえ」と話した。

この発言は1人の思いつきではなかった。裏事情を、河本が人事課長に転じたあと弁護士から秘書課長に就いた五鬼上堅磐（ごきじょう・かきわ。のち最高裁判事）が1970年に雑誌のインタビュー記事で語った。

五鬼上は着任直後の木村に、刑事・民事両局長を更迭して弁護士を充てる構想が部内でもちあがっていると伝え「大変な問題になりますよ」と警告した。木村はその夜、両局長と五鬼上を自宅に招き「この際、人事の大異動などは私は考えないから落ち着いてやってくれ。憲法も民法も改正しなければならない時にそんな無鉄砲なことをやっちゃいかん」と言明した。

先に書いたとおり河本は木村の登用を岩田に強く勧めた張本人だったのに、2人の関係は一気に冷え込む。

自分が参謀となって図面を描き進行中だった〝岩田人事〟を、こともあろうに岩田が引き立てた当の人物が頭から否定する事態に、河本は「驚くとともに怒りを感じた」し、実際にいくつかの人事で提示した案を木村新大臣はひっくり返しもした。

だが2人の関係悪化の真因はより深いところにあった。岩田前大臣が大審院長に細野長良を用いて目指した司法権の完全独立に、木村は反対であり、司法大臣として裁判所の人事・予算を司法省が管理する制度の維持を図った。それが根本の原因だった。

107

司法大臣が木村に代わって以降、大臣以下の司法省・裁判所幹部と細野大審院長を中心とするグループとはことあるごとにイガミ合った。河本は司法省幹部の中で孤立しながら常に細野側に立ち、〝細野派の驍将〟とみなされた。

翌1947年1月、木村は、河本を司法省から追放するため甲府地裁所長転出の異動を内示した。河本が拒むと、木村は、官吏分限令によって休職を命じる強硬手段をとり、以降、河本は細野院長らと司法省・裁判所幹部の争いの局外に置かれた。

両者の争闘は、最高裁の権限や行政（司法省のち法務省）との関係を規定する裁判所法案をめぐってとりわけ激しく深刻だった。この「意見衝突」は〈急ごしらえを強いられた新しい司法〉の項で詳述する。

日本国憲法の誕生

以上の次第で、岩田宙造が司法界に吹きこんだ旋風は短い間に勢いを失ったが、同じく終戦直後から巻き起った新憲法制定の烈風は止むことなく、むしろ風力風速を増した。新憲法に基づくまったく新しい司法制度・弁護士制度の構築は、〈急ごしらえを強いられた新しい司法〉と〈再度の置き去りを越え完全自治を獲る〉の項で後述するとおり、岩田司法大臣が試みた司法制度改革とは比べものにならない革命的な変革になった。

まず日本国憲法を1946年11月3日に公布するまでを簡単に振り返る。国立国会図書館がホームページで提供する「電子展示会　日本国憲法の誕生」を主な典拠とした。

1945年10月4日、GHQ最高司令官ダグラス・マッカーサーが、無任所大臣だった近衛文麿元首相との会談で「憲法は改正を要する。自由主義的要素を十分取入れなければならない」と発言。政府は憲法改正の準備に取り掛かる。

10月8日、米国の国務・陸軍・海軍3省調整委員会の下部組織である極東小委員会が政策案「日本の統治体制の改革」をまとめた。これをもとに米国政府は同じタイトルの公式文書を作成。翌1946年1月、GHQが憲法草案を作成する際の「拘束力ある文書」としてマッカーサーに伝達した。

10月25日、政府（幣原喜重郎内閣）が、法学者で貴族院議員の松本烝治国務

大臣（憲法改正担当）を長とする憲法問題調査委員会を設置。翌年1月に「松本私案」をまとめる。

12月26日、民間の憲法研究会が「憲法草案要綱」を発表した。「電子展示会日本国憲法の誕生」の解説文には「天皇の権限を国家的儀礼に限定、主権在民、生存権、男女平等などの内容に、GHQ内部で憲法改正の予備的研究を進めていたスタッフが強い関心を寄せた」とある。年末から翌年にかけ、民間の学者グループや個人また各政党が競って草案・私案・要綱を発表。電子展示会の資料では15件にのぼる。

1946年2月、GHQが憲法問題調査委員会の保守的な姿勢に見切りをつけ、独自の草案作成に方針転換。マッカーサーが示した「憲法改正の必須要件（天皇の地位・権能、戦争の放棄、封建的諸制度の廃止の3点）をもとに草案を作成する。

1946年2月13日、GHQ民政局長が政府の案について「承認すべからざるものである」と吉田茂外務大臣、松本憲法問題調査委員長に通告、GHQ草案を手渡して「この提案と基本原則・根本形態を一にする改正案を速やかに作成、提示するよう」求めた

2月22日、GHQ草案に沿って憲法を改正する方針を閣議決定。27日から、松本委員長の下で政府案作成にとりかかる。

3月4日、政府案試案をもとにGHQとの逐条審議に入る。作業は徹夜で進み、翌5日の閣議で政府案確定案として決定。6日に憲法改正草案要綱として発表した。

6月20日、政府（第1次吉田茂内閣）が帝国議会に憲法改正案を提出した。7月1日から審議を始めた衆議院帝国憲法改正案委員会は小委員会を設けて非公開協議で修正案を作り、これを8月24日に本会議で可決して貴族院に送った。

貴族院帝国憲法改正案特別委員会が9月2日に審議開始。衆議院と同様に委員会に置いた小委員会で修正を協議した。10月3日、GHQの要請に基づくものを含め4項目の修正案を特別委員会が可決。10月6日に貴族院本会議で修正案を可決して衆議院に回付。翌7日、衆議院本会議で同意した。

第8章　新憲法と新司法制度と新弁護士法

２人の弁護士の働き

　新憲法づくり（形式的には大日本帝国憲法の改正）の過程で働きが目立った
弁護士２人について書く。

　幣原喜重郎内閣で憲法問題調査委員会委員長に就いた松本烝治は1941・42年
度に第一東京弁護士会会長を務めた。元々は東京帝国大学の商法学教授で、南
満洲鉄道（満鉄）副社長に転じ、その後、法制局長官に就任、大正末に貴族院
議員になった。傍ら弁護士を開業し、在野法律家の立場で多くの立法に携わっ
た。新憲法下では弁護士専業に戻り1954年10月に亡くなるまで現役で法廷に立
った。

　要綱案まで作った私案はGHQに退けられたが、先述のとおり、政府案策定
に力を尽くした。

　対照的に、弁護士活動を通じて養った自分の願望・理想を日本国憲法に反映
させるのに成功したのが鈴木義男である。

　東北帝国大学の公法学教授から弁護士に転じ、今村力三郎事務所にあって治
安維持法違反など著名事件の弁護人を務め、帝国弁護士会機関誌『正義』に
度々論稿を寄せ、刑事弁護士として声望を得た。本章の〈「稀有の脱皮」と呼
ばれた法曹一元人事〉の項で岩田宙造が司法省改革の手始めに次官と刑事局長
を検事から判事に差し替えた人事を書いたが、初め岩田は鈴木を刑事局長に充
てようとした、と河本喜與之の論稿にある。

　1946年の衆議院総選挙で社会党から当選すると、帝国憲法改正案委員会に置
いた小委員会の理事として政府案の修正審議に加わり、政府案にもその基にな
ったGHQ草案にもなかった条項・条文をいくつも憲法に加えさせた。

　田中輝和東北学院大学名誉教授は「憲法17条、40条の成立と鈴木義男氏」で
「政府原案にはなく、帝国議会衆議院の審議で新たに追加された人権」として
３つをあげ、「憲法25条１項（生存権）については、森戸氏（社会思想家で戦
前に新聞紙法違反罪で東京帝国大学助教授職を奪われた森戸辰男。鈴木と同じ
社会党所属で小委員会に入った＝引用者注）と鈴木氏の共同作業だったが、他
の２条（17条の国家賠償請求権と40条の刑事補償請求権＝引用者注）について

は、2人のなかでは、もっぱら鈴木氏だった」と書く。

　鈴木自身が小委員会での議論を、のちに国会で陳述した記録もある。1956年5月、憲法調査会法案（「憲法に検討を加え、関係諸問題を調査審議し、その結果を内閣及び内閣を通じて国会に報告する」ための協議体を設置する法案）を審議する参議院内閣委員会に参考人として出席した議事録である。

　25条1項について「原案になかったが、森戸辰男さんと私で相談して、ぜひこれも入れてもらいたい。これはドイツ憲法では、人間に値いする生活という規定があって、日本でも、ああいう規定がなくちゃおもしろくない」と、17条について「長い間の訴訟上の経験から、官尊民卑のわが国においては、役所がやったことは、損害賠償も何もとれない。憲法に入れておかなければだめだ（中略）ということで、私が入れることを希望し、入れていただいた」と、40条について「これも私が入れていただいた。（中略）こういう規定がないと裁判官も検事もなかなかやらない」と述べた。

　さらに鈴木は6条2項「天皇は、内閣の指名に基いて、最高裁判所の長たる裁判官を任命する」も自身の発議によって小委員会で追加した条項だと説明した。政府の憲法改正案が「最高裁の裁判官はすべて内閣で任命する」としていたのを鈴木は問題視し「三権分立の建前からいって総理大臣と最高裁判所長官は対等の地位におらなければならない（中略）と提案をして、天皇によって任命されるように直った」と語った。

急ごしらえを強いられた新しい司法

　本項では、カレンダーの日付を、吉田茂内閣（第1次）が発足した1946年5月に戻して、新しい憲法の下の新しい司法制度を作るまでを追う。

　終戦から間もない1945年9月から司法省が新司法制度の構想にとりかかり、翌1946年1月には裁判所構成法全面改正案の骨格をまとめたが、新憲法の内容が明らかになって、すべてご破算になった経緯を〈弁護士が法相に　終戦2日後に幕開く新時代〉の項に書いた。三権分立の統治体制を採る新憲法は明治憲法下とは比較にならない強い権能を裁判所に与えており、その権能を十分に働かせる制度・機構にするには、現行の手直しではとうてい間に合わず、新規に

第8章　新憲法と新司法制度と新弁護士法

作りあげる大改革が必要だと誰の目にも明らかだった。

　それだけでも大変な難事業に、厳しい条件が加わる。時間に余裕がまったくなかった。憲法施行に間に合わせるのが至上命令だったのはむろん、そこに占領下ゆえの特殊事情が重なる。諸法令はすべて議会提出前に GHQ の審査と承認を得なければならず、ただでさえ厄介な折衝が、新憲法に直結する重要な法令群だから、いや増す労力と時間を覚悟しなければならなかった。

　吉田内閣が動きだすのを待って、司法省は、6月に省の内規で臨時司法制度改正準備協議会を設け、新司法制度づくりを論点整理からやり直した。

　次官と各局長のほか、在京の各級裁判所・検事局と3弁護士会から委員を出してもらい5回の会議を重ねた同協議会の議題は大きく4つあった。

> ・司法省の存廃。存続の場合は、どのような権限を与えるか。
> ・裁判所の組織・機構をどう変え、各級裁判所にどのような権限を与えるか。
> ・検察の組織・機構をどう変え、各級検察庁にどのような権限を与えるか。
> ・弁護士制度をどう変えるか。

　新憲法に適合するように既存の制度・組織を改め、関係法令を改廃しなければならないのは、むろん司法だけでなく統治機構全体の問題だった。

　吉田内閣は憲法改正案を帝国議会に提出して1週間後の7月3日に、臨時法制調査会（首相が会長、金森徳次郎憲法担当国務大臣が副会長）を設置。「憲法の改正に伴い、制定又は改正を必要とする主要な法律について、その法案の要綱を示されたい」と諮問した。

　検討対象の法令が膨大な数にのぼるため調査会は部会制をとった。

> ・第1部会＝皇室及び内閣関係
> ・第2部会＝国会関係
> ・第3部会＝司法関係
> ・第4部会＝財政、地方自治関係その他

　第3部会部会長には長老弁護士有馬忠三郎を起用した。そして閣議決定によって、第3部会の委員・幹事を全員取り込んだ成員150人余りの司法法制審議

会を司法省に設置、会長に木村司法大臣を充てた。同審議会の決議をそのまま第3部会の決議として臨時法制調査会総会に付議する仕組みである。

司法法制審議会は3つの小委員会に分かれて新法・改正法の要綱案を策定した。

・第1小委員会＝裁判所法、検察庁法、裁判官弾劾法など
・第2小委員会＝民法、戸籍法など
・第3小委員会＝刑法、刑事訴訟法など

先に述べた司法省の臨時司法制度改正準備協議会での法曹三者による論点整理は、この司法法制審議会第1小委員会の議論の下拵えだったのだが、なぜか弁護士法改正だけを検討課題から除外した。

序章〈はじめに〉の〈弁護士制度の原点　繰り返した「二の次」扱い〉の項に書いた、司法制度を作るのに弁護士制度だけが「置き去り、後回し」にされる異状は、新法・改正法策定の準備段階といえる早い時期に発生した。遅れた弁護士法の制定過程は次々項〈再度の置き去りを越え完全自治を獲る〉に詳述する。

当時大審院判事で第1小委員会の幹事になり新しい司法制度の根幹をなす裁判所法案の起草にあたった根本松男は1971年に法律雑誌に連載した手記「続・司法権独立運動の証言」で法案策定までを回顧した。

根本は、連載の冒頭で「細野長良大審院長の下で司法権独立運動の参謀のような役割を演じてきた」と自認しており、新しい司法制度づくりの場面で細野に密着して働いた。最高裁判所が発足する際、裁判所・司法省で圧倒的多数を占めた〝細野排斥派〟と闘って最高裁に細野を送り込もうとするが敗れ去り、退官に追い込まれ1947年に弁護士登録する。最高裁が発足する前後の司法部内の抗争は次項〈最高裁人事で沸騰した内部衝突〉で述べる。

「続・司法権独立運動の証言」の第1回は「鎌倉合宿——裁判所法の起草」と題した。

法案作成は時間との闘いであったから、臨時法制調査会の第3部会である司

第8章　新憲法と新司法制度と新弁護士法

法省の司法法制審議会は要綱案が確定するのを待たず、1946年8月中旬から、3つの小委員会がそれぞれ合宿に1カ月ほど籠って法案を練り上げた。

第1小委員会の合宿先は起草委員の内藤頼博司法省民事局課長の鎌倉にある広壮な別邸だった。内藤家は長野・高遠の旧藩主で、今の新宿御苑から新宿駅東側の繁華街一帯はその屋敷地であった。今も新宿区内藤町の地名がある。

内藤家別邸に持ち込んだ要綱案は8月14日の審議会総会の議を経た第4次案である。7月22日に出来た第1次案から修正を重ねた経緯を、根本松男は連載手記で論点ごとに要約した。小委員会・審議会総会で意見が対立したのは、裁判所と司法省の予算を分離させるか否か、そして司法修習制度の所管の2点だった。

後者の問題では、司法官試補と弁護士試補で別立てだった法曹養成制度を一本化する基本方針に異論はなかった。もめたのは実務修習と修了考試〔二回試験〕の所管を司法省にするか最高裁にするかで、要綱案は二転三転、審議会総会で小委員会の結論を逆転し最高裁所管となった。

前者は、三権分立・司法権独立についての理解・信条の違いからくる根本的な問題だった。小委員会の結論は分離だったが、審議会総会で司法省側が巻き返し、結局、従来どおり司法省が予算を管理する制度に第4次要綱案は落ち着いた。しかし、後述するが、GHQが分離を命じ、現行の裁判所法83条になる。

司法法制審議会は1946年9月11日、空襲をくぐり抜けた第一東京弁護士会館で総会を開き、裁判所法案要綱案を最終的に決定。これを政府の臨時法制調査会第3部会の決議として調査会総会に付議し、並行して司法省はGHQに審査を求めた。

9月23日、GHQが審査を開始。担当者は民政局法制司法課長アルフレッド・オプラーと民事係長トーマス・ブレークモアだった。次々項で書く弁護士法全面改正も2人が担当した。

オプラーはドイツの人で10年余り務めた裁判官職を、母親がユダヤ人だったためナチスに逐われ、米国に移住した。終戦の翌年、米陸軍の求めで文民の法律専門家としてGHQに入った。

陸軍法務将校だったブレークモアは戦前に東京帝国大学法学部に留学し、日本語は会話だけでなく読み書きもできた。GHQを退いてから日本の弁護士資

格を得て1950年8月に東京で弁護士登録し、今に続く法律事務所を開いた。

オプラーは『日本占領と法制改革——GHQ担当者の回顧』に新憲法を具体化する法律案の審査に臨んだ姿勢を「方法と手続に関する限り、日本側にまかせきった。(中略)しかしながら改革の内容に関しては、法と社会に関する一定の思想にしたがってなされるべきだ、と考えていた」と説明した。

オプラー率いるチームの裁判所法案の審査・修正の手続は、新設する最高裁の組織構成や権能を巡って細野長良大審院長らのグループと木村篤太郎大臣以下の司法省・裁判所幹部との対立が酷く、GHQがその間に立つ局面が何度も現われて、法案を確定させるまでに長い日数を要した。

『日本占領と法制改革』から引用すると、

　　　ブレークモアと私は、しばしば司法省の代表と(中略)細野大審院長との間の仲介役を務めなければならなかった。前者は行政府の裁判官に対する監督権限を放棄したがらなかったが、後者は時として過激にすぎる提案をしてきた。[オプラー:66頁]

オプラーは抗争に直接介入はしなくても、終始細野の側についた。日本に来て最初に接触する相手に選んだのが大審院長たる細野であったし、その初会談で「大変多くの点で意見が合うこと、司法改革における協力者となるであろうことを悟った」(『日本占領と法制改革』)からだった。

また「私は大審院の何人かの裁判官、とりわけ根本松男(細野の参謀役を自任=引用者注)と親密な接触を保った」と書いているし、根本もオプラーと意を通じていた事実を手記に残した。

木村大臣はじめ司法省・裁判所で圧倒的多数を占める反細野・非細野の人々の眼には、細野派はGHQと結んで、或いはその威をかりて、勢力を新生最高裁・裁判所に扶植し遂には司法権を差配するつもりだと映り、その嫌悪感・警戒感によって細野排斥の意志は一層固くなった。

裁判所法案に話を戻す。

憲法改正案の衆議院修正案が、貴族院で再修正を加えたうえ、成立する見通しとなった1946年10月26日、臨時法制調査会は新憲法に適合させた一群の新

法・改正法の法案要綱を首相に答申した。答申に基づく諸法案は11月末からの臨時議会に提出を予定した。

ところが裁判所法案は、GHQでの審査が大荒れになり、このスケジュールに間に合わなくなった。

まず、法制審議会第1小委員会で揉めに揉めた裁判所予算編成権の問題で従前どおり司法省予算に組み入れるとする要綱案をオプラーが撥ねつけ、要綱案に固執する司法省と、裁判所の独立した予算を求める細野大審院長らの対立が再燃、激化した。

結局、オプラーが「予算の権限を最高裁に与える。これは司令部の指示である」と裁断したが、他の問題でも審査は渋滞した。

翌1947年2月末になって、2カ月後に迫る新憲法施行に間に合わせるために司法省・内閣法制局の全権委任を受けた計6人とGHQの担当者で構成する特設の協議体を設け、3月3日からほぼ毎日会合を重ね、3月12日にようやく法案審査を終えた。

同日、帝国議会に提出した裁判所法案は3月26日に成立。裁判所の機構・組織・権限を全面的に改めるのに伴う経過措置を規定した裁判所法施行法とともに新憲法と同じ5月3日に施行した。

最高裁人事で沸騰した内部衝突

裁判所法施行法は、裁判所法39条に拠って設置する最高裁判所裁判官任命諮問委員会について「裁判所法施行前に職務を行なえる」旨を定めており、吉田内閣は新憲法施行と同時に最高裁裁判官を任命するために1946年4月、諮問委員会を設置する閣令（明治憲法下で内閣総理大臣が発した命令）を施行した。

なお、諮問委員会は15人を1度に任命するための制度であるなどとして1948年1月に廃止した。

委員会設置閣令の当初案を審査したオプラーらGHQが、委員に首相（委員長とした）、司法大臣、検事総長が入るのに強く反対したため、実際に施行した閣令ではこの3者を委員にせず、大審院長、司法次官、衆貴両院の議長、東京帝国大学総長、在京3弁護士会会長など11人の構成とした。

各委員の推薦によって候補者となり得る人の名簿をつくり、委員の投票で得票順に30人を裁判官候補者とし、さらに30人の中から委員の投票によって３人の長官候補者を選出。この30人と３人を内閣に答申する方式だった。

前出の根本松男「続・司法権独立運動の証言」第３回は「大審院長の発病——吉田内閣の諮問委員会」で、1947年４月19日から23日にかけて首相官邸で開いた諮問委員会を、会議室の外から窺った根本の日記と細野大審院長の手記によって再現した。

会議の出だしから細野は孤立し、３日目の候補者選出投票で自身が30人枠から漏れると、悲憤の余り体調を崩した。細野排斥派はこれを会議の遅延、流会を図った仮病と難じた。

ところが諮問委員会が答申をまとめた翌日、GHQがマッカーサーから吉田首相への書簡という強い意思伝達形式で事態をひっくり返した。新憲法によって創設する最高裁の裁判官は新憲法下の内閣が選任にあたるべきだ、との理由である。

新憲法解散総選挙と呼んだ衆院選は1947年４月25日投票。社会党が比較第１党の議席を得て、弁護士出身の片山哲委員長が、新憲法の規定で初めて選任した内閣総理大臣になったが、連立工作が難航して内閣発足は５月24日、しかも首相が全大臣職を兼任する「一人内閣」を余儀なくされた。１週間後の６月１日に連立３党間の交渉が成り閣僚がそろう。

司法大臣に就任したのが、先述の憲法案改正審議で活躍した鈴木義男である。抱負を尋ねる新聞記者に鈴木は「何よりも第一に最もよい最高裁判所を建設したい」と答えた。

片山内閣、鈴木司法大臣とGHQとの関係は前内閣のときと打って変わって良好になった。オプラーは『日本占領と法制改革』に片山内閣の誕生で「政府は今までより誠意のある協力的なものになり」と記し、鈴木についても「私達の間には満足しうる理解と、イデオロギーの点で基本的に多くの共通点を有するという認識が育まれた」と評した。

鈴木は最高裁発足から約２年後に回想記「最高裁判所創設エピソード」を雑誌に書いた。それによると、鈴木は細野派と細野排斥派の争いは「収拾し難

第 8 章　新憲法と新司法制度と新弁護士法

い」ので最高裁判官と長官を「天降り的」に決めたのでは「どうしても納ま
りがつかない」と判断し、選任を一からやり直すと心決めし、自分で考えたや
り方について片山首相と GHQ の了承をとりつけ、任命諮問委員会規程を次の
ように改めた。

　諮問委員の構成は、国民の代表として両院議長と学識経験者 2 人、専門家と
して裁判官 4 人、検察官 1 人、弁護士 4 人、法律学者 2 人を招致する。学識経
験者・法律学者は首相が指名し、裁判官・検察官・弁護士の諮問委員はそれぞ
れの職別に互選制で選挙する。

　裁判官を選定する方法は、各諮問委員が裁判官候補を15人以上30人まで委員
会に推薦。委員会で30人に絞り込み、選任権をもつ内閣に答申する。吉田内閣
の諮問委員会と異なり長官候補は答申しないことにした。後述するが、鈴木に
目当の人物があったからである。

　諮問委員を裁判官候補者から除外する規定を置かなかったから、法曹の各職
別の諮問委員選挙が事実上、裁判官候補者選挙になると受けとめ、それぞれの
委員数の割り当てに関心が集まった。内閣が予定する裁判官の出身母体別比率
に合わせて委員数の比率を決め、内閣の腹積りを示したに違いない、との推測
だ。

　先回りしていえば、内閣が実際に初代最高裁裁判官に任命したのは現役の判
事検事 5 人、弁護士 5 人、学識経験者（退官後の判事検事を含む） 5 人である。
いっぽう諮問委員の内訳は、裁判官 4 人・検察官 1 人、専修大学総長だったの
で学識経験者枠で指名した今村力三郎を合わせて弁護士が 5 人、両院議長を入
れて学識経験者が 5 人だった。出身母体別の比率は一致する。

　終戦後すぐからの〝岩田人事〟で司法省・裁判所の要職を得た弁護士が、今
度は、新憲法により三権の一翼を担う最高裁の裁判官席の 3 分の 1 を獲得する。
弁護士界は「お祭り気分で」諮問委員の選挙をした、と当時裁判所法を所管し
た司法省民事局長奥野健一（のち最高裁判事）は雑誌主催の座談会「戦後にお
ける司法制度の変遷の回顧と展望」で発言した。

　裁判所での選挙戦は熾烈だった。といっても、細野派と細野排斥派の勢力が
拮抗したわけではない。〝有権者〟たる裁判官1250人を色分けしてみるまでも

118

なく、細野派が「衆寡敵せず」なのは明らかだった。

細野派を諮問委員会から完全に締め出そうと、裁判官枠いっぱいの4人の推薦候補（立候補制ではない）を押し立てた細野排斥派（細野派が推薦した候補は1人だった）のマナジリを決した激しい運動で選挙戦が燃え立ったのだ。彼らは団結したグループではなく自然発生的にできた集団だった。各地の裁判所を行脚したり、推薦状・投票依頼状を各地の裁判官に送ったり、票読みと票割りの点検補正など運動の進め方は有志が話し合って決めた。

細野排斥派の一番の気懸りは、中立的な姿勢でいた東京控訴院長の動向だった。選挙は互選制だから、当人に諮問委員になる気がなくても、地位も信望もある人物が浮動票を集めて排斥派推薦候補の得票を減らす恐れがある。

そこで、選挙運動に加わったある判事が直接控訴院長に尋ねたうえで「院長には諮問委員になる意思がない」と伝える電報を各地の控訴院、地裁あてに打った。電文に「院長の了解にて打電す」と付け加えた。

細野派が電報を入手したのは投票日の後で、対抗手段をとりようがなかった。

開票の結果、排斥派の票割りがうまくいき推薦候補4人全員が当選した。

納まらないのは細野派だ。東京控訴院長に訊き質して電文内容を虚偽と断定し、内閣に「悪辣な選挙妨害があったから、今回の選挙を無効とし、別に適切な方法を講じてもらいたい」旨の、根本ら細野派判事6人連名の文書を届けた。さらに根本は電報発信名義人の判事1人を電信法違反（図利加害目的の虚偽通信）で東京地検に告発した。

裁判所の混乱をよそに、諮問委員会は活動を始め、1947年7月28日に最高裁裁判官候補30人の名簿を答申した。細野本人も細野派の裁判官も入っていない。

ニセ電報の刑事告発に対し検察が「嫌疑なし」の判断を通知してきたのを待たず、細野はじめ根本ら大審院（裁判所法施行後は最高裁の代行機関となっていた）の判事4人は首相宛に辞表を提出した。細野らは文字通り敗れ去った。

この結末をもって、細野らが呼号した司法権の完全独立の企図が成就しなかったといえるどうか。憲法と裁判所法等の司法制度関係法令を見る限り司法権の独立は果されたとみるべきだが、違う評価もある。

歴史家の家永三郎は『司法権独立の歴史的考察』で否定的に見た。

第8章　新憲法と新司法制度と新弁護士法

行政権力からの干渉は、制度的にはほとんど完全に遮断されることとなったにもかかわらず、個々の裁判の独立の保障は戦前よりもかえって弱体化するという、予想もできなかった意外の事態を惹起している。

家永は「意外の事態」は本項で詳述した司法部内の衝突とその結末に胚胎したと論じ、衝突の仔細を極めて長い脚注に記した。その結論部分を引くと、

細野および細野と志を同じくした人々が、国民大衆から遊離した司法部内での同志的結合にのみ依拠して運動を進めたという致命的欠陥のために、かれらの主張が客観的に正しかったにしても、事情に通じない第三者の目に派閥的行動のように見られることを免れなかった（中略）多年にわたり裁判所の独立のために奮闘してきた判事たちがことごとく最高裁からしめ出される結果となったことは、戦後の最高裁の傾向を決定する重要な条件のひとつとなったように思われる。［以上、家永：93、131頁］

新憲法と裁判所法の施行から3カ月遅れ、1947年8月4日に始動した最高裁判所の初代長官は三淵忠彦である。大審院判事まで務めた裁判官職を45歳で退いて就いた信託会社の法律顧問職も辞め、数年経っていた。空襲で東京の家を失い小田原に移り住んで、隠居暮らしの態。すっかり過去の人であった。

吉田内閣の諮問委員会が答申した最高裁裁判官候補名簿になかったその名が、なぜ片山内閣になって急浮上したのか。

司法大臣だった鈴木義男は1961年刊行の雑誌に寄せた追悼文「三淵先生と私」で選任までの経緯を明かした。

鈴木は大学生のときに三淵の名を知った。片山哲、星島二郎（1920年から1966年まで衆議院議員）らの弁護士が一般市民向けに開設した法律相談所で裁判官のまま顧問に就いたり講演会に出講したりの行動をみて「尊敬の念禁じ難いものがあった」。鈴木が弁護士になって聞いた三淵の評判は「異口同音に、稀に見る名判官であったということであった」。

社会党から初当選して党の法制部長になった鈴木は新しい司法制度の在り方に関し意見を求めるために今村力三郎、海野普吉両弁護士と三淵を顧問に委嘱

した。次の選挙で社会党が政権をとり司法大臣に就任した後は、3人とも横滑りで私的顧問になってもらった。

　新しく発足する最高裁の陣容を整えるのが司法大臣として最重要任務だったが、初代長官には「心は既に三淵先生にきまっていた」。鈴木は小田原に足を運び、面談して口説いた。初めは強く固辞した三淵もとうとう「それ程迄にこの老骨を買ってくれるなら、知己の恩に酬い、新司法部建設の捨石になろう」と承諾したという。

再度の置き去りを越え完全自治を獲る

　新憲法に適合するよう諸法令を制定・改廃する案を首相に答申する臨時法制調査会は最初から弁護士法を検討対象から外したと前々項〈急ごしらえを強いられた新しい司法〉に書いた。

　司法法制審議会（臨時法制調査会で司法関係の法令を担当した第3部会と同一の会議体。前々項を参照）が答申案をまとめた10日後の1946年9月20日になって、ようやく司法省は同審議会とは別の諮問機関として弁護士法改正準備委員会を設置した。

　弁護士法全面改正を後回しにした理由を、当時、弁護士法を所管した司法省刑事局の検事で、1947年8月に衆議院法制部に転じ改正法案をつくった福原忠男は新弁護士法施行半年後に日弁連機関誌に書いた「弁護士法解説（その1）」で説明した。

　　今後の弁護士制度は如何なる形において在るべきかとの基本的命題について（中略）容易にその結論を得ることができなかったためであった。［福原1950：14頁］

　これはしかし、取り繕いの言い訳に過ぎない。真の原因は、序章〈はじめに〉で分析したとおり、法曹を「在朝」「在野」に区別し「官」を「民」の上位に置く、明治の圧縮した近代化に由来するわが国司法の「特異性・ゆがみ」にあった。

121

第8章　新憲法と新司法制度と新弁護士法

　日弁連は「弁護士法施行2週年記念」と題して、弁護士法制定に関わった弁護士たちによる座談会を開き『自由と正義』1951年9月号に掲載した。これと、改正準備委員会の幹事だった水野東太郎（1957年度日弁連会長）の論稿「弁護士法の変遷」、福原忠男が書いた「弁護士法制定当時の思い出」などを参照して、弁護士法改正委員会から議員立法による現行弁護士法成立までをたどろう。

　弁護士法改正準備委員会は豊原清作弁護士を委員長に、委員27人のうち弁護士が計14人（〝岩田人事〟で司法省・裁判所検事局の要職にいた弁護士を加えると18人）を占めた。

　この時期、憲法改正案が衆議院で修正可決され、裁判所法と検察庁法の法案要綱が明らかになり、新憲法下で独立した強い権能を持つ新しい司法機構の姿がハッキリ見えていたから、準備委員会の弁護士委員たちは、新憲法の精神に適う弁護士法をつくれば、おのずと、明治以来の宿願である自治権の獲得、地位向上、職能の拡充を実現できる、と期待した。

　委員だった真野毅（既出）によると、東京3会の委員の手で法案草案を作り委員会に提出しよう、それも裁判所や司法省出身の委員たちに骨抜きにされないよう要綱ではなく初めから条文の形に整えておこう、と3会で話しがまとまり、作業に取り掛かった。各会代表の3人が毎日のように弁護士会館の1室で意見を交わし、合意できた事項から条文にしていった。

　「現行法の第1条にある『弁護士は、基本的人権を擁護し、社会正義を実現することを使命とする』という文句も、このとき真野がいいだしたもので、これでよかろうということできまった」とメンバーの1人だった島田武夫は第一東京弁護士会創立50年記念誌『われらの弁護士会史』（既出）で回想した。

　委員会に提出したところ、予想通り司法省・裁判所の委員から反対の声を浴びたが「最後には不承不承であったかも知れないが、われわれ在野法曹案が官庁側の委員も含めて全会一致で承認せられた」（座談会での真野の発言）。

　1946年12月に司法大臣に委員会から提出した70カ条の「弁護士法改正答申案」は一部を修正しただけでほぼそのまま改正弁護士法案（旧弁護士法の全部改正案の形式をとった）になり、現行弁護士法になるのだが、国会に法案を上程したのは委員会答申から2年半近く経った1949年5月10日、それも政府提出ではなく、議員立法だった。弁護士側が望んだ、憲法・裁判所法・検察庁法と

再度の置き去りを越え完全自治を獲る

の同時施行は夢に終わった。

　なにゆえ政府は法案作成を渋り、長い間棚ざらしにしたのか。GHQ 民政局法制司法課長で弁護士法案を審査したＡ・オプラー（既出）が『日本占領と法制改革』（既出）で明かした。

　　弁護士に与えられるべき独立の程度が、長期間にわたって、指導的な弁護士会、法務庁（1948年２月に廃止した司法省の後身。のち法務府、法務省と改称＝引用者注）及び最高裁判所の間で論争のテーマにされたからである。この問題では、弁護士会自体が最大限に可能な独立を獲得するために、喜ばしいほどの熱意を示したので、私達は何も押しつける必要がなかった。
　　［オプラー：89頁］

　ほかにも、対立点があった。

　そもそも弁護士たちが、前述の経緯でまとめあげた弁護士法改正準備委員会の答申案に官側の反応は厳しかった。弁護士法を所管した司法省刑事局の局議では多くの反対・修正意見が出たし、裁判所は、新憲法の「最高裁判所の規則制定権」を盾に、弁護士の内部規律は法律ではなく最高裁が定める規則に依るべきだと主張した。また答申案中の、弁護士は当然に弁理士・税務代理士（税理士の旧称）業務を行なえるとする１項に、それぞれの監督庁が異を唱えた。

　司法省が答申案に対する25項目もの修正意見を弁護士側に伝えたのは、新憲法施行後の1947年６月だった。弁護士側は、このまま政府に法案提出を任せたのでは委員会答申案はボロボロにされてしまうと見切り、司法省の修正意見を一部だけ受け容れた「弁護士法改正法案確定案」を12月20日付で公表するとともに、衆議院司法委員会（1948年10月から法務委員会に名称変更する）に提出、議員立法を求めた。

　衆議院司法委員会では弁護士出身の議員らを中心に弁護士法早期改正の必要性を論議していたので、「確定案」を受けとった委員長（弁護士出身）は衆議院法制部（1948年７月から同法制局）に議員立法案を作成するよう指示。法制部は1948年５月、「確定案」に少し手を入れた衆議院法制部整理案をつくり、この案を基に、11月末にやっと法務委員会の「弁護士法を改正する法律案」が

123

第8章　新憲法と新司法制度と新弁護士法

完成。12月末からGHQと折衝を始めた。

　在京3弁護士会、最高裁、法務庁、衆議院法制局とGHQの間で主たる検討課題になったのは2点。最高裁の規則制定権との関係と、弁護士会・日本弁護士連合会への強制加入制度だったが、結局、GHQはこれらの問題点につき弁護士側の主張を許容、上記の「法律案」に多少の添削を施した法案を5月9日に承認した。

　翌日、法務委員長が法案を衆議院本会議に上程し、全会一致で可決した。

　参議院が予期せぬ難関となった。弁護士や官僚出身の議員を中心に条文の削除、是正を求める意見が多数出て、法務委員会で7カ条を修正したうえで本会議を通し、衆議院に回付した。会期末が4日後に迫っていた。

　会期末前日の5月30日、衆議院本会議は参議院の修正案に不同意の議決をし、3分の2以上の賛成で原案を再可決。旧弁護士法にも増して弁護士界が産みの苦しみを味わった現行弁護士法はギリギリのところで成立した。

　衆議院の再可決には裏話がある。弁護士出身の衆院法務委員長が参院側に、衆院は参院の修正に同意すると騙して、審議未了・廃案とせず修正案を議決し衆院に回付するよう促したというのだ。「弁護士法施行2週年記念」座談会で、当の本人がこう語った。

　　参議院は修正しなければ通さんと威嚇するし、弁護士会では全力を挙げて通過させようとの熱意に燃えておる時で、私は、嘘も方便で、決して罪悪ではないと思ってやった。私があの手を用いなかったら恐らく通過しなかったろう。（自由と正義1951年9月号8頁に載録）

新弁護士法の概要と日弁連の発足

　現行弁護士法は旧法からどこが変わったのか。衆議院本会議で法務委員長が法案趣旨説明であげた「旧法と異なる点」を箇条書きにすると、

・弁護士に対する司法大臣の監督を廃し、弁護士会の自治とした。
・弁護士懲戒裁判制度を廃し、弁護士会内に懲戒委員会を設け、かつ何人も懲戒

請求できる制度にした。

・弁護士の地位を向上させた。すなわち弁護士は、憲法上の基本的人権の擁護と社会正義の実現に努力すべき使命を負った。

・弁護士会の強制加入の弊害除去に特に工夫をした。

　新弁護士法を評価して小山稔弁護士は「戦後弁護士論序説」に「戦前からの弁護士たちにとって奇跡としか言い様のないものであったろう」と書き、次のように続けた。

　　悲願の「弁護士自治」が認められたのである。（中略）裁判官、検察官と弁護士の間に身分の差別がなくなり、対等の立場に立ったのである。［小山：43頁］

　この奇跡を可能にしたのが、明治以来の歴史のなかで養い蓄積してきた法律技術と統治機構の中に固めた確かな地歩という弁護士層総体が持つ力量だったことを強調しておかなければならない。占領下で法制度づくりの死命を制したGHQの理解を得たのは強い追い風だったとはいえ、自分たちで法文案を一からつくり、司法省・裁判所との議論を乗り越えたのは弁護士層として培った法律技術の賜物であったし、帝国議会開設以来ずっと弁護士層として議席を保ってきた政治力がなければ法案作成・上程から法成立まで実現するのは不可能だった。

　国家機関の監督をうけない自治権を弁護士に与えた新弁護士法は、弁護士会を「弁護士の指導、連絡、監督に関する事務を行う法人」と定義しなおし、「弁護士及び弁護士会の指導、連絡、監督に関する事務を行う法人」である日本弁護士連合会を全国の弁護士会で設立するよう命じた。

　9月1日の新法施行まで3カ月の間に、日弁連の会則をつくり、役員を選出しなければならない。全弁護士会を代表する立場で新法制定に関与した大日本弁護士会連合会（前章の〈粛軍演説・腹切り問答・翼賛会違憲論〉の項を参照）が便宜的に日弁連設立準備の事務局になり、新法が成立した翌々6月1日と3日に早速、理事会を開いて、以後の手順を決めた。

第 8 章　新憲法と新司法制度と新弁護士法

　まず会則や財政計画などを決定する機関は全国51の弁護士会の代表で構成する設立者会議とし、そこに諮る会則案、財政計画案などを策定するため弁護士法施行・日本弁護士連合会設立準備委員会を置いた。

　委員には全弁護士会から若干人ずつを出してもらったが、実質的な作業は、在京 3 弁護士会から選んだ約100人の準備委員が総務・会則・経理の 3 つの委員会に分かれて進めた。

　会則原案作成は議決機関の構成で意見が衝突した。

　弁護士法の規定により日弁連は弁護士会と個々の弁護士を会員とし、個々の弁護士は日弁連の会員であると同時にいずれかの弁護士会に属する。入れ子のような 2 重構造の組織で、どのような議決機関を設け、その議決権をどう会員に配分すれば適確に会員の意思を反映できるのか。

　ただでさえ難しい問題をさらに複雑にするのが、各弁護士会の会員数の極端な差だ。弁護士会同士の平等を重視すれば、どうしても大規模弁護士会とその所属会員の権利は縮小する。全弁護士会が喜んで受け容れる結論はありえず、穏当な妥協案を探るしかなかった。

　6 月27日に東京弁護士会館で開催した設立準備委員会総会には議決機関の構成に関して在京 3 会それぞれが推す 3 つの案を提示し、出席した143人（弁護士会数は31）の委員の討議に委ねた。結論は 1 日では出ず、28日に延会してやっと会則案が定まった。

　7 月 9 日、会則や財政計画などを最終的に決定する設立者会議を東京弁護士会館で開いた。全国51の弁護士会のうち30会が出席し残りの会は委任状を届けた。

　最後に、高等裁判所所在地の10弁護士会の会長で設立委員会をつくり、うち東京と大阪の 4 会長を常任委員として、発足までの手続・準備を一任すると決め、午後10時を回って散会した。

　次は会長人事である。決まったばかりの会則にのっとって各弁護士会で選出した代議員が、8 月15日に東京弁護士会館に集まり、会長・副会長・理事・幹事を選任した。

　事前の根回しがあり、初代会長に第一東京弁護士会の長老有馬忠三郎（既出）を無競争で選任。副会長に、東京の他の 2 会、大阪、名古屋、福岡の会長

を選び、理事40人、監事5人もすんなりと決定した。事務総長には有馬が同じ所属会の江川六兵衛を推し、9月11日の最初の理事会で承認した。

会長、事務総長を出した関係から、事務所は第一東京弁護士会館に置いた。

事務局の最初の大仕事は弁護士名簿の調製と管理だった。既にある弁護士名簿を法務府（司法省の後身）から引継ぎ終えたのは9月28日だった。

日弁連会則は、会が制定する徽章（バッジ）の帯用を弁護士に求めたので、名簿の整理と登録番号の割りふりを急いだ。金色の向日葵に銀白色の天秤を配した徽章の意匠登録を出願したのが9月20日。登録番号を刻した徽章を全国5918人の会員に交付するのに28日から10月8日までかかった。

動きだした日弁連のもう1つの重要業務は各単位弁護士会の新しい会則の審査と承認だった。弁護士法33条は各弁護士会に会則を制定し直し日弁連の承認を受けるよう求め、2項で「資格審査」「弁護士道徳」「法律扶助」など会則に必ず記載しなければならない16の事項を法定した。日弁連設立委員会は会則制定などの準備と並行してこの業務にとりかかり、弁護士法の条文をつくった衆議院法制局の協力を得て「弁護士会会則基準案」を作成、日弁連発足前の1949年8月1日に全国の弁護士会に送付した。

日弁連の発足に伴って既存の弁護士全国組織3団体は解散ないし消滅した。

旧弁護士法52条により設立した大日本弁護士会連合会は新法施行時に根拠法が失効するので、前述の日弁連設立者会議の席上、連合会当番会長が「発展的解消」を宣言した。

帝国弁護士会は、会員の意向を確かめ、11月末に解散した。12月の解散式には最高裁長官、法務総裁（司法大臣を職制変更）、東京高裁長官、東京高検検事長が列席した。

戦争末期に大日本弁護士報国会に統合した、3団体で最も古い日本弁護士協会は終戦翌年に名称と活動を復活したが、協会の母体だったので会館の1室を提供した東京弁護士会の『百年史』（既出）によれば「旧日本弁護士協会とは全く異なるもの」だった。

1954年5月、日弁連が事務所を一弁会館から東弁会館に移すのを機に、東弁は会館から退去を求めた。「日本弁護士協会は哀れな結末を迎え、自然に消滅

第8章　新憲法と新司法制度と新弁護士法

していった」と『東京弁護士会百年史』は結んだ。

　終戦直後の混乱が弁護士界とりわけ東京の3弁護士会に及ぼした影響を1点
書き足しておく。1946年、1947年に、時ならず、弁護士が急増したのである。
　第一東京弁護士会の入会者は1945年に46人だったのが1946年は92人、1947年
は69人である。第二東京弁護士会の新規入会は1945年の21人が1946年に110人、
1947年に71人へと跳ね上がった。『東京弁護士会百年史』には統計が見当たら
ない。
　大増員は新人弁護士による〝自然増〟ではなく、敗戦を機にした〝社会増〟
だった。戦争中に様々な理由で弁護士職を離れた者が再登録したり、終戦直後
の超インフレで家計維持に苦しんだ判事・検事が弁護士業の収入を期待して退
官したり、人員削減や公職追放で免職になった法曹有資格者が転身したりなど
である。
　業務需要に関係ない人員急増は弁護士間の過当競争につながり、また敗戦に
よる社会全体の道義廃頽も手伝っただろう、弁護士会は綱紀粛正を迫られた。
　1946年6月、在京3弁護士会の理事者は各級裁判所長官らと協議して弁護士、
判事・検事の倫理振粛を申し合わせた。
　12月には東京弁護士会が6項目の禁止行為を会館内に貼り出して会員に順守
を求めた。第一東京弁護士会では1948年に、会員数を抑制して統制に実効性を
もたせようと、新人と再登録の者以外の入会については紹介者が事前に常議員
会議長の意見を聴くよう義務づけた。第二東京弁護士会もこれにならって1949
年に、新法曹以外の入会希望者には身辺調査をするなど「入会許否の厳正化」
を決めた。

第9章
臨時司法制度調査会という曲り角

裁判遅延で早々にきしむ司法機構

　本章では、1962年から1964年まで内閣に設置して司法機構全般の点検と制度の見直しを審議した臨時司法制度調査会（臨司）が弁護士の歴史に持つ意味、及ぼした影響を記述する。本題に入る前に、動きだして20年足らずで臨司の改革論議を必要とした戦後司法の状況を書く。

　前章の〈新弁護士法の概要と日弁連の発足〉の項で引用した「戦後弁護士論序説」で小山稔は「戦後弁護士の最初の10年間、弁護士法改正に続いて弁護士層が最も力を注いだのは最高裁判所機構改革問題だった」と述べた。

　全部改正した弁護士法の成立は1949年5月30日。最高裁が長官・判事の選任を終えて発足したのは1947年8月4日。弁護士法改正に続く課題が最高裁の機構改革だったとすると、最高裁の真新しい制度と組織は活動を始めて早々に不具合を起こしたことになる。

　新弁護士法1条が弁護士の使命の1つと定めた「法律制度の改善」を担当する組織として、日弁連は発足3カ月後に司法制度調査会を設置した。1952年に委員長に就いた島田武夫（既出）は戦前から有数の論客で、最高裁の組織・機構と上告制度を改革する「制度改正案要綱」を早くも8月にまとめた。

　これをもとにつくった裁判所法・刑事訴訟法・民事訴訟法の日弁連改正案を10月に理事会が承認し、最高裁、法務省などに送り付け改革実現を求めた。

　裁判所法等の改正案の骨子は以下のとおり。

・最高裁判事は8人以上とする。
・最高裁の審理は、長官と大法廷判事8人以上で構成する大法廷または大法廷判事とその他の判事を合わせて3人以上で構成する小法廷で行う。

第9章　臨時司法制度調査会という曲り角

・大法廷は憲法違反を理由とする上告事件を、小法廷はその他の上告事件を、それぞれ担当する。
・小法廷は事件の種類により、刑事小法廷、民事小法廷、特別部小法廷とする。

　法務省は日弁連の問題提起を受けとめ、1953年2月に法制審議会に「裁判所の制度を改善する必要があるか、あるとすればその要綱」を諮問した。国会でも1954年5月、衆議院法務委員会で質疑があり、10月には同委員会に設けた小委員会が違憲訴訟・上訴制度に関する改正要綱試案をまとめた。そして当の最高裁が1954年9月に裁判官会議で機構改革要綱を決議、公表した。

　発足して間もない最高裁の機構・組織を変える議論がここまで盛り上がった理由は、目に余る裁判遅延にあった。敗戦による社会秩序の弛緩と経済苦境から刑事事件は激増し、民事も1950年に最高裁が下級裁判所に審理促進を号令した結果、上告事件が急増。最高裁に滞留する未済事件数は1951年末に7477件、1952年2月末には7759件に達した。

　新生最高裁で裁判遅延が起きる心配は、裁判所法制定時からあった。旧司法制度で上告裁判所だった大審院は30数人、時代によっては40数人のベテラン判事を擁してなお事件処理に苦労をしたのに、最高裁裁判官は法律実務経験のない者を含む15人しかいない。

　司法当局は、上告裁判所で審理する事件を旧制度よりも絞り込む必要があると考え、新憲法に合わせ全面改正した刑事訴訟法（1949年1月施行）で上告範囲を「憲法違反」「判例抵触」「法令解釈に関する重要事項」に限った。民事では1950年3月に、最高裁への上訴範囲を新刑訴法の規定と同じ範囲に限る民事訴訟法一部改正案を国会に提出した。法案は衆議院で内容を変えないまま単行の時限（4年間）法に置き替え同年6月に「最高裁判所における民事上告事件の審判の特例に関する法律」として施行した。特例法は1954年6月の失効期限に合わせ、民訴法に移し替えた。その際、「憲法違反」「判例抵触」はそのままだが、「法令解釈に関する重要事項」を「判決に影響を及ぼすことが明らかな法令違反」に改めた。

　訴訟法によってこうした上告制限をかけても未済事件がどんどん積み重なる状況に直面して、最高裁はその原因を上告制限に従わない「上訴権の濫用」だ

と断じた。

　第2代最高裁長官（在任1950年3月〜1960年10月）で、労働事件などの法廷闘争を「共産主義者が革命の遂行のための準備として工作する国家社会秩序の破壊」と言い做す強硬な姿勢で知られる田中耕太郎がこの問題を論じた一文の題名はズバリ「上訴権の濫用とその対策」である。

　　病弊（裁判遅延＝引用者注）の根本かつ源泉にあたるものは（中略）いうまでもなく、遺憾ながら国民の間に広まっているところの濫上訴の弊害である。濫上訴というのは（中略）自己に不利益な判決の確定を妨げる意図を以てなされる上訴である。それは敗訴者の側における訴訟引延しの意図に出づる上訴を意味する。［田中：5頁］

　先述の最高裁裁判官会議で決めた機構改革要綱（1954年9月）を以下に掲げる。裁判遅延を解消するには上告事件を篩（ふるい）にかけなければならないとの方針が明らかだ。

> ①　最高裁の審判範囲を憲法違反、判例抵触のほか、法令の解釈適用で最高裁が重要と認めたものとする。
> ②　最高裁は、全員の裁判官を以て構成し、員数は、9〜11人に減員する。
> ③　一般法令違反を審理するため、終審裁判機関を別に設ける。

　上告をするのは、民事事件では原告・被告どちらにせよ代理人弁護士であり、刑事事件でもほとんどは弁護人たる弁護士だから、田中長官が「濫上訴」を咎めたのは、すなわち弁護士・弁護活動に対する批判であった。

　対して弁護士側は、そもそも新司法制度でとりいれた上訴制限に反対であり、一般法令違反をも適法な上告理由にして上訴制限を実質的に撤廃するよう強く求めた。裁判遅延の原因とその解決策について、最高裁と弁護士側の考え方は180度違った。

　小林一郎第一東京弁護士会会長が書いた「最高裁判所の機構改革を論ず」は、前述の最高裁自身による機構改革要綱を検討しつつ「180度の違い」を浮き立

第9章　臨時司法制度調査会という曲り角

たせた。

> 私は最高裁の事件の渋滞を解消する方法は裁判官を増員し機構を改むるの他ないと思う。（中略）最高裁は事件の処理に堪えられるだけの裁判官を増員し、むしろ濫訴を歓迎せよ。（中略）法律を以って事件を制限すべきでない。（中略）事件が裁判所の機構を定めるので、事件を裁判所の機構に合せるべきでない。［小林：13頁］

　1956年５月、法制審は答申「最高裁の機構及び上告制度について」を議決した。諮問から３年３カ月もかかったのは、議論が早い段階で下記３つの方向に分かれ、以後、容易に進展しなかったからだ。

> ①　現制度を維持する。
> ②　上告事件を取り扱う裁判所を最高裁とは別に設置し、ここから送致した事件のみを最高裁が審理する。最高裁裁判官は減員する。
> ③　最高裁裁判官を大増員し、上告理由の範囲を拡大する。

　膠着状態を打ち破ったのが、先述の最高裁の機構改革要綱（主旨は上記②）だった。法務省は同要綱に見合う試案を法制審に提出して弁護士委員の意見（主旨は上記③）を劣勢に追いやり、結局、同要綱に沿う内容で議論をまとめ、そのまま法制審の答申となった。

　1957年３月、政府は答申に基づく裁判所法等の一部を改正する法律案を国会に提出した。

　骨子は以下のとおり。

> ・憲法上の最高裁判所は最高裁大法廷の名称にし、長官と判事８人で構成。憲法違反、判例変更の事件のみを長官と判事全員の合議体で審理・裁判する。
> ・一般上告事件を担当するため最高裁小法廷という名称の裁判所を最高裁に付設する。憲法上の位置づけは最高裁判所でなく下級裁判所とする。小法廷の員数は首席判事６人判事24人で、３人以上の合議体で審理・裁判する。
> ・上告事件は小法廷裁判所で審理し、憲法問題を判断する場合と、判例を変更す

る場合に限って最高裁大法廷に事件を移す。

　衆議院法務委員会の審議は、与野党を問わず法務委員が法案の機構改革に慎重であり、難航した。学者、一般有識者や法曹三者（最高裁判事２人、検事総長を含む。弁護士は島田武夫ら２人）から計28人もの公述人を招いた公聴会でも意見は区区に分かれ、法案は継続審議となった。

　次々回の国会で審議を再開した衆院法務委員会は会期中に30回会議を開いたがこの法案を議題にしたのは１回のみだった。

　この唯一の審議の時、自民党議員（法案提出時に法務委員長だった）は「最近は最高裁で停滞する事件が非常に減ってきた。こんなに減ってきたなら機構改革はやらぬでもいいじゃないかという意見が一部にある」と問い、最高裁事務総長は「滞留未済事件数は（ピーク時の）約半分に減った。昨年１年間だけをみれば、既済が未済を上回った」と応じた。

　つまりこれは〝手打ちの儀式〟であった。法案は審議未了で廃案となり、最高裁機構改革問題は泰山鳴動してネズミ１匹出ずに終わった。

　日弁連創立20周年記念誌『日弁連二十年』は、この間の最高裁・法務省と弁護士側の意見衝突をとらえ「司法についてのビジョンが在朝と在野の法曹でくいちがっていることが、この頃からはっきりしてくる」と論じた。食い違いは次々項以下で詳述する臨時司法制度調査会（臨司）の場で一層深まった。

日弁連の宿題と意識した法曹一元化

　新しい弁護士法によって弁護士界は明治以来の宿願であった自治権を獲得し、司法機構のなかでの地位を格段に向上させたが、もう１つの念願、法曹一元制は、弁護士法ではなく、裁判所法・検察庁法で規定する制度であり実現できなかった。

　終戦直後に始まった司法制度大改革で法曹一元化に近づけた成果は岩田宙造司法大臣が高位の司法官職多数に弁護士を充てた人事と、法曹養成を一本化する司法試験・司法研修所の新設にとどまった。

　法曹一元制の実現を重い宿題と意識する日弁連は、1953年１月、会長を委員

第9章　臨時司法制度調査会という曲り角

長とする法曹一元対策委員会を設けた。

　ここで、法曹一元を求めた運動の歴史を簡単におさえておく。

　明治から終戦までの間、現実的な法曹一元化運動は、資格や養成制度、業務監督の面で弁護士と判事・検事を同列に置くよう求める水平運動（第5章の〈水平運動に乗り出す〉の項を参照）であった。

　並行して、実現性に乏しくスローガンに過ぎなかったけれども、一足飛びに制度を改め「弁護士経験を判事・検事の任用条件にする」本来の法曹一元制実現を訴える弁護士たちもいた。1934年10月、司法大臣が裁判制度改善の方策を弁護士会に諮ったのを契機に法曹一元化要求が盛り上がり、弁護士出身の2つの衆議院議員グループがおのおの1938年の議会に裁判所構成法改正案を提出した。1つの法案は「弁護士10年以上の経験を司法官任用の条件とする」、他方は「弁護士3年以上の経験を判事任用の条件とする」とした。両法案とも審議未了に終わった。

　日弁連の法曹一元対策委員会に話を戻す。

　委員会は活動の手始めに、上記の1938年の2つの法案を参考にして裁判所法と検察庁法を改正する法曹一元要綱委員会案を1954年7月につくった。骨子は、

・すべて判事は弁護士在職10年以上の者から選任する。
・任命にあたって、弁護士会または日弁連の推薦を必要とする。

　いかにも高望みのこの案を手にして日弁連は、日本法律家協会（法曹三者と法学者で構成）や裁判所、法務省・検察庁と協議・懇談の場を設けた。

　傍ら、要綱案を基にした改正法案草案づくりを衆議院法制局員に依頼。1955年11月に出来上がった草案は日弁連内部の討議や上記の協議・懇談の場で出た意見をもとに修正を加え、1957年9月に、法曹一元制導入法案として理事会で承認した。むろんこれが政府案になるわけがなく、議員立法の法律案にもならず幻と消えた。

臨司は葬儀式場だったのか？

　1960・61年度日弁連事務総長だった金末多志雄は1969年に書いた「臨司調査会設置の発端とその経緯」で、政府が臨時司法制度調査会を設置したのは「日弁連が終始活躍をつづけ、常にその牽引力となった結果である」とした。

　金末によると、金末が書いた『自由と正義』の巻頭言「弁護士の増加と大都市集中の対策」を読んだ参議院法務委員長が自民党政務調査会法務部会に山崎佐日弁連会長、金末事務総長らを招き、日弁連が考える司法機構・制度の改革課題を説明させたのが発端だった。

　参議院議員になっていた弁護士の木村篤太郎元司法大臣が、再度の会合を提案し、1961年12月に、山崎、金末に最高裁事務次長、法務省法制部長を加えて２度目を開催した。

　日弁連が挙げた改革課題は次の８項目だった。

最高裁の機構改革／法曹一元化／弁護士養成ないし司法研修所の在り方／弁護士分布に関する方策／裁判官・検察官の欠員充足とその待遇／裁判官・検察官の定年制の再検討／簡易裁判所、区検察庁の整理統合／裁判所庁舎の増改築

　裁判に時間がかかりすぎる現状に強い不満を抱く自民党法務部会は、日弁連の意見を念頭に置きつつ、司法機構全般に及ぶ制度改正を目指して臨時司法制度調査会設置要領を作り、法務省が修正を施して設置法案を作成した、調査会を内閣に置いたのは日弁連が自民党に要請したからだ、と金末は記した。

　日弁連は、立ち消えた最高裁機構改革構想（前々項を参照）を蘇らせる好機ととらえ改革課題の第１位に据えたのだが、自民党は臨司設置要領をつくる段階で最高裁機構改革を審議対象から外した。

　そこで日弁連は法曹一元制の実現に的を絞った。「新憲法によって大きく前進した司法の民主化を決定的にする」のが大義だった

　1962年９月、池田勇人内閣が２年間時限の審議会・臨時司法制度調査会を発足させた。

第9章　臨時司法制度調査会という曲り角

　設置法2条（所掌事務）で「主たる審議対象」としたのは「法曹一元の制度に関する事項」と「裁判官及び検察官の任用制度及び給与制度に関する事項」の2点だったが、実際には同条本文にあるとおり「司法制度の運営の適正を確保するために必要な基本的かつ総合的な施策について調査審議」した。

　政府・自民党は、1961年6月に選挙制度審議会を、1961年11月に臨時行政調査会（第1次臨調）を設置して、戦後につくった国家統治機構の諸制度の見直しを始めたところであり、臨司は全般的制度再検討の一環だった。

　臨司の委員構成は国会議員が与野党から7人（うち3人は弁護士出身）、裁判官・検察官・弁護士が3人ずつ、学識経験者として法学者と経済人が各2人。会長に我妻栄東京大学名誉教授が就き、最高裁と法務省が事務局要員を出した。

　潮見俊隆東京大学教授と松井康浩弁護士が共同執筆した「『臨司意見書』の法律家像」は、調査会の審議について以下のように述べて「司法当局者（委員6人と事務局＝引用者注）がイニシアティブをとってすすめた」と結論づけた。特異な評価ではなく、臨司終了後は委員をはじめ関係者たちも外部の識者も同じ見方をした。

　　最高裁では、毎週金曜日の臨司委員会のまえの毎水曜日には対策会議をひらいて、ひじょうにこまかい内容にまでたちいって協議している。また、資料の作成は、最高裁の制度調査室が主としてあたり、制度調査室長（1985年から1990年まで最高裁長官を務め〝ミスター最高裁〟の異名がある矢口洪一が全期間務めた＝引用者注）が臨司事務局の幹事として常時勤務していたから、最高裁の意図する方向にそって資料をそろえることはお手のものである。［潮見・松井：171〜172頁］

　2年間の時限があった臨司は発足から1年8カ月経った1964年5月に「中間決定」として法曹一元問題の結論を内定。その後、3カ月余りの短期間に、設置法2条本文で言う「基本的かつ総合的な施策」を審議し、委員間に賛否のある項目は採決（3分の2以上の多数決）に付して意見書をまとめた。8月28日、我妻栄会長が池田勇人首相に意見書を手渡した。

　意見書第1編〈法曹一元の制度〉の結論はこうだ。

136

法曹一元の制度は、これが円滑に実現されるならば、わが国においても1つの望ましい制度である。しかし、この制度が実現されるための基盤となる諸条件は、いまだに整備されていない。したがって、現段階においては、法曹一元の制度の長所を念頭に置きながら現行制度の改善を図るとともに、上記の基盤の培養についても十分の考慮を払うべきである。（臨時司法制度調査会意見書48頁に載録）

　我妻が財政学者の大内兵衛東京大学名誉教授を相手に司法の現状と臨司意見書を解説した対談録『日本の裁判制度』に次の我妻の発言がある。

多くの意見に共通なのは、「意見書」は、法曹一元論にお葬式を出したという見方です。（弁護士側は）何かというと法曹一元制をもち出す。司法制度の改革が問題にされると、どんな小さなことでも、法曹一元制度をやらなけりゃ改善されない、という。そこで意見書はこれに終止符を打つためにお葬式をしたのだ。（中略）「1つの望ましい制度である」などといったのはお葬式の供花に過ぎない。（中略）こういう見方です。

大内に「君はどう思う？」と問われた我妻は弁護士側に注文をつけた。

現在のキャリア・システムに対する弊害は（中略）これを是正しなければという希望は（私は）非常に強い。しかし同時に、それに代るだけのものがあるか、といえば、どうひいき目にみてもない。かりに10年の後に法曹一元制を実施すると仮定して、その時になって、必要な数の裁判官を任命するだけ、弁護士からの希望者があるだろうか。[以上、大内・我妻：178～179、181頁]

　法曹一元を求めた弁護士界からも、内省の言葉があった。とりわけ1950年に弁護士に転じるまで司法官職にあった磯部靖（1974年度第一東京弁護士会会長）が書いた「臨時司法制度調査会の意見書に就いて」は厳しい言い方をした。

第9章　臨時司法制度調査会という曲り角

　　　日弁連の実体は、新弁護士法の高度の使命を果たして行く上に、組織上も
　　　管理上も未だにこなれていない面があり、指導理念もなお十分に確立して
　　　いると称し難いものがある。（中略）基本的な政策の実行に就いて、どれ
　　　だけの準備や意思の統一があるかを疑わせる様な折もあって、今少しく藉
　　　（か）すに時日を以てするのでなければ（時日をかけなければ）、司法の民
　　　間側分担責任を果たす上に、国家や国民の十分の支持を受け難いのではな
　　　いかと愚考される。［磯部：5頁］

　『日弁連五十年史』はさすがに「お葬式」とは言わず「棚上げ」と表現した。

　　　その後（臨司意見書後＝引用者注）の20数年間、日弁連は、法曹一元に関
　　　しては、「休眠状態」に入ったといわれるように、ほとんど何らの活動も
　　　行っていない。（中略）その原因として、臨司意見書による法曹一元棚上
　　　げのショックで、日弁連が法曹一元への意欲を喪失したからだとの見方も
　　　一部にある。［日本弁護士連合会1999：222頁］

　「ショック」は「官」＝最高裁・法務省と比した「民」＝弁護士層の力不足
を否応なく自覚させられた衝撃・動揺をいうのだろう。

広範な〝官製提言〟をした意見書

　「基本的かつ総合的な施策」の調査・審議結果をまとめた意見書第2編の内
容はどうだったのか。分量は第1編の3.7倍もある。10の章に分け「あるも
のについては、施策の大綱を示すにとどめて、その具体的な方策の樹立を今後
における関係各機関の検討にゆだねることとし、また、あるものについては、
ある程度具体的な施策の内容を示した」（第2編の〈序論〉）。
　以下、章題（【　】内）と主な項目を並べる。

　【裁判官制度】
　　任用制度の運用改善／判事補制度の改善／簡裁判事制度の改善／裁判官の増員

／裁判官補助機構の拡充

【弁護士制度】

弁護士の大都市偏在化の是正／弁護士活動の共同化の推進／弁護士倫理の確立／弁護士会活動の活発化／弁護士の職域を紛争予防活動に拡張／敗訴者負担制度の検討／弁護士資格付与の拡大

【検察官制度】

公判活動の充実強化／検事増員と検事補助機構の充実／副検事制度の改善

【司法試験制度】

立法・司法・行政・民間の法律専門職の資格試験及び修習の統一を検討／短答・論文・口述の各試験科目を変更／受験回数・年齢制限の可否を検討／試験の管理運営方法の改善

【司法修習制度】

司法研修所施設の拡充・整備／実務修習の期間短縮を検討／修習生の監督や成績評価・考試を厳正化／研修所の管理運営方法の改善

【法曹一般】

法曹人口の増加・職域拡大／国・地方公共団体の指定代理人を法曹有資格者に限定／法曹間の一体感の育成／法曹三者による協議会の設置

【裁判官及び検察官の給与】

判事補・検事の初任給を増額／判事・検事の報酬・俸給の上限を引上げ／判事・検事の報酬・俸給表を簡素化

【裁判所の配置等】

高裁支部の廃止／地裁・家裁支部の整理統合／簡裁の整理統合

【裁判手続】

裁判手続の合理化／特殊事件（工業所有権事件など）の集約処理を図る／簡裁の裁判権を拡張／司法委員の活用

【その他】

司法行政の指揮命令系統の明確化／裁判・検察事務の近代化／裁判所・検察庁の設備充実／官舎の充実

　見てのとおり、司法制度全般（最高裁関係の制度を除いた経緯は前項と〈裁判遅延で早々にきしむ司法機構〉の項を参照）に及んで制度の在り方と運用方法に一定の方向を示していて、さながら〝官製改革提言書〟だ。先に述べた政府・自民党の意向と、調査会審議のイニシアティブをとった司法当局の思惑が

第9章　臨時司法制度調査会という曲り角

一致した結果であり、臨司が司法の歴史の1つの節目となる所以である。

　先に引いた磯部靖弁護士の「臨時司法制度調査会の意見書に就いて」は臨司設置の意義をこう説いた。

> 　由来、近代国家としての生立ちの文字通りの後進性から、代々の内閣は司法を扱うのに、余り重大な関心を寄せない弊風があった。（中略）この度遅ればせながら（中略）内閣が公式に調査審議をすると云う基本態度を示したことは、我が国の歴史上、司法の扱いに関し、重要な進歩を示した意義を認めなくてはならない。［磯部：2頁］

　現実にあがった成果を考えてみよう。法曹一元が「棚上げ」「お葬式」に終わった弁護士側はほぼゼロである。対して、首相から「意見書は十分に尊重する」と言質をとった最高裁・法務省は、翌年度予算要求でさっそく最高裁が「意見書実現特別対策費」を計上したのを手始めに、継続的に諸提言を実行していく。両者は、悲しくなるほど鮮やかな対照を見せた。

　以上の顛末から判断すると、調査会審議のイニシアティブをとった司法当局には法曹一元の実現など最初から念頭になくて、自ら青写真を描いた司法制度改革——訴訟を迅速に進めるための諸制度の合理化、裁判官・検察官の待遇改善、裁判所・検察庁の組織拡充など——に首相・内閣の御墨付を得、さらに予算獲得を真の目的にすえた、いわゆる敵本主義で調査会に臨み運営したとみて間違いない。

割れた受けとめ——絶対拒否と是々非々と

　一敗地にまみれた弁護士側は、意見書第2編の司法制度全般の改革案をどう受けとめたか。

　日弁連が初めてこの問題で臨時総会を開いたのは1964年12月。4カ月前に出た意見書に反対する決議を採択した。ただ、意見書全体にではなく、最高裁・法務省が近々実施に取り掛かるはずの4項目（我妻臨司会長は『日本の裁判制度』で「きわめて小さい部分といっては不適当かもしれませんが、いずれも非

割れた受けとめ——絶対拒否と是々非々と

常に技術的な事柄」と評した）に「断固反対」する、いわば部分反対決議だった。

意見書全体について日弁連の見解をまとめた文書である臨時司法制度調査会意見書批判（以下「批判書」とする）ができ上がるのは、ずっと後、1967年4月だ。起草した臨時司法制度調査会意見書に対する対策委員会（委員は全国各ブロックから選んだ77人）で意見が二分したため長い期間を要した。

委員長阿部甚吉（1969年度日弁連会長）が『自由と正義』に書いた「臨司意見書批判を発表するに当って」は、批判書の意義・審議経過・要旨・むすびの4本立ての構成で、審議経過の項題はとても長く〈審議の経過、その方法と内容、特に意見書にみる問題点とその理解の仕方により生じた意見の対立〉。そこに〈いわゆるA・B説について〉と小見出しを付けた下掲の一文がある。

　　委員の意見は大別すれば2つとなる。（中略）両説は真空地帯を距てて相
　　対立し、到底一致し難いものであり、A説は調査会意見書に対する態度が
　　強硬であって、その批判も厳しく、B説とは氷炭相容れないものといわれ、
　　B説は意見書に対し柔軟な態度をとり、臨司意見の具体的施策につき、
　　是々非々主義をとるものであった。［阿部：4頁］

論稿の主意は批判書をまとめるまでの経緯の説明だから、結論は「対策委員会内で両説の代表者各3名と正副委員長が熟議した結果、A・B両説の主張は止揚された」ことになっている。しかし実際の意見衝突は、そのようなきれいごとでは収まらなかった。

『講座 現代の弁護士2　弁護士の団体』（既出）に児玉公男（1995年度第一東京弁護士会会長）が書いた「日本弁護士連合会と『臨司問題』」を摘要すると、

　　A説・B説の対立は、司法の現状認識についての対立であって、あらゆる
　　場面で激突を繰返すこととなったし、またきわめて深刻な様相を呈した。
　　このような政治的な見解の相違やイデオロギー的対立を包んだ論争の場合、
　　両者が理論上の一致点に到達するのは、きわめて困難である（中略）した

141

第9章　臨時司法制度調査会という曲り角

がって批判書は2つの立場が不規則に寄せ集められた政治的妥協の産物に
ほかならなかった。［児玉：250頁］

様々な論稿・言説を整理して「2つの立場」の主旨をまとめると、

【A説】
・現状認識
　最高裁など司法国家機関が目指す方向は司法の反民主化である。その現れとし
　て「戦前の司法官僚機構復活」「訴訟における形式的能率主義・官僚主義」「最
　高裁等の判決内容や最高裁人事の反動化」が進行している。これは明白な事実
　である。
・意見書への姿勢
　絶対反対。反民主化の一層の推進が意見書の目的だからだ。法曹一元はこの目
　的と相容れない制度なので、意見書はこれを事実上葬り去った。意見書の諸々
　の提案を積極的に評価し協力することは司法の反民主化に手を貸す結果になる。
【B説】
・現状認識
　訴訟の迅速化の要請をすべて官僚主義・形式的能率主義の現れとは考えない。
　訴訟遅延こそが明白な事実であり、遅延の是正は必要である。「戦前の司法官
　僚機構の復活」が実証的に認定できるか疑問。能率化・合理化の要請は、裁判
　官の独立を侵さない限り、必要である。キャリア裁判官は官僚として行政官と
　等質性を有するため行政権力の濫用抑制の面で弱いところがあるが、キャリ
　ア・システム即ち反民主的とはいえず、むしろ憲法は当面の間キャリア・シス
　テムを予想していたと考える。
・意見書への姿勢
　意見書の諸々の提案の当否は、実証的・論理的に認識した司法の現状に照らし
　て、是々非々で検討する。反対する事項についても反対を唱えるのみではなく、
　建設的・具体的な提案ないし見解を述べていく。〝法曹一元お葬式論〟はとら
　ず、法曹一元を実現せしめる主体が弁護士・弁護士会であることに思いを致し
　て、意見書の期待・注文に耳を傾け、それに応えるよう積極的・自主的に取組
　む。

割れた受けとめ——絶対拒否と是々非々と

　ようやくまとめあげた批判書でＡ説Ｂ説を折衷した立場をとった日弁連は、しかし、その後急速にＡ説に傾斜し「臨司意見書に絶対反対」の立場を鮮明にし、最高裁・法務省と対決する路線にカジを切る。

　戦後の弁護士史で、Ａ説派対Ｂ説派のせめぎ合いは臨司意見書への対応を巡って初めて起きた事態ではなかった。戦後の弁護士制度誕生以来ずっと弁護士界の水底で渦を巻き、事あるごとにぶつかり合って水柱が水面を破った。さらに臨司の後も様々な局面で弁護士界内の意見・方針は、反司法当局か是々非々かで分裂した。明治の近代化に由来する司法・弁護士制度の「特異性・ゆがみ」の１つ「在朝」「在野」法曹の区別と格差そしてそこから生じる不信・反発がＡ説の論理の根底に蟠ることは、序章〈はじめに〉に書いた。

143

第10章
政治が揺さ振った司法の独立と弁護士自治

荒れる公判が招いた法廷秩序法

　本章は、戦後の新しい司法制度が動き出したころに戻りそこから1970年代までおよそ30年の間、政治から吹きつけた風波が司法と弁護士界を揺さ振った有様をみていく。

　この期間、時々に重要視された政策課題、政治上の争点はさまざまに移り変わったが、背景にある政治勢力の構図は一定だった。東西冷戦の国際情勢をそのまま映した保守・右派と革新・左派の争いであり、1955年に自由党と日本民主党が合同した自由民主が政権を一貫して担い、万年野党の日本社会党が政府・自民党に抗し続ける「55年体制」という〝安定した対立〟であった。

　しかし政治がらみの社会情勢は安定しなかった。革新・左翼の集団・団体が街頭や企業、学園で保守・権力側に挑みかかる抵抗運動、実力闘争が周期的に激発し、労働・公安事件あるいは国・地方公共団体を相手取った民事・行政訴訟となり、「荒れる法廷」が多く現れた。幾波にもわたった法廷闘争の荒波と、政府・自民党が法廷外で加えてきた強い圧力が司法と弁護士界に伸し掛かりその独立と自治を揺り動かした。

　荒れる法廷の第1波は終戦直後に襲来、新憲法下でいったん廃した強い法廷警察権を復活させる法律を産んだ。その経緯を江家義男早稲田大学教授「法廷等の秩序維持に関する法律」、村井敏邦一橋大学教授「法廷等の秩序維持に関する法律の制定の歴史」などを参照して、たどろう。

　戦前戦中に厳しく禁圧した大衆政治運動や労働争議は、終戦から間をおかずいち早く蘇り、社会の混乱とアナーキーな時代相も手伝い暴力的な行動や警察との衝突が発生した。そこに、思想・信条、結社・集会の自由を固く保障する新憲法が施行になれば、政治的思想的背景をもつ事件が激増し、裁判所に法廷

第10章　政治が揺さ振った司法の独立と弁護士自治

闘争の波となって押し寄せるだろうとは、十分に予測できた。

司法研修所が1952年に刊行した現役の判事による『法廷警察権の研究』は1946年から1951年の間の法廷秩序壊乱の公判を記録したが、その記述は、著名な三鷹事件・松川事件・平事件を含めＡ５判で35頁にわたる。

ところが荒れる法廷を鎮める手段として裁判所法が裁判官に与えた法廷警察権は、戦前に比べ極めて弱かった。法廷秩序を乱し訴訟進行を妨害する者をその場で勾留し、検察官による起訴をまたず罰金または拘留の制裁を科す旧裁判所構成法の規定を、新憲法34条に抵触する恐れありとして、裁判所法に盛り込まなかったのだ。

最高裁は状況を漫然と見遣ったわけではない。1948年８月に通達「裁判所の審理妨害に対する措置について」を発出、全国の裁判官に「不当に訴訟の遷延を策する者に対しては法律の認容する限りのあらゆる方法を講ずべきである」と呼びかけ、同時に、政府・国会に「適切な立法上の措置を切に期待する」と要請した。日弁連も1949年11月に法廷委員会を設置し「法廷における秩序の維持と審理の適正な運行に協力する」態勢をとった。

政府は英米法の裁判所侮辱（Contempt of Court）制度に範をとり旧裁判所構成法よりも広い範囲の行為を審理妨害として制裁を科す法案を作成したが、国会提出に至らなかった。

1951年５月、保守系の衆議院議員５人が中心となり、上記の法案を下敷きにした裁判所侮辱制裁法案を国会提出。法律の題名を変え、制裁対象の行為を具体的に規定し、罰を軽減するなどの改正を施して、法廷等の秩序維持に関する法律（法廷秩序法）が1952年７月に成立（施行は９月）した。

法案審議中に注目すべき発言があった。次々項に詳述する〝司法の危機〟のときに最高裁長官となる石田和外が、1951年５月の公聴会に最高裁事務次長として出席し、次のように述べた。

　　弁護人の方がアジ演説をやって、傍聴人等の囃声をいざなうような発言をしつつ（裁判長の訴訟指揮を＝引用者注）害する。（中略）。不当なことをする弁護士さんに対して、何ら弁護士会の方でも処置をおとりにならない、全然手放しの状態になっているのが今の姿であります。（第10回国会衆議

146

院法務委員会公聴会議録第 1 号に載録）

〝司法の危機〟のとき、荒れる法廷の問題で政府・司法当局が弁護士自治へ鉾先を転じた論理がもう顔を出している。

弁護士倫理策定と法廷秩序法改廃をめぐる意見対立

荒れる法廷が産んだのは法廷秩序法だけではなかった。「日弁連弁護士倫理」の策定もまた荒れる法廷の副産物だった。

法廷秩序法を施行して半年も経たない1953年 1 月、日弁連理事会は弁護士倫理（仮称）制定委員会を設置した。自ら委員となった長野国助会長は最初の委員会の席上、「弁護士倫理について、近時法廷の秩序維持の問題に関連して、制定の声が高くなった」と述べた。

日弁連と各弁護士会が、弁護士法の定めに従って、それぞれの会則に「弁護士道徳その他会員の綱紀保持に関する規定」を置いたときから「受け身の姿勢ではなく、自主的に職業倫理規範を定めるべき」との意見があった。半面、「倫理規範を定めて、違反する行為を直ちに弁護士法の懲戒事由とするのであれば、各会の会則を超えた厳格な内容にするのは不適切だ」との慎重論もあり、1951年 4 月に日弁連会長が各弁護士会に意見を求めたところ、賛成と反対が相半ばした。

賛否伯仲のままだとみて、日弁連執行部は、制定委員会の委員長に、消極・慎重派が反対の声をあげにくい81歳の大長老鵜沢総明（既出）を選んだ。鵜沢は「老齢のため何処の委員会も引受けていないのだが、この仕事だけはやらして貰おう」と意気込み、委員会内で草案を作成した小委員会には30回すべてに出席、策定した「弁護士倫理」の前文を自ら書き下ろした。

2 年後の1955年 1 月末にようやく得た成案に、地方会から修正意見が出て、最終的に前文と35カ条からなる弁護士倫理を理事会が承認したのは年度末ギリギリだった。

ただ消極・慎重派に配慮して、理事会承認に当たり「違反は直接には会則違反とはならない」旨の附帯条項をつけた。日弁連創立10年記念誌『日本弁護士

第10章　政治が揺さ振った司法の独立と弁護士自治

沿革史』によれば「弁護士倫理は会則、会規、規則の何れともされていない」。

　荒れる法廷の第2波は、1960年6月に改定期限を迎える日米安全保障条約を
巡って保守政府・革新野党が国会内外で騒乱状態をつくり出した「60年安保」
の時代に来た。
　「安保反対」を叫ぶ学生・労働者のデモ隊対警備警察の衝突事件ばかりでな
く、保革激突の情勢に触発され頻発した労使紛争事件の公判が法廷闘争の場と
なった。1959年11月には最高裁が「法廷闘争事例集」を、法務省が「刑事法廷
内外における不穏事態について」をそれぞれ公表し、「無法ぶり」を世論に訴
えた。日弁連も、荒れる法廷第1波に対応するため設け1955〜1958年度は休眠
状態だった法廷委員会の活動を再開し、法廷委員会地方委員会を各単位会に新
設して、荒れる法廷の訴訟指揮と弁護活動の実情調査を始めた。
　1960年7、8月には法廷秩序法を初めて弁護人たる弁護士に適用、制裁を科
す事例が2件発生した。最高裁は弁護活動、弁護士の行動を非難して、10月に
日弁連に対し「法廷秩序維持に関する要望」をつきつけ「将来かかる不祥事の
おこらぬよう善処」を求めた。
　1961年4月にまた弁護士が法廷秩序法により制裁を受けると、日弁連や各単
位会はいきり立ち、同法の改正・廃止の声をあげた。同法を使って裁判所は正
当な弁護活動を抑圧し被告人の権利を侵害しているという異議申立である。
　日弁連執行部は9月の人権擁護大会で「法廷秩序法は根本的に改めるべきで
あるが、その運用については、弁護権を尊重し、特に慎重を期せられんことを
要望する」との決議を採択した後、会内の司法制度調査会に諮り、1962年4月
に、同法改正案要綱である「改正意見書」を得た。
　ところが「改正ではダメだ。同法は廃止するしかない」と主張するグループ
が、改正案の理事会承認に待ったをかける目的で法廷秩序法廃止決議案を5月
の定期総会に提出した。
　決議案に賛成・反対すなわち同法廃止派と存置改正派の議論は収拾がつかず、
11月にこの問題に議題を絞った臨時総会を改めて開いた。ここでも決着にいた
らず、結論を出せないまま理事会に「しかるべき処置」を一任した。
　日弁連執行部は1年余り経った1964年1月にようやく改正案要綱をつくり直

したが、そうこうするうちに荒れる法廷の第2波はおさまり、法廷秩序法廃止か存置改正かの論争は立ち消えた。

日弁連司法制度調査会で改正意見書を起草した法廷秩序法改廃小委員会の委員長辻村精一郎が存置改正派として私見を綴った「法廷等秩序維持法改正私案」を以下に引く。これを読むと、改正派と廃止派の意見衝突は、前章の〈割れた受けとめ──絶対拒否と是々非々と〉で詳述したA説とB説の対立に外ならないと分かる。

　　現在の法が資本主義社会即ち帝国主義社会の法であり（中略）支配階級に奉仕する法である。（中略）かくの如き階級的法律観に基づく立場から見るならば法廷秩序法の廃止を主張することは当然である。（中略）之は法律論ではないのであって世界観的な立場からくる政治闘争である。

　　理念として裁判の中立性は存在すべきであり、筆者を含めて国民一般が日本の裁判官の中立性を信任する現状においては、法廷秩序法は裁判所の威信保持のため必要なるものと信ずる。［以上、辻村：7〜8、8〜9頁］

偏向裁判批判から〝司法の危機〟へ

「60年安保」に続く荒れる法廷第3波は「70年安保」前後に来た。今度は、既存の革新・左翼運動に飽き足らない新左翼・過激派が主役で、警備警察や大学当局相手に街頭・学園で起こした騒擾を、そのまま公判廷に持ち込んだ。

いっぽう既存の革新勢力と保守の闘いの場は、法廷の外だった。保守側が攻勢をかけ〝司法の危機〟と呼ばれるようになる一連の出来事である。

法廷内外の争いは〝合流〟し、政府・自民党が弁護人抜き裁判法案を国会提出し、弁護士自治を奪う弁護士法改正を検討する事態にエスカレートする。

〝司法の危機〟は、1967年ころから右翼系や自民党・体制側の雑誌・新聞が始めた偏向裁判批判キャンペーンに端を発した。

憲法解釈を含む事件、公安事件、労働事件、革新系団体が当事者あるいは支

第10章　政治が揺さ振った司法の独立と弁護士自治

援者になった訴訟で政府・体制側に不利な判断（判決のみならず、勾留・保釈の決定や訴訟指揮も問題にした）を「政治的に偏向している」と非難し、裁判官の左傾思想がその原因と決めつけたのだ。

　集中攻撃を浴びたのが「憲法と平和と民主主義を守る」を標榜して1954年4月に、有志法曹・学者で結成した青年法律家協会（青法協）だった。革新系の任意加入法曹団体で唯一、裁判官・司法修習生部会を持つため、偏向裁判批判の標的になった。

　1969年4月、偏向裁判批判が国政の場で火を噴く。

　かつて「バカバカしい憲法を持つ日本はメカケみたいなもの」と放言した自民党の有力代議士が党総務会で、地方公務員の争議行為を巡る最高裁判決、全電通（東西NTTの前身である電電公社の労組）の争議行為を巡る大阪地裁判決、新左翼と警官隊の衝突事件を巡る福岡地裁判決を、すべて偏向していると非難し「党としてこの種の判決を調査する必要がある」と要求した。

　これに応えて、裁判制度に関する調査特別委員会を設ける方針を示した田中角栄幹事長は、新聞各紙によると、記者会見でこう語った。

　　裁判官の身分は10年間保障されており、人事は閣議に責任がある。閣僚選考には、検察庁や公安調査庁の身上情報を取り寄せているが、裁判官人事について判例一覧表をつけたりすることも考えるべきだろう。

　偏向批判の高まりを気にかけていた最高裁の反応は、新聞報道がたまたま裁判官会議の定例開催日でもあり、素早かった。同会議の了承を得た談話を午後に事務総長が発表した。

　　仮に（自民党の）特別委員会の活動が係属中の事件に対する裁判批判となり、あるいは裁判所に対する人事介入によって裁判の独立をおびやかすようなことがあるとすれば、誠に重大な問題である。裁判所は憲法に従い、不偏不党、中正な立場において裁判の独立を厳守する決意に変りはない。

　5カ月後、長沼ナイキ訴訟・平賀書簡問題が起きる。

偏向裁判批判から〝司法の危機〟へ

裁判の独立を危うくしかねない異常事が、政権側からの干渉ではなく、裁判所の内部で発生したのだ。

1969年7月、北海道長沼町に航空自衛隊の地対空ミサイル「ナイキ」発射基地を造営するため農林大臣が建設地の森林について水源涵養保安林指定を解除したところ、地元住民が水源枯渇や洪水などの不利益を被るとして指定解除処分の取消を求める行政訴訟を札幌地裁に提起し、併せて裁判の確定まで指定解除処分の執行停止を申立てた。自衛隊は憲法9条に違反する存在なので保安林指定解除の要件である「公益上の理由」を欠く、と原告が主張したため、自衛隊の合憲性が争点の1つになった。

担当の福島重雄裁判長が執行停止申立に対する決定告知の期日を固めると、平賀健太所長は庁舎警備を理由に告知の延期を要請した。これより前に平賀は福島の上司である部総括判事に、本訴と執行停止の両方について国側勝訴とする法律判断をメモにして手渡していたが、告知期日を巡る福島との遣り取りから、これが福島に伝わっていないと感じ、自分の考えを「先輩のアドバイス、このような考え方も有り得る」と断り書きを添えて、裁判所用箋に記し、職員に福島の自宅に届けさせた。

事態を知った札幌地裁の裁判官会議が平賀所長に厳重注意する決議をしたため、事は明るみに出てマスコミが大きく報じた。

報道の6日後、最高裁は臨時の裁判官会議で平賀の注意処分と東京高裁判事への異動を決めた。

ここから局面は一変する。福島が青法協の会員だったことが〝偏向批判〟陣営の攻撃の的になったのだ。

国会の裁判官訴追委員会、衆議院法務委員会の委員だった自民党議員と、特異な言動で以前に物議を招いた鹿児島地裁所長が「平賀書簡は裁判干渉ではない。私信である書簡の公表のほうを責めるべきだ。福島判事が青法協のメンバーであることこそ裁判の独立を侵している」と、それぞれが、同じ論法で、福島と青法協に逆襲した。

後述する裁判官再任拒否の渦中の人となる宮本康昭は、当時東京地裁勤務の判事補で青法協裁判官部会の運営に携わっており、福島から相談を受け平賀書簡のコピーを受け取っていたことから矢面に立たされる。

151

第10章　政治が揺さ振った司法の独立と弁護士自治

　宮本が所属する「ひめしゃら法律事務所」の勉強会記録『あのとき裁判所は？──宮本元裁判官　再任拒否事件を語る』から自身の述懐を引用しよう。

　　問題が裁判干渉と裁判官の独立侵害よりも平賀書簡をマスコミに流した犯人は誰かという、犯人捜しにすり替えられてしまった。内閣、国会、最高裁、総掛かりで漏らしたのは誰かという大合唱を始めた。犯人は宮本というわけで、それへの対応が大変だった。［宮本2017：7頁］

　平賀と福島の訴追請求を受けた国会の裁判官訴追委員会が出した決定（1970年10月）も平賀が不訴追、福島が訴追猶予で、福島の方が非行の程度が重いとした。
　鹿児島地裁所長の言動に対し最高裁は福岡高裁長官による厳重注意処分にした。その一方で、事務総局勤務の局付判事補を手始めに青法協会員の裁判官に脱会を勧奨・要求するようになり、1970年4月には最高裁裁判官会議の見解を事務総長が発表した。

　　裁判官が政治的色彩をおびた団体に加入していることは、裁判の公正に疑惑をまねくことになる。このような団体に加入することはつつしむべきである。

　これを敷衍して石田和外最高裁長官は、憲法記念日むけの記者会見で語った。

　　極端な軍国主義や無政府主義、はっきりした共産主義を信奉するものは、裁判官として行動するには限界がありはしないか。

弁護士界に飛ぶ火の粉

　自民党の青法協攻撃の弾は思わぬ方向にも飛び、弁護士界に「青天のへきれきともいうべき衝撃を呼んだ」と『日弁連三十年』は振り返る。
　石田長官発言からひと月も経たない5月末、小林武治法務大臣が佐藤栄作首

相を訪ね、司法修習制度を抜本改革して裁判官・検察官と弁護士の２本立てにする分離修習構想に了承を得たのだ。

『読売新聞』1970年５月28日付朝刊２頁の解説記事の見出しは「青法協封じの一環？」。締め括りは、

　　修習の過程で弁護士を締め出せば、判・検事志望者の〝落ちこぼれ〟（弁護士に志望を変える修習生＝引用者注）を拾うことができ、青法協の活動もボイコットできる利点もある。最近、問題になっている裁判官の青法協加入の是非についても、採用前からきびしくチェックできるわけだ。

臨時司法制度調査会に法曹一元の夢を破られた日弁連にとって虎の子ともいえる統一法曹養成制度を戦前の別立て制度に戻す分離修習など、耳を疑うしかない構想だ。５月30日、定期総会の開会前に成富信夫会長が記者会見で「法相の発言は、現行司法修習制度の根幹を否定し、民主的司法制度の確立、実現に逆行する」と断固反対の声明を出した。

翌年２月、小林法相が野党と国会審議を軽侮する失言で辞任に追い込まれ、あとを受けた法務大臣が国会答弁で構想を事実上撤回して、騒ぎはあっけなく終息した。

しかし青法協排撃は止まらなかった。

1971年４月初め、宮本康昭裁判官の再任を最高裁が拒否する方針が明らかになった。10年間の任期が４月13日に終わる裁判官で再任を希望した64人のうち宮本１人を、最高裁は、内閣に任命を求める指名名簿に登載しなかった。

青法協会員であるという理由で裁判官に不適任とはしないと最高裁は繰り返したが、言葉通りに受け取る向きは少なかった。

当時最高裁人事局長だった矢口洪一元最高裁長官（既出）は、1992年２月に『日本経済新聞』が連載した「私の履歴書」にこう書いた。

　　青法協が当時機関誌で「安保反対」や「核兵器廃絶」など、政治的スローガンを掲げて活動していたことは確かである。裁判官がそうした政治的な決議に加わったり、具体的行動に出れば、裁判の公正さを疑わせることに

なる、という危惧もあった。

　要は裁判官個人の思想・信条をめぐる「適格性」が問われたのではなく、国民が求める裁判官としての「ふさわしさ」が文字通り全人格的に評価された結果なのである。

　〝司法の危機〟は、泡のように浮かんで消えた分離修習構想を除けば、弁護士界の直接の危機ではなかったとはいえ、傍観者でいるわけにはいかない。出来事のたびに、日弁連、各弁護士会は政府・自民党、最高裁を批判・非難する意見を表明した。

　平賀書簡問題では「裁判に対する不当な介入であり、最高裁は国民の危惧を一掃する厳正な態度で対処せよ」との日弁連会長談話を出し、1970年12月に臨時総会を開いて、国会の平賀書簡問題をめぐる裁判官訴追委員会の決定（先述のとおり、福島判事を訴追猶予とし平賀所長を不訴追とした）とその調査・審議方法を不当であると抗議し、併せて、訴追委員会の決定をうけ福島判事を注意処分にした最高裁の態度を遺憾とする決議を採択した。

　1971年4月、宮本裁判官の再任を最高裁が拒否したと新聞各紙が一斉に報じた2日後には日弁連会長談話を発表した。

　　青法協会員であることを理由にした疑いが強い。そうだとすると、裁判官の思想・信条・団体加入を理由に再任を拒否したものであり、該当者の基本的人権を侵すばかりか、裁判官の身分保障ひいては司法権の独立をおびやかすことになり、重大問題であると言わなければならない。

　5月、裁判所の青法協排除に抗議するため臨時総会を定期総会の3週間前に開催したところ過去最多の参加者が集まり「最高裁の姿勢を正すため、国民とともに全力を尽くす」旨の決議を採択。続く定期総会では「危機に立つ司法の独立を守り、国民の負託にこたえる」と宣言した。

突如出現した弁護人抜き裁判法案

　先に「荒れる法廷の第3波は『70年安保』の前後で、既存の革新・左翼運動に飽き足らない新左翼が主役だった」と書いた。新左翼の反体制・反権力の論理では、裁判所・裁判制度は支配体制を守る権力装置であり権威や公正さなど頭から否定するので、その法廷闘争は対決姿勢で終始し、既存の革新・左翼勢力による第1波、第2波とは比べものにならない混乱を刑事司法にもたらした。『日弁連三十年』（既出）を引用しよう。

　　（新左翼による事件の公判の）一連の過程において、弁護活動とそれに対する法廷秩序法の制裁、懲戒請求、国選弁護人の辞任問題、弁護人不在法廷の現出、国選弁護推薦の困難性等、弁護活動及び被告人の弁護人依頼権をめぐる深刻な問題が次々に提起された。［日本弁護士連合会1981：232頁］

　始まりは1969年5月末からの東大事件公判だった。
　東京大学本郷キャンパスの安田講堂などを占拠した全共闘学生を警察機動隊が排除した事件、安田講堂前集会乱闘事件、秩父宮ラグビー場での東大7学部学生集会乱闘事件など、同年1月に起きた6つの東大紛争関連事件を総称して東大事件と呼ぶ。
　6事件とも起訴罪名のほとんどは単独審理が可能な凶器準備集合、建造物侵入、不退去、公務執行妨害などで、検察官は、被告人を1人ずつ別々に起訴し、東京地裁は当初単独係に配点した。
　ところが弁護団が、6つの事件を「1個の集団による共通の目的に向けられた全体的なもの」と位置づけ、1つの法廷で審理するのでなければ裁判は受けられないと強硬に主張、裁判所はやむなく、統一公判を望む被告人（合計606人のうち428人）を37のグループに分けて合議部に配点し、被告・弁護団の反対を押しきって公判を開始した。
　被告・弁護団は、統一公判に固執し分離公判を実力で阻止しにかかった。拘

第10章　政治が揺さ振った司法の独立と弁護士自治

置施設から出るのを拒否したり、出廷しても審理に応じずに裁判所に抗議を叫ぶなど、法廷闘争の域を超える手段に訴えた。

裁判所は法廷秩序法による身柄拘束・監置、警官隊を使った鎮圧措置で対抗し、刑訴法286条の2（第1波の荒れる法廷を契機とした1953年の刑訴法改正で制定した）や同341条を発動した欠席裁判も強行した。

事件を担当した磯部衛判事が書いた「東大事件の審理概観」によると、初公判から4カ月半の間に法廷秩序法で「拘束された者が被告人延197名、弁護人延17名、傍聴人75名。監置を受けた者が被告人34名、弁護人1名、傍聴人34名。過料の制裁を受けた弁護人2名（3回）」にのぼった。

弁護士・弁護士会を指導・監督する立場から日弁連は、9月に会長談話を出して弁護団に「ルールに従うよう」求めた。

> 弁護人諸君、諸君の行動は在野法曹全体の信用にもかかわるものである。
> 諸君は法曹の良識に従い被告人を指導して速かに訴訟正常化の途を講ずべきである。諸君の速かなる自発的善処を切望する。

1969年10月と11月に東京都内で5件発生した街頭暴動事件（10・11月事件と総称）の裁判でも実質審理に入れない状態が続いた。新左翼の571人の被告人と弁護団が統一公判を要求。東京地裁が拒否すると、1970年6月、弁護団が一斉に辞任する戦術に出た。

裁判所の要請で在京3弁護士会はやっと167人の国選弁護人をそろえたが、その後も順調には進まなかった。

まず国選弁護人団が提案した、統一公判と分離公判の折衷的な審理方式を裁判所が一蹴。1971年2月、審理方式以外の訴訟進行のあり方（公判期日指定、傍聴制限、法廷警備、発言制限など）について協議を国選弁護人団が申し入れるも、裁判所が拒否したため、3月以降、訴訟追行に責任を負えないとして、辞任を表明する国選弁護人が相次いだ。

裁判所は辞任を承認せず、辞任表明した弁護人が出廷しない場合は弁護人不在のまま審理を強行した。

大出良知九州大学名誉教授の『刑事弁護の展開と刑事訴訟』によれば、この

事件公判を機に「国選弁護人の地位、弁護権のあり方に関わる問題が本格的に論じられ」それまで定説のなかった国選弁護人の選任権、解任権について日弁連が見解を確立（1973年2月）し、1979年7月には最高裁が別の事件で「国選弁護人が辞任の申出をした場合であっても、裁判所が辞任の申出について正当な理由があると認めて解任しない限り、弁護人の地位を失うものではない」との判断を示した。

被告人たちと意を通じた弁護人の不出廷・退廷の戦術、さらには負担に耐えかねた国選弁護人の辞任にどう対応すべきかに裁判所は苦慮し、とりわけ必要的弁護事件の公判では対策に窮した。

東京地裁では、苦し紛れに、刑訴法341条を弁護人に類推適用して「弁護人の恣意的退廷あるいは退廷命令による退廷の場合には、それが被告人の意思に基づくか同意が推定される場合には、当該公判期日で予定されていた審理を行うことができる」と判断し、弁護人のいないまま審理をする例まであった。

こうした状況を政府・自民党は「法の不備・現行法の予想しない異常事態」とみなし、弁護人の不出廷・退廷術術を無力化する立法を企図した。1978年3月に国会提出した「刑事事件の公判の開廷についての暫定的特例を定める法律案」いわゆる弁護人抜き裁判法案である。

法案のアイディアは唐突に現れた。

1977年9月に日本赤軍メンバーが日本航空機をハイジャックし乗客の身代金を取り、日本で勾留・服役中の日本赤軍や東アジア反日武装戦線の活動家らを釈放させたいわゆるダッカ事件が起きた後、政府・自民党は急遽、同種事件を繰り返さないため警備・保安体制の強化と関係法令の整備に乗り出した。その一環として法務省が「弁護人不在でも裁判を進められるようにする」刑訴法改正を検討課題に加えたのだ。

連合赤軍事件、連続企業爆破事件、成田新空港建設反対運動関連の事件などの法廷闘争に手を焼く法務・検察当局はかねて法案を練っていたのだろう。はやばやと11月末に刑訴法一部改正法案要綱案を法制審議会に諮問。わずか2回の刑事法部会審議を経て、1978年1月、法制審総会は要綱案を可決、法務大臣に答申した。

第10章　政治が揺さ振った司法の独立と弁護士自治

路線を転じた日弁連

　日弁連は機を失せずに反対行動を始めた。

　1977年11月初め、法制審への諮問に先手を打って宮田光秀会長が「刑事裁判制度の根底をゆるがすが如き刑事訴訟法の改正に着手することのないよう強く要望する」との声明を発表。法制審刑事法部会が要綱案を可決すると、1978年1月10日に、19項目にわたる長文の意見書と、「ひろく国民とともに『要綱』の実現を阻止するために全力をつくす決意である」との会長談話を出した。

　反対・阻止を唱えたのは当然だが、同時に「国民の支持を得られるような弁護活動のあり方を求める」ため次の3点を「早急に検討する」と約した。これは刮目すべき日弁連の姿勢変化だった。

> ①裁判の進行に重大な支障をきたす事態が生じている場合に、弁護士会と裁判所の間に協議の機会をつくるなど、法曹三者内部で具体的方策をまとめるよう提案していく。
> ②弁護人不在の空白状態が生じた場合に弁護士会として国選弁護人の推薦などに組織的に対処する方策をまとめる。
> ③裁判所・検察官の不当な措置を批判し正すと同時に弁護活動に関する弁護士会内の相互批判を強め、正すべきは正す。

　日弁連会長声明が出た後、1月末に、法務省は刑訴法一部改正法案を「刑事事件の公判の開廷についての暫定的特例を定める法律案」につくり変え、法制審への諮問をやり直した。

　なぜ刑訴法改正から単行法しかも1条に「最近における一部の刑事事件の審理にみられるような異常な状況に対処するための当面の措置」と規定し、適用対象を限定した特例法に仕立て直したのか、理由は分からない。『刑事弁護の展開と刑事訴訟』（既出）が推測するように「弁護士・弁護士会を中心とする急速な反対を受けて」だったのか、あるいは内閣法制局の審査・意見によるのか。

　どちらにしても「弁護人抜き」の本質に変わりはない。日弁連の反対運動は

158

路線を転じた日弁連

当然続き、1月の会長談話で「早急な検討」を約した上記①②③の詳細な具体案を、法案の国会提出を目前にした3月4日に発表した。

①について＝訴訟関係者間の解決が不可能あるいは著しく困難となった場合に、法曹三者からなる「法廷対策連絡会議（仮称）」を設置する。
②について＝国選弁護人の推薦は必ず弁護士会によるものとし、裁判所から推薦依頼を受けたときは遅滞なく責任をもって推薦する。
③について＝弁護士会は裁判所または弁護人から要請があったときは、事情を調査し速やかに対処する。事態の原因が弁護人側にあると考えられる場合は、当該弁護士に助言・指導・監督を行なう。懲戒申立があった場合、措置を迅速にとる。

　日弁連は、臨司意見書や法廷秩序法の存廃をめぐる問題で裁判所・法務省に対決する路線（「絶対拒否のA説」路線）を走ってきた。しかしこの文書は対決ではなく対話と協働を求めている。
　第3波の荒れる法廷に、世論は被告・弁護側の振る舞いを非難する声が圧倒的だった。裁判所の不当で高圧的な訴訟指揮が法廷の混乱を招くのだと訴えても、人々の耳には入りづらい。国会でも弁護士側の旗色はまったく悪い。
　土俵際に押しこまれた形勢の日弁連が「ひろく国民の支持を得られる弁護活動のあり方を求める」（1月の会長談話）には、「当局に不信を突きつけ背を向けるのでなく、協力して司法の改善を目指す、顧みて弁護士側に反省すべきがあれば反省する」いわゆるB説の是々非々路線に転じざるを得なかったのだ。
　弁護人抜き裁判法案は日弁連が「見解と提案」を出した3日後に閣議決定、国会提出したが、その前に政府・自民党は、弁護士・弁護士会の本丸に狙いを定めて、追撃を加えた。
　1978年2月15日の衆議院法務委員会で自民党の委員会理事と法務省刑事局長、戦前裁判官だった瀬戸山三男法務大臣の間で弁護士自治の主柱である自主懲戒制度に斬り込む、出来試合のような、質疑応答をした。
　自民党理事が弁護士会による懲戒の実情を尋ねると、刑事局長は「1953年から1975年までに、延べ13名の弁護士に対し刑事訴訟規則による措置請求が裁判所からされ、また、1952年から1970年までに、延べ17名の弁護士に対し訴訟関

第10章　政治が揺さ振った司法の独立と弁護士自治

係者から弁護士法による懲戒請求がなされたが、懲戒を受けた弁護士は１名もいない」と答えた。

そして瀬戸山法相が「裁判官には弾劾裁判法によって不適格な裁判官をチェックする制度がある。検察官は、適格審査会という第三者機関がある。弁護士にも第三者機関による責任あるチェックの制度があるべきだ」と断じた。

５月、自民党総務会が弁護士法の懲戒に関する規定を全面改正する方針を決めた。懲戒権を弁護士会からとりあげ、検察官適格審査会と同じ第三者機関を設けて国会議員が審査会委員になり懲戒に関与できるようにするという。

これより10日ほど前、憲法記念日むけの記者会見で岡原昌男最高裁長官（初の検察官出身長官）が異例の発言をした。

　　法廷秩序を乱した弁護士は、最終的には日弁連が制裁することになっているが機能していないのが実情。弁護士会ほど自由な団体はない、それが悪用されている。

「弁護士にとって衝撃的」（『日弁連三十年』）な展開であり、日弁連、各弁護士会は刑事裁判の危機が弁護士自治の危機へ一気に亢進したと身構え、政府・自民党に弁護士法に手をつけさせない対応策づくりを急いだ。

６月、日弁連は設置済みの弁護人抜き裁判特例法案阻止対策本部に小委員会を設け「弁護士自治に関する問題点の整理と基本的対策」を諮問。小委員会は11月初めに答申素案を日弁連執行部と各単位会に配布し意見を求め、11月25日付で「弁護士自治の問題に関する答申書」をつくった。

答申で提示した、弁護士会の責務を果たす方策は下記の３点。

・弁護士会は刑事事件公判で審理進行上の問題が生じた場合、調整と指導の活動を進める。
・弁護士会、日弁連の綱紀・懲戒制度を改善する。
・弁護士・弁護士会活動に関し意見を求める諮問機関を日弁連に設置、一般市民を含め外部から委員を迎える。

先に何度か引用した小山稔弁護士の論稿「戦後弁護士論序説」によれば、この答申を「マスコミが『前向きの姿勢』と評価し、国会方面でも肯定的に受け止められ、法曹三者の協議で問題を解決すべしとの声が出てきた」。

　三者協議は臨時司法制度調査会意見書が法曹の一体感を醸成するために設置を提案したもので、最高裁が1971年６月に開催を初めて呼びかけたが、臨司意見書に全面反対の日弁連が「司法当局による干渉を促進する結果となる」として応じず、1975年３月になってようやく、臨司意見書に基づく協議体ではないと性格づけたうえで、初会合が実現した。

　弁護人抜き裁判法案づくりが日程に上った1977年11月に、今度は日弁連が法案策定の前に法曹三者で話し合うべきだと開催を求めたのに対し、法務省・最高裁が同意しなかった。

　そういうややこしい経緯があったけれども、三者協議は1979年１月以降、「国選弁護人問題と綱紀・懲戒制度の問題をテーマに急速に進展し、1979年３月30日遂に合意が成立した」（「戦後弁護士論序説」）。骨子は２点。

・弁護士会は特別案件（通常の推薦手続が困難または相当でない事件＝引用者注）について国選弁護人受任候補者名簿を用意し裁判所から依頼を受けたときは速やかに推薦する。
・弁護士会は弁護人が不当な訴訟活動を行ったときは公正迅速に懲戒する、そのため会則等を整備する。

　この２点を含む５項目を「協議結果」とし、加えて「協議結果」をめぐって認め合った三者の意見を６項目にまとめた文書を「附属了解事項」とし、三者の代表が調印した。

　「弁護人抜き法案」は同年６月国会の会期切れとともに審議未了で廃案となった。

　弁護士界あげて三者合意を歓迎したわけではない。「権力に迎合するもの」と日弁連執行部を激しく非難する声もあった。臨司意見書以来、裁判所・法務省と対決する姿勢で運動を続けた日弁連の主流は弁護士自治の危機と世論の冷ややかともいえる反応に遭遇し、その運動姿勢の限界を知らされたとみるべき

第10章　政治が揺さ振った司法の独立と弁護士自治

だろう。

　「戦後弁護士論序説」はこの合意を、明治以来の司法・弁護士制度の「特異性・ゆがみ」の１つが解消に向かいだした第一歩とみた。

　　法曹三者の話合いにより、立法化によらずしてこれ程に重大な問題を解決し得たことは、「在朝、在野」の古典的対立を脱却するものとして大きな意義を有している。（中略）長い対立の時代を経て法曹三者は新しい時代に踏み出したといえる。［小山：81頁］

第11章
現代型職業像の形成過程

産業経済の成長につれて

　第9章、第10章で扱った時期は概ね1950年代から1970年代の約30年間。日本の経済と社会が急速に実に大きく変化した戦後激動期である。

　超インフレと過酷な食糧難にあえいだ敗戦の焼け跡から産業復興、高度成長を遂げ、四半世紀たらずの間に世界第2位の生産力を築き、その後、石油危機、ニクソン・ショック、為替の変動相場制移行など打ち続く試練に耐えて経済大国の地位を固め、やがて来る本格的な国際化・グローバリゼーションのとば口に立った。

　産業構造の重心は農漁業から鉱工業へそして非製造業へと移り、それにつれ、人口は増加しつつ都市部へと移動し、大衆の所得・資産は膨らみ一億総中流と称される豊かな消費生活を多くの人々が享受できるようになった。

　経済の成長と社会の変容は、当然のこと、弁護士が負う社会的機能すなわち職域を拡張した。

　1949年から20年間を扱う『日弁連二十年』（既出）は、この時期に数多くできた民事新法から1952年6月公布の会社更生法（2002年に全部改正）を取り上げ「この法律は（中略）経済と司法をつなぐ重要な役割を果たし、その中で多くの弁護士もそうした役割の一部を分担して行く」と書いた。経済商事分野で新しく生まれた弁護士業務の一例である。

　また『日弁連三十年』（既出）を見ると、第5章〈民事法制への対応〉に1節を割いて、1968年から1973年にかけての商法（会社法）改正（改正法の成立は1974年3月）の経緯を詳述した。焦点となったのは企業の社会的責任、株主総会制度の改善、監査制度の改善、企業の結合・合併・分割などで、いずれも企業経営者が法律専門職に助言・認証、事務処理を頼らざるを得ない場面だ。

　経済成長のなかで企業の数と規模そして活動の範囲が拡大し社会への影響力

163

第11章　現代型職業像の形成過程

が強まれば、企業が直面する法的問題は件数が増加するだけでなく、内容が多様に複雑になる。行政は行政で産業を監督・指導するための規制法令を増やし、かつ細緻にしていく。

　自然な流れとして、企業にかかわる弁護士の働きは訴訟対応以外の面に広がる。日弁連の弁護士業務対策委員会が、1980年に調査したところでは弁護士が現に扱い中の民事事件のうち訴訟案件は全国平均で77.7％、東京では71.7％にまで下がった。この数字は年を追って低下を続ける。

　時代が少し先になるが、日弁連は1979年1月、高度経済成長を経て著しく変容した業務の実情に合うように職業倫理を見直す必要があるとして、弁護士倫理に関する委員会を設置した。1955年に制定した「弁護士倫理」（第10章の〈弁護士倫理策定と法廷秩序法改廃をめぐる意見対立〉の項を参照）を改定する目的で、原案が成ったのは、委員会発足から11年後、旧倫理制定からは35年ぶりになる1990年1月だった。

　全8章61カ条の新弁護士倫理は同年3月の臨時総会で承認した。旧弁護士倫理と同じに「懲戒事由を規定化したものではなく、弁護士が自主的に依拠すべき倫理的行動指針」としてであった。

　『注釈弁護士倫理　補訂版』の逐条解説をみると、61カ条のうち「新たに設けられた規定」が25カ条、旧倫理と同趣旨ながら部分的に緩和または強化した一部修正規定が6カ条ある。35年の間にそれだけ弁護士の業務内容や職業理念が変化したのである。改訂が集中したのが第3章〈依頼者との関係における規律〉で、42カ条のうち14カ条が新規定、3カ条が一部修正規定だ。依頼のほとんどが訴訟対応だった35年前に比べて職域が広がり多様化した証左といえよう。

中産層が産む法的需要

　日本が経済大国となる途上で社会階層として厚みを急速に増し、その消費と貯蓄によって雪ダルマ式に国の成長を加速させた中産層もまた、新しい法的需要を産み、弁護士業務の幅を大きく拡げた。

　1960年11月、住友銀行（現・三井住友銀行）がプリンス自動車（1966年に日産自動車と合併）と提携して乗用車の月賦金融を始めた。消費者信用供与の嚆

矢とされる。『日弁連二十年』（既出）は「信用取引の膨張、不動産取引の増大といった経済環境は弁護士の民事分野での需要を刺激した」と記す。

個人向け信用供与は、月賦販売のように商品購入のために目的を限り返済能力を審査するものから、使途を問わず担保をとらない金銭消費貸借へと拡がり、市場は急速に膨張した。そこに暴利を求め社会規範を逸脱した営業手法の小口貸金（サラリーマン金融と呼ばれた）業者が多数入りこみ借り手の生活と家庭を破壊する事例が頻出するまでになった。

大山小夜金城学院大学教授が日本社会学会機関誌に書いた「被害認識の論理と専門職の精神——過剰債務の社会運動から——」を引用する。

> サラリーマン金融の名は、誕生期の1960年代、団地に住むサラリーマン（給与所得者）世帯を主な顧客にしたことに由来する。（中略）都市への人口流入と分厚い新中間層の集住という新しい社会条件が、この新しいビジネスモデルを用意した。（中略）銀行等から資金を調達し事業を拡げたサラ金業者は大変儲かった。儲かると新規参入が増え、過当競争になる。サラ金の貸付対象は、しだいに、低所得層を含む幅広い職種へ広がり、1人あたりの貸付額も増えた。やがて、返済不能になる人が現れる。その顕在化が「サラ金地獄」である。［大山：250頁］

1970年代はじめ、「サラ金地獄」に堕ちた借主たちを「サラ金3悪」（高金利・過剰貸付・苛酷な取立）の被害者と捉えて法的手段で救済にあたる弁護士たちが現れた。その活動は新聞・雑誌・テレビが取り上げ、法律を武器に社会問題に立ち向かう専門資格者という新しい弁護士像を世の中に植え付けた。

1970年代が主たる記述対象の『日弁連三十年』は第11章〈弁護士業務の諸問題〉の1項目を〈サラ金対策と消費者問題〉に充てた。

> 「サラ金」の被害をめぐる多数の事件が発生したのは1965年度後半からである。（中略）立法、行政のおくれから、事態は一層深刻化するので、見かねた有志弁護士の手でサラ金問題研究会が設置され（1977年5月。前掲の大山論文は同研究会のケーススタディーでもある＝引用者注）、市民は

第11章　現代型職業像の形成過程

　　弁護士に対してサラ金被害の防止、救済を求めた。［日本弁護士連合会
　　1981：542頁］

　弁護士層の活動は「サラ金３悪」撲滅を前進させる法律制定・改正や、受任
事件を通じた最高裁判例の獲得につながり、2006年１月には、最高裁が貸金返
済請求訴訟の判決で貸金業規制法（1983年11月施行。現在の貸金業法）の「み
なし任意弁済」規定の適用要件を、実質的に規定を無化するほど厳格に判断す
る条文解釈を確定させるに至った。
　貸主は同規定を盾に利息制限法の定めを超す高金利で貸し付け、返済金を取
り立ててきたので、この最高裁判断の後、借主はすでに支払った弁済金の一部
を、利息制限法違反の不当利得として貸主から容易に取り戻せるようになった。
出資法で刑事罰を科す高金利と利息制限法の上限金利の間にあったグレーゾー
ンをなくし、超過金利によって生じた「過払い金」を金融業者から返金させる
法規範を、弁護士層の働きによって、形成したと言える。

　だいぶ先に飛んでしまった話を1960～70年代に戻そう。
　経済力をつけ人口も急増した中産層こそが消費社会の主役になる、と認識さ
せた社会事象が1960年代後半からのマイカーブームだった。日本国内の乗用車
販売実績は1965年の59万台が1970年に237万台と、年平均32％の成長を遂げ、
自動車保有台数は、1965年の630万台が1967年に１千万台を突破した。
　自動車損害賠償保障法による自賠責保険制度を施行したのは1955年12月。同
年に約９万４千件だった交通事故はマイカーブーム始期の1965年には約56万７
千件に達し、死傷者は同期間に約８万３千人から約43万８千人に激増した。
　市民が突然、右も左も分からない紛争の当事者になってしまう交通事故の法
的処理は「弁護士および弁護士会が、社会の新しい需要に対してどこまでこた
えられるかを試す試金石であった」（『日弁連二十年』）。
　何年か後に結果が出た試金石による判定は散々な低評価だった。
　結論を先に言えば、この問題は弁護士法72条をふりかざす弁護士側の反対を
押しきって行政と損保業界が考え出した紛争仲裁・和解斡旋機関（現在に続く
交通事故紛争処理センター）に弁護士側がやむを得ず参画して決着した。

そこに至るまでに弁護士・弁護士会が交通事故紛争にどう対処したかを、何度か引用した小山稔弁護士「戦後弁護士論序説」と『日弁連二十年』『日弁連三十年』を参照して記そう。

1950年代後半から交通事故の賠償・保険処理を業とする事故屋・示談屋たちが東京、大阪などを中心に全国に簇出した。日弁連はこれを弁護士法72条違反の非弁活動として摘発・排除に乗り出す一方、弁護士が積極的に事故処理に当たるよう対策要綱を作成。「交通事故絶滅を図り被害者救済に万全を期す運動」（1962年10月に日弁連人権擁護大会で採択した宣言）に取り組み、1967年9月には、自動車損害賠償保障事業特別会計から補助金を受ける財団法人交通事故相談センターを設立した。

しかし、弁護士の処理能力不足に不満を強めた損害保険業界は、1974年4月、保険会社が示談を代行するサービスを付けた新商品の発売認可に合わせて、自賠責保険の運用益を運営資金にする交通事故裁定委員会を設けた。保険会社のみを拘束する裁定を下す紛争仲裁・和解斡旋のための第三者機関である。

日弁連・弁護士会は保険会社の示談代行に非弁行為の疑いありと反対し、裁定委員会の中立性にも疑問を呈したが、裁定委員会は仲裁・斡旋機能を拡充する目的で財団法人交通事故裁定センターに移行する許可を所管の総理府（内閣府の前身）に申請。1977年3月に総理府は裁定委員会の申請を許可する方針を表明した。

日弁連相談センターの扱い実績が交通死傷事故全件数の60分の1に過ぎない年間1万件程度で低迷する現状に、行政が「もう日弁連・弁護士会には任せておけない」と見限った格好だ。

日弁連は、このままでは弁護士が自動車事故紛争の法的処理で脇役に追いやられると情勢認識を改めざるを得なくなり、1977年度の執行部が「交通事故裁定センター新法人に積極的に参加し公正な運営を図る」方向にカジを急転した。総理府や裁定センター設立発起人らと、新法人の役員構成、業務内容、運営方法などを話し合い、同年12月末に総理府交通安全対策室長と日弁連事務総長の間で覚書を交わした。主な合意事項は下記のとおりだった。

・裁定委員会は財団法人交通事故裁定センターの設立許可申請を取り下げ、新た

に財団法人交通事故紛争処理センターの設立許可を申請する。（翌年に設立した）

・新法人の役員の半数以上は弁護士を充てる。

・新法人が行う法律相談・示談斡旋は弁護士会の推薦した弁護士が担当する。

序章〈はじめに〉で論じた、圧縮した近代化ゆえに生じた弁護士制度の「特異性・ゆがみ」の１つ「弁護士層の圧倒的希少」の解消を、司法サービス需要者側が切迫感をもって求めた〝事件〟であった。次章の〈旧態依然の綻び——弁護士の数と機能〉の項に同様の事例を記す。

のびる人権の外延

本章の時代区分は概ね1950〜1970年代である。憲法施行から年月を経て、国民主権・人権尊重の原理が、一定程度、日本の社会に定着し、30年の間に人権概念の外延は相当に拡張した。

新弁護士法が人権擁護と社会正義実現の使命を課す弁護士・弁護士会にとっては、果たさなければならない責任の範囲拡大を意味する。人権問題が法的紛争になれば、訴えられた側の事情や主張を代弁するのもまた弁護士の役割だから、さらに業務範囲は拡がる。

1970年刊行の『日弁連二十年』の第８章〈人権擁護活動〉を見てみよう。刑事手続の過程で起きる被疑者・被告人・受刑者の権利侵害や官憲による権力犯罪という戦前から弁護士が取り組んだ問題とともに、公害による市民の健康・財産被害を人権侵害ととらえた。日弁連10年史『日本弁護士沿革史』になかった視点だ。

10年後に出た『日弁連三十年』では、公害問題への取り組みを人権擁護活動と分け、第２章〈人権擁護活動〉、第３章〈産業構造のひずみへの対応〉と別々の章立てにした。「公害対策活動もまた人権擁護活動」と注記しつつ。取り上げた問題が多種多様で、１つの章に収めきれなかった。

第２章〈人権擁護活動〉に記述した刑事手続関連以外の分野は下記のとおりであり、「人権擁護活動は領域も件数も、時とともに拡がりと増加の一途をた

どっている」（同章の〈結語〉）のが一目瞭然だ。

医療に関する人権問題／プライバシー、知る権利、名誉権を含む自由・平等に関する人権問題／女性の権利を巡る問題／子どもの人権問題／原爆被害者、犯罪被害者、サラ金被害者など社会的問題としての人権問題／国際人権規約、亡命者保護、難民受け入れなど国際的かかわりをもつ人権問題

第3章〈産業構造のひずみへの対応〉で論じた公害問題も、被害の態様と、それに応じた対策が多様化した。

大気汚染／水質汚染／騒音・振動／日照阻害／原子力開発と環境保全／有害食品添加物・薬害／公害健康被害補償制度の改善／環境アセスメント

共同化と専門化へのみち

第9章で詳述した臨時司法制度調査会は課題の1つに弁護士会・弁護士の在り方を取り上げ、会議での議論に加え、全国各地を訪れて弁護士と意見を交わし、海外視察団は欧米諸国の弁護士界の実情と歴史を調査した。意見書（1964年8月）の第2編第2章〈弁護士制度〉の提言は多岐にわたり、第2節〈弁護士活動の共同化〉で法律事務所の経営形態と弁護士業務の今後に注文をつけた。

弁護士が国民生活に密着して活動するためには、職域を拡大するとともに法律分野の専門的分化に即応していかなる問題にも応じうるよう（中略）弁護士活動の共同化を推進することについて検討が加えられなければならない。

職域の拡大に関しては別途第5節で論じた。

国民の法的生活の向上に資するには、まず弁護士が紛争解決的活動のみな

第11章　現代型職業像の形成過程

らず、紛争予防的活動にまでその職域を拡大し、これを強化することが必要である。（以上、臨時司法制度調査会意見書78、87頁に載録）

「弁護士活動の共同化」は、究極の姿としては、米国で発達したローファーム式の法律事務所運営を想定したと思われる。臨時司法制度調査会のイニシアティブをとった最高裁事務総局は弁護士制度改革論議の資料とするためにローファームの調査研究を独自に進めた。総務局付の安部剛判事補による解説的論稿「アメリカのローファーム」は高度経済成長のさなかにあった日本で、ごく近い将来に、ローファーム式の弁護士業務を経済・産業界が求めるようになるとの見通しを、直接的な表現ではないが、示した。

　論稿は、まずローファームは単に複数の弁護士が働く事務所ではないと説明。「弁護士相互間で組合契約を設定し、各弁護士がその組合員となり、組合の事務として弁護士業務を行う」と記したうえで、〈ローファームはどうしてできたか〉の項で次のように述べた。

　　一言にして言えば、アメリカの社会における資本主義経済、とくに大産業と金融業の発達、国内的・国際的な取引の拡大、これに伴なう法制の複雑化、技術的諸要素の増大が弁護士業務に反映してその専門化を促し、弁護士がこの社会的需要に応え、企業との密接な結合を実現するためには、（中略）集団的に各自が専門分野をもち、互いに連携して活動するほかなくなったためと考えられる。[安部：86頁]

　戦後日本の経済産業の発展と国際化、それに対応して進行した法制の複雑化・細緻化がローファームを育てる〝水〟となり〝養分〟となったのは疑いない。現在の巨大法律事務所の創設者らが書いた『日本のローファームの誕生と発展──わが国経済の復興・成長を支えたビジネス弁護士たちの証言──』を読むと、今日の大ローファームはいずれも1960年代後半に歩み出し、そうした〝水と養分〟によって成長を遂げた、と理解できる。

変容した自己定義と帰属意識

　本章で記述する1950～1970年代に、弁護士の自己定義・帰属意識は「すっかり」というほどの変容を遂げた。これまで述べた業務の多様化、社会的機能・責任の拡張は確実にその動因となった。しかしもっと強い力で変化をもたらしたのは〝自然現象〟である世代交代だった。

　新しい司法試験・修習制度で法曹資格を得た戦後派が日弁連会員のほぼ３割に達したのは1964年。前年、修習を終えてすぐに弁護士登録した人数が300人の大台を突破し、その後四半世紀以上にわたって毎年300～400人の新人弁護士が加わる一方、戦前派は裁判官・検察官から転じてくる増加分はあっても、死亡や引退で漸次減っていく。1964年の弁護士総数は約７千人に過ぎなかったから、戦後派の比率が高まるペースは速く、1970年には過半を占めた。1981年に刊行した『日弁連三十年』の〈日弁連と会員の現状〉には「現在の時点は、戦前――明治憲法時代――の会員から、戦後――新憲法時代――の会員への移行がほぼ終了点にさしかかっている状態」とある。

　多人数の集団である限り、世代交代とそれに伴って集団内に生じる有形無形の変化は不可避の現象だが、弁護士界では新憲法・新司法制度の下に育った世代とそれ以前の世代との間で「司法制度のなかで弁護士とは何者であるのか」「自分は何者であるのか」という自己定義・帰属意識に画然とした違いがあり、世代交代のもつ影響力は格別だった。

　わが国の司法・弁護士制度の「特異性・ゆがみ」の１つとして「在朝」「在野」法曹の区別と地位格差をこれまで何度も書いた。1923年に資格試験を高等文官試験司法科に一本化した後も、法曹になるまでの養成制度は司法官（判事・検事）と弁護士で異なった。結果、「在朝」「在野」の区別は解消に向かわず、弁護士層が明治以来〝共同感情〟として抱いた司法省（法務省）・裁判所への対抗意識とか警戒心――地位格差からくるコンプレックスや被害者意識の裏返しでもあった――も薄らぐことなく生き続けた。

　戦後、根本的な変化が訪れた。

　弁護士は完全な自治権と法曹三者間の平等をかちとり、法曹養成制度は、司

171

第11章　現代型職業像の形成過程

法試験を通ってから２年間、司法研修所で同じカマの飯を食い同じカリキュラムで法律実務を修習した後に、法曹三者のいずれかを選ぶ方式になった。

新制度で育った法曹の自己定義が、「第１に自分は法律実務資格者である」となるのは当然であり、じっさい、弁護士も裁判官も検察官もキャリアを表すのに、登録年度や採用年度ではなく、修習期を用いる。ここには、「在朝法曹」と対立的に自己定義し司法（法務）省・裁判所に不信の〝共同感情〟を懐く戦前派弁護士層の感覚は、国家権力と弁護士が対峙する刑事手続の場面は別として、生じようがない。

戦後の法曹養成制度と弁護士制度は、個々の弁護士の所属会に対する帰属意識にも変化を及ぼした。

1880年の代言人規則改正からずっと、代言人・弁護士は資格を得て直ちにいずれかの弁護士会（代言人組合）に所属しなければならなかった。先述の弁護士試補制度導入後も、弁護士会で実務修習を受ける決まりだったから、資格試験合格後すぐに所属会が事実上決定した。弁護士であることと、所属弁護士会の一員であることは強固に結びついた。

新制度下で司法修習生が弁護士となるまでの経路に従って順次、自己定義・帰属意識が形成されるのならば、１番目に来るのは第何期修習の法曹であるかであり、次いで法曹三者のうち弁護士であること、最後にどの弁護士会所属なのかとなる。各弁護士会は、戦前のような、会員に対する強い求心力を保てなくなった。

第一東京弁護士会創立50年記念誌『われらの弁護士会史』（既出）は、意識調査などの数値化できる根拠に基づく分析ではないが、戦前派と戦後派の会員の考え方や行動様式を観察して、会への帰属感覚が激変したと書く。

　　戦前派会員とくらべて、戦後派会員のもつ意識の相違点、それは他の弁護士会との対抗意識が極めて希薄だということ、あるいはまったくみられないことである。（中略）戦後派会員の場合、登録時の都合でたまたま所属が違うようになった（中略）くらいのごく軽い気持でいるから、所属会が別であっても、その間に強いて区別をたてようとしない。［第一東京弁護士会：477〜478頁］

変容した自己定義と帰属意識

　単位会に代わって、戦後派弁護士の帰属心を受けとめた職能団体は、言うまでもなく日弁連である。戦前弁護士が個人で加わる全国団体は任意加入であり、しかも２団体が併存した。ところが日弁連は、弁護士法８条が加入を強制する自治団体だ。弁護士の身分証となる登録番号は、単位会ではなく、日弁連が会員に与える通し番号である。

　弁護士層の単位会への帰属意識が弱まり相対的に日弁連への帰属意識が高まっていった状況は、日弁連の組織・機構改革をめぐる歴史から看取できる。

　日弁連は発足から６年経たない1955年７月に会則改正調査委員会を設けた。役員や委員会委員の任期・員数・選任方法、理事会の構成など組織運営全般にわたり、改正・改革によって日弁連の体制と機能を強化するのが目的だった。ところが1958年12月にまとめた報告書は「事務的側面を一部改正したのみで、根本的問題については改革をなすことをえず、（同委員会は）1962年に解消するに至った」（『日弁連二十年』）。連合会強化を目指す組織改革に単位会からの反対が強かったのだ。

　日弁連が再度、体制・機能強化を目指す組織・機構改革を試みたのは1965年４月。機構改革委員会を発足して役員制度、委員会制度、調査研究態勢、部局新設を含む事務局機構まで組織全般の改革案づくりにとりかかった。

　臨時司法制度調査会（1962〜1964年）での議論を通じて、弁護士層は最高裁、法務省に比した非力をイヤというほど味わった。その敗北・屈辱感が日弁連を組織・機構改革へと衝き動かしたから、今度は成果があがった。

　機構改革委員会は1969年２月と1970年７月の２次にわたって建議をまとめ、会長の直接選挙制（1975年度から実施）、会長任期２年制（1980年度から実施）をはじめとする諸改革を実現した。

　『日弁連三十年』（既出）はこの組織・機構改革の過程で見えた、単位会と日弁連との〝力関係〟の移り変わりを次のように書いた。

　　10年に及ぶ長い機構改革論議の中で実現した会長直接選挙制であったが、この10年の間に日弁連は活動の分野を広くし、きわめて多くのことに積極的に発言し、運動を起こしていた。初期の単位会の連合体という性格の強かった日弁連から、弁護士全体の日弁連という性格に移行していたから、

第11章　現代型職業像の形成過程

　会長の選挙方法も当然の変革であった。［日本弁護士連合会1981：10頁］

　弁護士層に戦後派が占める割合をみると、機構改革委員会ができた1965年には３割を上回り、同委員会の改革案に依る会則改正をした1974年には半数を超していた。世代交代による弁護士層の自己定義と帰属意識の変容が、日弁連の体制・機能強化の背後に確かに見える。

タレント弁護士──現代型職業像の補論

　ふだんの仕事や暮らしで法曹と接触する機会のない多くの市民が頭に描く弁護士像は、テレビに出てくるあの人この人の顔つき、立ち居振る舞い、話しぶりだろう。悪徳商法被害などの消費者問題、交通事故や相隣関係といった日常にひそむ争い事、政治経済や有名人がからんで世間の耳目を集める事件・訴訟にとどまらず、社会・時事・風俗など諸々のトピックに評論を加える弁護士たちは、今や、民放各局が朝から夕方まで組んだワイドショー、ニュースバラエティーに欠かせない顔触れとなっている。

　これもまた本章のテーマである「現代型職業像の形成過程」の一局面といえるだろう。

　テレビのレギュラー出演の走りは、推理小説や一般向け法律入門書シリーズの著作で名を売った佐賀潜（本名・松下幸徳）だろう。わが国初のワイドショーである NET（現・テレビ朝日）の木島則夫モーニング・ショーの後を継いで1969年にスタートした奈良和モーニング・ショーの身の上相談コーナー「女の学校」で校長役を務めた。佐賀を起用したプロデューサーの小田久榮門は『テレビ戦争　勝組の掟』（同朋舎、2001年）に、真剣だった回答ぶりを記している。

　　検事出身の弁護士であり、作家だった人である。時々怒鳴ったりして結構怖がられていたが、そのくらいの気迫というかパワーがなければ、深刻な悩みや心身の病などを抱えた人を相手にしていくのはむずかしいだろうと思った。［小田：77～78頁］

もう１人の先駆者で参議院議員にもなったのは円山雅也。裁判官からの転身組で佐賀と同様に一般向け法律書や小説を数多書いた。知名度を一気に上げたのは日本テレビが1975年から放映した「テレビ三面記事　ウィークエンダー」の法律監修と出演によってだが、ラジオ・テレビにはもっと早くから出ていた。雑誌のインタビュー記事「タレント弁護士の実力は？」に福島瑞穂、木村晋介、大澤孝征、五十嵐二葉と並んで登場した円山はこう語った。

　　最初はラジオのパソナリティー。小説を書く変わった弁護士がいる、面白そうだから使ってみようということだったらしいですね。テレビは1965年頃ですかね、当時は身の上相談全盛期、１日に３局ぐらいを掛け持ちしてました。

記事は、円山の言葉の後、事務所経営の内情を書いた。

　　当時は法律のビジネス書が花盛り。単行本だけで月に１冊ずつ書いていたという。その他、週刊誌、日刊紙にも連載をもっていた。（中略）弁護士収入が全体の３分の１。３分の２は副業で稼いだ。とはいってもテレビの出演料などたかが知れている。（中略）印税もそれほどではないから、もっぱらの収入源は講演だった。［以上、ビジネスインテリジェンス1995年10月号：33頁］

　佐賀や円山らによる草分けの時期から少し時代が下って始まった、本業の法律問題を扱う２本の長寿テレビ・プログラムは多くの弁護士をお茶の間の顔なじみに育て、タレント弁護士の給源となった。
　NHK大阪が制作し1985年から2022年まで続いた「バラエティー生活笑百科」と、日本テレビが2002年に放映開始した「行列のできる法律相談所」（2021年10月から「行列のできる相談所」にタイトル変更）で、相隣関係や離婚、カネやモノの貸し借り、様々な賠償請求など誰でも出くわすかもしれないトラブルについて「どう解決するか」「訴えたらどうなる」を説明する番組は、法律に縁遠い視聴者にも弁護士とその仕事を身近に感じさせる力があった。

第12章
時代が求めた変革

司法制度改革「前夜」の諸相

　本章と次章はどちらも概ね1980〜1990年代、司法制度改革「前夜」の出来事を扱う。1999年に司法制度改革審議会が発足したから「前夜」なのではない。大掛かりな制度改革がなくては、司法および司法と市民・産業経済をつなぐ弁護士はもはや有効に機能し得ない——そんな情勢が見えてきた。悪く言えば旧来制度に目詰まりが起きた、良く言えば改革の機運が熟した、という意味の「前夜」である。

　前章で、1970年代までに経済が急速に成長し社会が大きく変容したのに伴い司法・弁護士の働きが必要な場面が広がり、負う責任が重くなった状況を書いた。ところが司法・弁護士を機能させる法令や制度は、ほとんどは、明治以来または新憲法施行に間に合わせるべく急普請したまま修繕・改良の手を加えていなかった。1964年の臨時司法制度調査会意見書は司法制度全般にわたる改正・改革の提言だったが、大部分が言っただけの画餅に帰した。

　時代は、新しい葡萄酒を入れるのにふさわしい新しい革袋を求めた。本章では、古い革袋の綻び破れを４つの項に分けて検証する。次章では司法制度改革審議会に直結した事象を取り上げる。両章の記述によって、司法制度改革へ進んだ道をたどる。

旧態依然の綻び——刑事手続

　最初に、旧態依然の綻びが顕わになった刑事司法の深刻な失錯を追う。４件もの死刑冤罪事件である。

　死刑囚に初めて再審の扉を開いたのは1976年10月。香川県財田村で1950年２月に発生した財田川事件（強盗殺人罪で1957年２月に死刑確定）の第２次再審

第12章　時代が求めた変革

請求で最高裁が下した判断だった。

　高松地裁丸亀支部、高松高裁の請求棄却を覆し、審理を同支部に差し戻す決定で、最高裁は「確定判決が挙示する証拠だけでは申立人を強盗殺人罪の犯人と断定することは早計に失する」と述べ、再審を開始し無罪とする方向を明示した。1981年３月、再審開始が決まり、1984年３月に無罪判決が出る。

　その８カ月前、1983年７月に免田事件（1948年12月に熊本県人吉市で発生した一家４人殺傷の強盗殺人被告事件。1952年１月に死刑確定）の再審で熊本地裁八代支部が無罪判決を言い渡した。財田川事件に先立ち死刑囚が再審で救い出された最初の例である。

　判決理由で注目すべきは、原審で取り調べ済みだった証拠によって、免田栄死刑囚のアリバイ成立を認めた点だ。

　財田川事件も免田事件も原審が的確・公正に証拠をみていれば冤罪を防げたと裁判所が自認したわけで、弁護士界や識者の多くが憂慮した刑事裁判の形骸化が現実に浮かびあがった。

　死刑囚の再審無罪はさらに２件続く。

・松山事件
　1955年10月に宮城県松山町で一家４人が犠牲になった放火殺人被告事件。1960年11月に死刑確定。1983年１月、再審開始が決まる。1984年７月に仙台地裁の再審無罪判決が確定した。
・島田事件
　1954年３月に静岡県島田市で６歳女児が被害に遭った強姦致傷・殺人被告事件。1960年12月に死刑確定。1987年３月、再審開始が決まる。静岡地裁が1989年１月に言い渡した判決で無罪が確定する。

　死刑誤判が５年半の間に４件も明らかになる事態を顧みて『日弁連四十年』はこう記した。

　　雪冤という貴重な成果をもたらした快挙ではあるが、誤判の追及により、刑事訴訟の制度面、運用面における数多くの病根を一層鮮明にした。捜査、裁判における自白の偏重、虚偽自白の温床である代用監獄の存在とその機

178

能、接見交通権の制限、証拠資料の不開示等々。[日本弁護士連合会
1992：7頁]

この「数多くの病根」を摘除、治癒しようとする弁護士層の行動は1990年4
月の日弁連刑事弁護センターの発足につながり、各単位会の刑事弁護センター
や刑事弁護委員会設置、さらには同年9月に大分県で、12月に福岡県でそれぞ
れ始まった当番弁護士派遣の試みへと短期間のうちに広がった。
　日弁連刑事弁護センターが組織設置の経緯と活動目標を説明した論稿「当番
弁護士制度の現状と課題」を引用する。

　(1989年9月に松江市で開いた日弁連人権シンポジウムでは) 刑事裁判を
　形骸化させてきた裁判所、検察庁、警察の責任を厳しく批判する一方、弁
　護人側にも、刑事裁判離れや実質的弁護を十全に果たしてこなかったなど
　の反省すべき点があることを共通の認識とし、刑事裁判の活性化のために
　は、何よりも刑事弁護の充実強化をはかることが必要であることが確認さ
　れた。(中略) これが1990年4月に、「日弁連刑事弁護センター」が設立さ
　れた大きな契機であった。

　「刑事弁護センター」は、刑事司法改革の実現に向けてのアクションプロ
　グラムの策定を急ぐとともに (中略) 近い将来に被疑者国選弁護制度の実
　現と代用監獄の廃止等を目指している。[以上、日弁連刑事弁護センター
　調査班：12、13頁]

20世紀の末期に発生したオウム真理教事件も、刑事司法改革につながった側
面をもつ。
　教祖・麻原彰晃 (松本智津夫) が首謀し多数の信者が手を下した数々の犯罪
は、凶悪な犯行態様と異常奇怪な動機で社会に衝撃を与えた。人々は、サリン
を使った無差別殺傷事件の非道、坂本堤弁護士一家殺害・遺体遺棄事件の冷酷、
教団内リンチ殺人の凄惨を見て、事件被告人たちに憎悪と嫌悪を募らせた。
　間違いなく弁護人は、「なぜ極悪人をかばうのか」「被害者の無念が分からな

第12章　時代が求めた変革

いのか」と罵声を浴びるとみて、日弁連は1995年6月に「弁護人の必要性と役割について、国民の皆さんの一層の理解を求める」会長声明を出した。

> 弁護士、弁護士会は、いかなる事件であっても、また、いかなる思想、信条をもつ被告人に対しても、法に従って、その職責を果たさなければなりません。社会の安全を脅かす者に対しても、法に従い適正かつ厳正な手続きの下に対処するのが民主主義社会のルールであり、そのルールこそが、法秩序を維持し、国民、市民を護る最善の方法であると信じます。

刑事弁護の意義を弁護士・弁護士会自身が再確認し国民に説かざるを得なかった前代未聞の重大事件は、実際に弁護活動の段階になると、新憲法に間に合わせた刑事訴訟法施行から半世紀の間ほとんど手つかずできた刑事手続の欠陥のいくつかを浮き上がらせた。

1つは刑事弁護態勢である。このころには全国的に普及していた当番弁護士制度は、法定の被疑者国選弁護制度ではないため、弁護士の使命感と弁護士会の資金頼りのいわばボランティア活動の限界をみせ、また法定の被告人国選弁護制度も脆弱性を曝け出した。そもそも弁護士の数が足りないのではないかという疑念も生じた。

一連の事件で警察が検察に送致したオウム教団信者は延べ744人（実人員456人）にのぼり、延べ351人（同179人）を公判に付した。多くが東京地裁に係属したので、在京3弁護士会は常設の三会刑事弁護委員会の中に特別部会を設け、連携してオウム真理教、マスコミ、裁判所、検察庁などとの交渉に当たった。

弁護人抜き裁判法案を廃案にする代わりに日弁連・最高裁・法務省の三者で国選弁護人の選任について合意文書を取り交わした経緯を第10章の〈路線を転じた日弁連〉の項に書いた。合意事項に「特別案件」対応がある。「通常の推薦手続が困難または相当でない事件」には、弁護士会は「裁判所から国選弁護人の推薦依頼を受けたときは速やかに推薦する」義務を負い、そのための受任候補者名簿を予め調製した。

オウム関連事件は特別案件にあたるのだが、三者合意で想定した新左翼活動家による公安事件の弁護活動とは異なる難しさがあるため、別途、受任候補者

名簿のつくり直しを余儀なくされた弁護士会もあった。

刑事手続のもう１つの欠陥「長すぎる裁判」も、教祖・松本智津夫被告の一審で顕になった。起訴事件が17件、しかも地下鉄サリン事件だけでも１万点を超す大量の証拠を調べなければならず、加えて公判の途中で被告人と弁護団が意思疎通できなくなる状態に陥り、初公判から2004年２月の判決まで７年10カ月、足かけ９年を要した。

判決の２カ月後、司法制度改革関連法案である裁判員法案と刑事訴訟法等一部改正法案（第15章で詳述する）を審議する衆議院法務委員会で、長すぎる裁判をヤリ玉にあげた自民党委員の質問に法務大臣はこう答弁した。

> 今回の刑事訴訟法の改正により、刑事裁判の充実、迅速化を図る方策として、十分な争点整理を行い、明確な審理計画を立てるため公判前整理手続の創設及び証拠開示の拡充の措置を講じている。さらに、連日的開廷の原則の法定化などの制度的手当てを講じている。（第159回国会衆議院法務委員会議録第10号に載録）

オウム真理教事件裁判もまた、政府・自民党を司法制度改革へと向かわせる動機の１つであったと推測させる質疑応答だ。

旧態依然の綻び──試金石となった刑法改正論議

終戦直後の法制改革は、古くは明治から続く諸法令のうち新憲法に整合しない部分を取り壊し、開いた穴をとりあえず塞いだようなものにとどめざるを得なかった。

典型が1907年制定の刑法である。

憲法改正に合わせた新法・改正法の法案要綱を策定した臨時法制調査会（第８章の〈急ごしらえを強いられた新しい司法〉の項を参照）は刑法について16項目の改廃を答申した。

これに基づく刑法改正法案は新憲法施行後の第１回国会に提出した。衆議院司法委員会（1947年７月28日）での趣旨説明で司法次官は「今回の改正は日本

第12章　時代が求めた変革

国憲法施行に伴い、当面必要なる最小限度に止めたものであって、その全面的
再検討は、今後の刑法改正事業に譲ることを御了承願いたい」と付け足した。

「全面的再検討」は1956年10月に法務省が省内に刑法改正準備会を設置して
始まった。準備会は1961年10月に改正刑法準備草案・確定稿を公表。これを原
案とした改正刑法草案を法制審刑事法特別部会で決定（1971年11月）し、法制
審議会がほぼそのまま1974年５月に法務大臣に答申した。

答申議決の際、法制審委員のうち日弁連の４人と憲法学者宮沢俊義が反対し
た。『日弁連三十年』第６章第２節の〈審議経過への批判〉の項を要約して日
弁連の考えを書く。

　　準備会・法制審特別部会・法制審本会の委員構成は官僚が圧倒的多数を占
　　め、民意を反映しない不公正な審議が非民主的に進められた。改正草案の
　　根底には、明治憲法下の国家主義的イデオロギーと強い治安立法的性格を
　　もつ1940年の改正刑法仮案のイデオロギーと性格が継承されている。

日弁連は1974年３月に刑法「改正」阻止実行委員会を設けた。改正をカッコ
に入れたのは、これは改正ではない改悪だ、との意をこめてである。ただし草
案の全てを葬り去ろうとしたわけではなかった。条文の表記を現代文に改める
ことと、尊属殺・尊属傷害致死の削除を含む処罰軽減には賛成した。

尊属殺について注記すると、最高裁は1973年４月、尊属加重規定自体を違憲
とせず尊属殺の刑が殺人と比べて著しく重い点をとらえて刑法200条を違憲無
効とする判例変更の判決を下したが、国会は条文削除の改正をしなかった。尊
属傷害致死（刑法205条２項）は従前の合憲判断を維持する小法廷判決が1974
年９月にも出た。

時代を飛ばして、問題の決着を先に書こう。

1995年３月、村山富市内閣（社会党・自民党・新党さきがけの３党連立）は、
条文を現代文に換え、内容を２点だけ改めた刑法改正案を国会に提出した。

内容に及ぶ改正の１点は瘖唖（いんあ＝聾唖）者を責任無能力・限定責任能
力者とみなし刑を減免する40条の削除。もう１点は尊属加重規定の廃止。尊属
殺・尊属傷害致死だけでなく尊属遺棄（218条２項）、尊属逮捕監禁（220条２

項）もすべて削除した。

　長年揉めに揉めた刑法改正は、かくして法務省が折れた格好で、日弁連が望んだ現代語化と尊属加重規定廃止にとどまった。

　以上の記述で端折った刑法改正をめぐる、1974年から1995年までの長年月の動きをたどると、そこに司法制度改革へ向かう道筋——法曹三者間の議論と相互妥協によって制度改変を実現する方式に到達する経路——がみえてくる。

　1974年からと言っても、実際には1980年からである。弁護人抜き裁判法案を廃案にする法曹三者合意（第10章の〈路線を転じた日弁連〉の項を参照）が成立する1979年までは、日弁連と法務省の間で燃えさかった火にガソリンをぶちまけるような刑法改正など手をつけられなかった。

　1980年、法務省が刑法改正問題に関する協議を持ち掛けてきた。日弁連は意見交換会として協議に応じる方針を９月に理事会決定した。法曹三者協議を受け入れたときと同様、強硬な反対があり、話し合いに入ってはならないとする会員の署名が1200人分集まった。執行部は会内議論に時間を費やし、初の意見交換会が実現したのは1981年７月だった。

　その間、法務省が辛抱強く待ったのには訳がある。司法制度関連の法改正は、法案を国会上程する前に法曹三者間で協議・合意を図るよう立法府から注文がついていたのだ。

　経緯を説明しよう。

　1970年５月。臨時司法制度調査会意見書に拠って簡易裁判所の事物管轄を拡張する裁判所法改正案を巡り、参議院法務委員会は日弁連が意見書全体にも簡裁の事物管轄拡張にも反対（第９章の〈割れた受けとめ〉の項を参照）であるのに配慮し、法案可決に際して与野党共同提案による附帯決議をした。

　　今後、司法制度の改正にあたっては、法曹三者の意見を一致させて実施するように努めなければならない。（第63回国会参議院法務委員会会議録第16号に載録）

　翌1971年の国会で、やはり臨司意見書に盛り込んだ民事裁判手続合理化のための民事訴訟法改正法が成立した際、両院の法務委員会が同主旨の附帯決議を

採択した。

附帯決議に応えて、最高裁は1971年6月に三者協議の開催を初めて呼びかけ（第10章の〈路線を転じた日弁連〉の項を参照）、法務省は刑法改正問題で日弁連に協議を求めたのだった。

意見交換会に話を戻すと、1981年12月の第4回会合で法務省は「刑法改正作業の当面の方針」を提示した。主旨は「賛否の対立の著しいものは原則として現行刑法のとおりとする」で、現行刑法を超える重罰化を全部撤回した。その後、19回の会合を重ねた末に、1984年6月に休会となった。『日弁連五十年史』（既出）の評価では「実質は、草案に基づく全面改正の見送り」だった。

刑法改正問題を弁護士史に位置づけるならば、日弁連の路線転換が後戻りしないかを確かめる試金石だったと言える。法曹を「在野」「在朝」に区別し互いに不信を募らせる構図はほぼ消え去り、厳しい意見対立はあっても議論・協議によって問題の解決を見出そうとする姿勢が定まってきたのである。

日弁連としては、ひたすら自分たちの主張を唱えるだけでは済まなくなり、議論・協議のため法理論や説得・交渉技術を磨き、さらには広く社会の理解を得る広報活動に取り組む必要に迫られるわけで、組織力、行動力を高める効果もあった。

そのような姿勢の変化と組織の力量の向上がなければ司法制度改革は実現しなかった。

旧態依然の綻び──監獄法

「時代遅れ」を通り越し前代の遺物と化したのに、20世紀末にも生きていた法律、それが監獄法だった。

刑法とともに1908年に公布した条文の古色蒼然たる文体・用語も早く改めなければならなかったが、19世紀の行刑思想に依拠した法律の内容が問題の本質だった。実質的な改正が1度もなく、憲法の人権尊重などの諸原則と相容れない規定は各条項をつぶさに検討するまでもなく目についた。

法務省（司法省）自身が、行刑政策を時代に適合させる必要を遥か昔から認めていた。1922年、司法省に「行刑に関する法制並びに施設につき根本的改革

を為す」目的で行刑制度調査委員会を置き、答申に基づいて法案2本を策定した。議会提出に至らず、「監獄」を「刑務所」に、「遇囚」を「処遇」にするなど部内で用語を一部改めるだけに終わった。

1933年10月には、監獄法を改正しないまま、刑務所の運営、受刑者の処遇を抜本的に改める、全11章91カ条からなる大部の司法省令を施行した。1条に「本令は受刑者の改悛を促し其の発奮努力の程度に従ひて処遇を緩和し受刑者をして漸次社会生活に適応せしむるを以て其の目的とす」と受刑者の更生・社会復帰の理念（監獄法には全くない）を掲げた。

戦後、新しい憲法ができても監獄法は改めず、省令や通達で用語や受刑者の処遇を改善するにとどまった。

ようやく1967年に法務省は省内に監獄法改正準備室を新設したが、法制審議会監獄法改正部会を設けたのは1976年3月。その答申は1980年11月だった。

弁護士会側の対応について『日弁連五十年史』は「日弁連は創設以来、被拘禁者の処遇改善と法制度の改革を求めてきた」とする。

1951年4月の人権擁護委員会総会で、監獄法を廃止し拘置所法と刑務所法に作り直すよう求める決議をしてから、人権擁護大会や定期総会で同趣の決議を繰り返し、1975年9月には、監獄法全面改正案として刑事拘禁法要綱を発表した。

『日弁連五十年史』によれば、上述の法制審議会監獄法改正部会の設置は「日弁連のこれらの活動に促された」結果だった。1977年9月には同部会の弁護士委員・幹事をバックアップするために代用監獄廃止実行委員会（1978年9月に監獄法改正問題対策委員会に改称）を設置した。

後述する経緯で政府が監獄法を全部改正する刑事施設法案・警察拘禁施設法案（留置施設法案）の2法案を閣議決定した後、この委員会は、1982年6月に新設した拘禁二法案対策本部に吸収される。

1980年11月に法制審が答申した「監獄法改正の骨子となる要綱」に弁護士会側は強く反発した。1990年に上記の拘禁二法案対策本部が編集発行した『拘禁二法案をめぐる八年――拘禁二法反対運動小史――』は日弁連の受け止めをこう記す。

第12章　時代が求めた変革

改正の目標は当局の説明によると（中略）国連の「被拘禁者処遇最低基準」ほか先進諸国のレベルに伍すこと、被拘禁者の権利義務を法定することである。しかし「要綱」は行刑の現状を追認するにとどまり、目標の1つも達成しなかった。代用監獄が存続することとされたのは羊頭狗肉の最たるものだ。［日弁連拘禁二法対策本部：14〜15頁］

　そんな「要綱」をもとに策定する法案は一体どれほど期待水準から後退するのだろうか、と不安を抱く弁護士側に、意表を突く一撃が加わった。
　1982年1月22日、『朝日新聞』朝刊に「留置者の処遇 法律に」「警察庁 今国会提出の方針」と伝える記事が載った。警察庁が、留置場（代用監獄）について規定する警察拘禁施設法案（仮称）を独自につくり、監獄法改正法案と一緒に国会提出する方針をこの日の閣議に報告する、すでに法務省と警察庁は両法案の条文の調整協議を始めたというのだ。
　記事の大きさからみると、朝日新聞はそれほどのニュース価値を見出さなかったようだが、寝耳に水の弁護士側には跳び上がるほどの衝撃だった。

　代用監獄の当時の法制上の位置づけを説明すると、監獄法で拘置所を監獄の一種と定義したうえで「警察官署に付属する留置場は之を監獄に代用することを得」と定めるだけで、警察に留置場を設置する根拠法はなかった。施設管理者の権限・義務を定めた法律もなく、被収容者の扱い、留置場の管理は刑事訴訟法や国家公安委員会規則などに拠った。
　行刑制度ができてから1900年まで監獄と警察を併せて管轄した内務省が警察留置場を便宜的に監獄としても使ったのが、代用監獄の始まりで、監獄の管轄権が司法省に移った後も変わらず続いた運用実態を監獄法で追認し法制上、永らえた。取調べの利便を考える警察の存続要求と、収容施設を増設する困難からこの明治の遺制は21世紀が四半世紀を経ても廃止できずにいる。

　さて、代用監獄を恒久化する法案への対応である。
　警察庁にヤブから棒を突き出された日弁連は急遽「警察拘禁施設法案（仮称）の国会提出を阻止する。提出されても廃案に追い込む」方針を決めた。監

獄法を置き換える刑事施設法案は「代用監獄関係の規定を警察拘禁施設法案から取り戻したうえ大幅修正」を求めた。

目標達成には、国会議員への働きかけと説得が必須である。運動の前面に立った日弁連監獄法改正問題対策委員会国会対策小委員長渡辺洋一郎は前年7月に就任したばかりだった。『拘禁二法案をめぐる八年』（既出）所載の「両法案上程前夜と国会対策」で当時のアタフタぶりを振り返った。

> 日弁連事務総長を始め4、5人位で警察庁の担当者に説明を求めた。警察庁担当者の態度は大変頑なで、自分達が管理運営している施設に自前の法律を持つのは当然という話で、（中略）対話ではどうにもならない（中略）国会議員に理解を求めて国会サイドから働きかけて貰うしかないと決意した。[渡辺1990：37頁]

このころの日弁連の国会対策は野党議員や各政党の政策担当組織に意見書・要望書を送りつけるぐらいで、国会対策小委員長でありながら「議員会館がどこにあるのかも知らなかった」渡辺には、実際にどう動いたらいいか見当がつかない。思いあぐねて自分の所属会の先輩である自民党長老議員を訪ね、いちから教えを乞うた。省庁がつくる原案が内閣提出の法案となり委員会審議を経て法律として成立するまでの流れ、そのどのタイミングで誰にどう働きかけるのが効果的なのか、要するに、自己満足に終わらない、実があがる国会対策を伝授してもらった。

日弁連・弁護士会は事あるごとに政府・自民党に角を振り立ててきたから、「日弁連が反対する法案なら良い法案ではないか」と議員にからかわれたりしながらも、俄仕立ての活動は功を奏した。弁護士会側の〝逆根回し〟は、知らないうちに、法務省・警察庁の先手をとっていたのだ。「当時法務副部会長だった弁護士出身の3人の先生は、このままの法案では国会を通す訳には行かないと言ってくれた」という。

刑事施設法案と、警察拘禁施設法案から題名を改めた留置施設法案の国会提出はひどく慌ただしかった。法案原案が自民党政務調査会に届いたのは法務部会を開く当日か前日かだった。政調会本会で審議のうえ了承したのが1982年4

第12章　時代が求めた変革

月22日、翌日自民党の意思決定機関・総務会が承認、週末をはさんで４月27日に閣議決定、翌日、内閣が上程した。

日弁連は閣議決定当日に会長声明を出し、留置施設法案の廃案と、刑事施設法案の抜本修正を求め、これを５月の定期総会で決議採択。翌月、拘禁二法案対策本部を設置し、各弁護士会に地方本部を置くよう求めた。

国会対策は、舞台を自民党政調会から衆参両院の法務委員会と地方行政委員会（留置施設法案を審議）にかえて続いた。1982年７月、日弁連が組織した「全国統一国会要請行動」では300人以上の弁護士が一斉に与野党国会議員に陳情に回った。

1982・1983年度の日弁連事務総長樋口俊二が『拘禁二法案をめぐる八年』に書いた文章を引くと、

> 執行部は、与野党の本部を訪問して党の首長や政策責任者との会合を重ね、特に自民党については、党の機関はもとより、各派閥の実力者まで、しらみつぶしに説得を重ねた。国会方面では、「日弁連の絨緞爆撃」と評するものがあった。［樋口：73頁］

拘禁二法案は趣旨説明もできないまま、４度も継続審議になった末に廃案になった。

法案の内容自体もさることながら、弁護士会側の、それまでにない猛烈な国会対策とりわけ自民党議員への働きかけが効果を上げたのは間違いない。前出の渡辺洋一郎は2018年に書いたエッセイ「日本中の弁護士会が燃えたあの拘禁二法案運動の足跡」の結語として「この運動で私が学習したこと」を記した。

> 与党の議員の方々と継続的に懇談する機会を持つことが大切であるということ。（中略）立法問題の解決には、与党議員との信頼関係を築いていくことが何より重要だということ。［渡辺2018：７頁］

これはそのまま日弁連がこの問題で得た運動論上の教訓であろう。司法制度改革とその後に続く法制化の場面で生かされたとみてよい。

旧態依然の綻び——民事裁判

　最後に、拘禁二法案が廃案になってから現行の刑事収容施設法が成立するまでを略述する。

　日弁連は法務省と1983年2月から意見交換会で法案作り直しの協議を始め、1984年12月からは警察庁とも意見交換の場を設けた。その結果を踏まえ若干の修正を施した新しい2法案を国会に提出。翌年5月の国会で趣旨説明をしたが審議未了で廃案になった。

　2002年から翌年にかけ名古屋刑務所刑務官による複数の暴行陵虐致死傷事件が発覚して事態は急転した。

　法務省に設置した行刑改革会議が「可及的速やか」な監獄法改正を提言し、急ぎ策定した「刑事施設及び受刑者の処遇等に関する法律」（刑事施設法）が2005年5月に成立した。ただ代用監獄の扱いは意見をまとめきれなかったため、監獄法の題名を「刑事施設ニ於ケル刑事被告人ノ収容等ニ関スル法律」に改めて、とりあえず関係規定を存置した。

　2006年6月、留置施設に関する規定を取り込んだうえで題名を「刑事収容施設及び被収容者等の処遇に関する法律」に改める改正法が成立。監獄法は98年ぶりに完全廃止となった。

旧態依然の綻び——民事裁判

　1996年4月17日、衆議院法務委員会で新民事訴訟法案の審議が始まった。法務大臣の趣旨説明は、

　　　現行の民訴法は1890年に制定されたものであり、民事訴訟手続に関する部分については1926年に全面的に改正されたが、その後は全般にわたる見直しがされたことはない。
　　　また、裁判に時間と費用がかかる、訴訟手続が当事者にわかりにくいものとなっている等の問題点が指摘されている。
　　　民事訴訟法案は、民事訴訟を国民に利用しやすく、わかりやすいものとし、訴訟手続を現在の社会の要請にかなった適切なものとするよう改善を図るものである。（第136回国会衆議院法務委員会議録第7号に載録）

第12章　時代が求めた変革

注釈をつけると、1926年改正の対象外だった民訴法第6編〈強制執行〉は下記の手順で新民訴法に先行して改編・改正した。

・1979年3月、第4章〈仮差押及ビ仮処分〉を除く第6編と競売法（1898年制定）を統合して民事執行法を制定。
・1989年12月、第4章（上記の改編後は「第6編 仮差押及ビ仮処分」になった）と民事執行法第3章〈仮差押及び仮処分の執行〉を統合して民事保全法を制定。

趣旨説明であげた民事裁判の問題点のなかで最も深刻だったのは、当事者にとって裁判に時間が（したがって費用も）かかりすぎる、その見通しすら容易につかない不満・不安だ。

裁判の遅延は、民事刑事を問わず、わが国司法制度の痼疾だ。第9章に詳述した臨時司法制度調査会（1962〜1964年）も、審議課題の1つに、裁判に時間がかかり過ぎる状況の打破を据えた。

最高裁は、臨司意見書に拠って下級審の裁判官に審理促進を督励し、さまざまな手段で事件処理の効率化を働きかけたが、裁判遅延は容易に解消するものではなかった。

ここで第9章の〈割れた受けとめ——絶対拒否と是々非々と〉の項を読み直そう。臨司意見書に対する弁護士界の意見は二分し、「訴訟迅速化の要請」について絶対拒否のA説は「反動的司法官僚による形式的能率主義」と一蹴し、是々非々のB説は「訴訟遅延は明白であり、裁判が適正・説得性・迅速性・低廉性を重視する以上、遅延の是正は必要である」と主張した。

日弁連・弁護士層の多数がA説に固執したままだったならば、「迅速・効率と適正・丁寧は二律背反の関係にある」とのドグマにとらわれ、訴訟迅速化を言う裁判所との睨み合いは膠着するところだった。ところが実際には、裁判所と弁護士側が協働して裁判遅延解消を目指し新しい民事訴訟法をつくる方向に向かった。その経過をたどる。

1985年12月、最高裁は民事事件担当裁判官協議会を催し、訴訟の促進・遅延防止のためにどう審理手続を改めれば良いのか、実務慣行の見直しに意見を出し合った。

協議会の議論を持ち帰った裁判官が中心になって東京・大阪両地裁で「訴訟手続の流れの中で工夫、改善を要すると考えられる点」を整理、集約した文書をそれぞれに作成。1987年4月に「民事訴訟の審理を充実させるための東京（大阪）地方裁判所の方策案」と題した文書を公表した。従来裁判所が力点を置いた「促進」の代わりに、弁護士側が求めてきた「充実」を標題に入れたのがミソだ。

いっぽう日弁連は1986年9月に開催した司法シンポジウムの題目に「国民の裁判を受ける権利──民事裁判の現状と課題──」を掲げ、裁判遅延が市民の裁判忌避をもたらし、ひいては憲法が保障する裁判を受ける権利を危うくするとの危機感を表明した。

『日弁連六十年』によると、この時期、東京の3弁護士会や大阪弁護士会などが民事裁判の運用改善を提言し、1988年から1991年にかけて各地でシンポジウムを開催した。

1988年8月1‐15日号の『ジュリスト』は座談会録「訴訟促進・審理の充実問題の展開方向」を掲載した。3人の学者と東京地裁判事、この年3月に「新民事訴訟手続試案（迅速訴訟手続要領）」を所属弁護士会でまとめた岡村勲（1987年度第一東京弁護士会会長）が「東京・大阪両地裁の方策案と一弁の試案を手掛りとして、新しい審理モデルの在り方、現在の新しい改革の動きの評価、あるいは今後の展望などにつき」（司会の言葉）語り合った。

学者3人の発言をみよう。

・小島武司中央大学教授
　　裁判所のほうは促進を常々力説していたが、弁護士会のほうは、意見が割れていて、促進が弁護士にとって重要な課題である、という受け止め方はむしろ傍流だったのではないか。今度、弁護士会から相当思い切った包括的な提案が出てきたという事実は、1つ新しい時代を画するもので、法曹の考え方のターニングポイントをなすのではないか。
・高橋宏志東京大学教授
　　訴訟促進は戦後だけを見ても何度も提案があった。今回の特色は、裁判所サイドだけでなく、弁護士会からも促進案が提出されたところにある。しかも、裁判所は、従来は、訴訟の促進を言っていたのに今回は審理の充実を言い、弁護

第12章　時代が求めた変革

士は、従来は適正な裁判を言っていたのに今回は促進を正面に掲げている。いままでの裁判所・弁護士会それぞれの流れがクロスしたことに今回の意味がある。

・竹下守夫一橋大学教授（司会）
本日の話を聞いて、これまで何回か試みながら挫折を繰り返してきた訴訟の促進、審理の充実問題が、今度こそ実りのある方向に発展すると期待できるように思った。大変心強い。

竹下の期待に違わず、座談会から２年後の1990年７月、法務大臣の諮問を受け法制審議会民事訴訟法部会が訴訟手続を「国民に利用しやすく、分かりやすくするよう」全面的に見直す審議を始めた。

日弁連は審議開始に先立ち、６月に「民事裁判のありかたにつき多面的、早急かつ全会的に取り組む」方針を決め、民訴法改正委員会を設置するとともに法制審部会の弁護士委員・幹事の増員を法務省に求めた。

同年末から翌年にかけ各地の地方裁判所が東京・大阪両地裁の「方策案」をモデルにして訴訟慣行の見直しを一方的に始めたため最高裁に抗議を申し入れる一幕があったが、日弁連は、訴訟促進を図る法制審の審議について「市民の納得を得られる適正さを確保し、事件の『省力的・効率的』処理を目的としない」との条件をつけただけで消極的・否定的な態度はとらなかった。「訴訟迅速化の要請」を「反動的司法官僚による形式的能率主義」と拒絶するＡ説の立場を捨てたのである。

1985年度京都弁護士会会長だった坂元和夫が「民事手続をどう変えるか、変えられるか」で訴えた切迫した感覚を弁護士の多くが共有する、と日弁連執行部が理解したからだろう。

科学技術の進歩と経済の発展により社会全体のテンポが速くなった現代においては、司法の世界だけ別の時計を持つことが許されなくなった。また、国際化の波が押し寄せる中で、迅速な裁判を実現している諸外国との比較が避けられなくなり、批判が内外から湧きおこってくることも当然と言える。[坂元：42頁]

1996年6月に成立し、1998年1月から施行した改正民訴法は、以上の経過で生まれた。内容には様々な見方があろうが、裁判所・法務省・弁護士会が共同歩調をとって重要な法改正を遂げた実績が、司法制度改革に通じる道の里程標であるのは誰も否定しないだろう。

旧態依然の綻び——弁護士の数と機能

本章が扱う時代区分から10年ほどさかのぼる1971年2月、札幌地裁は弁護士法72条違反に問われた行政書士の被告人に一部無罪の判決を言い渡した。被告人は会費によって運営する共済組織をつくり自動車事故による損害賠償の示談や自賠責保険の保険金請求などを代行した。弁護士を顧問に据えてはいたが、多くの場合、自分で法律事務をしており、検察は、約2年の間の39件の行為が72条に触れるとして起訴した。

判決は、11件で罪の成立を認めなかった。それだけでも弁護士界には十分にショックだが、まるで論文のように多数の註記を付けた判決文（判例タイムズ260号145～156頁）は日弁連や主導的立場の弁護士たちが青ざめる〝告発文〟の態をなした。

一部無罪としたのは72条にいう「その他一般の法律事件」の範囲を限定的にとらえる解釈に拠った。

> 紛争の実体、態様などに照らして、一般人がこれに当面しても、通常、弁護士に依頼して処理することを考えないような簡易で少額の法律事件は、同規定にいう訴訟事件その他一般の法律事件に含まれないと解すべきである。

弁護士の職務独占権を狭める解釈に至ったのは「一般社会における法律事件、法律事務の激増と我が国弁護士制度の実情を考慮」したからだ、と判決は述べた。

> 我が国の弁護士人口は著しく不足している。（中略）一般市民の日常生活

第12章　時代が求めた変革

から生ずる簡易で少額な法律事件は弁護士の通常の業務範囲から殆んど全面的に疎外されているといっても過言でない。

簡易、少額な法律事件、法律事務についてまで、弁護士でなければ一切報酬をうる目的をもってしては取り扱い得ないとすることは、社会的衡平の見地から到底許されないであろう。それは特定の職業階層に対し、与えられるべき以上の独占的な営業範域を与えるとともに国民一般に対し必要以上の不便、不自由を与えるにすぎないと思われるからである。

判決は国と日弁連に注文をつけてもいた。

国家と法曹団体に要求される共通の課題は、弁護士人口の可及的速やかな増加、国民一般に対しより低廉、迅速、確実な法律的サービスを提供するという目的実現のため現状の弁護士制度に内在する欠陥の絶えざる改革への努力である。

これまで何度も書いたとおり、わが国の司法・弁護士制度は明治期に、「形」のみを大急ぎで輸入・移植したゆえに欧米諸国にない「特異性・ゆがみ」を帯びた。弁護士数の少なさは、そのひとつであった。ただでさえ少ない民間の法実務家層をさらに大幅に縮小したのが、旧弁護士法と一緒に1936年に施行した「法律事務取扱の取締に関する法律」による非弁活動の法禁だ。司法省の反対を弁護士側が押し切った同法（第6章の〈「三百」再考　跳梁跋扈なのか求められたのか〉の項を参照）によって、当時、弁護士を圧倒する人数がいたと推定される、民衆密着の非弁業者の法律事務取扱がすべて違法行為となった。

弁護士法72条はこの取締法を移行した規定だから、札幌地裁判決は、意図してはいないだろうが、弁護士層の歴史的な責任をも問う格好になった。

判決は控訴審が「立法論と解釈論の混同」などとして破棄した。しかしちょうどこの時期、交通事故の法的処理をめぐって、弁護士層は72条をふりかざしながら業務を独占するに足る人員と対応能力を欠く実情を露呈する不面目を重ねた（第11章の〈中産層が産む法的需要〉の項を参照）。裁判所とは別の方面、

法的サービスの需要側からも、弁護士層は法律事務独占の正当性に疑問を突き付けられた。

　指導的立場にある弁護士のみならず、業務のあり方や社会的責任に心を用いる弁護士たちは自省し、職域の防衛より「職域の拡充・開発。弁護士の社会的機能の再発見」へと発想を転換するようになる。その表われとして、日弁連は1978年２月、非弁活動取締目的の組織を発展解消し職域の拡充を任務とする弁護士業務対策委員会に衣替えした。この委員会発足がもつ意義は次章の〈日弁連、３度の宣言〉の項で改めて書く。

　宮川光治弁護士（のち最高裁判事）は論稿「あすの弁護士——その理念・人口・養成のシステム——」で「今後10年から20年ぐらいの間（20世紀末から21世紀初頭にあたる＝引用者注）におけるわが国の弁護士層のあるべき像を、３つの点にしぼり提示」し第２点目を〈弁護士人口増加の方向〉とした。そこに記した〈増員反対論への批判〉を摘要すると、

　　わが国の社会では、強固な行政権力や産業と市民の間に、利害状況の対立が複雑多岐にあり、市民（生活者）の立場に立つと、不正義、不公平、権利侵害が非常に広範囲に、深く存在する。（中略）弁護士の職業の未来は、民主主義と国民の自由、人権の進展のうちにしかないのであり、その経済的基盤もそのなかで確立していくものであるという視点が欠落した増員反対論であると思う。［宮川：22頁］

　弁護士層の質・量両面の拡充を主要課題の１つにした司法制度改革審議会につながる「あるべき像」論といえる。

第13章
司法制度改革審議会への道

先駆けは司法試験の門戸拡大

　本章では、司法制度改革の露払いとなった司法界、政界、経済界の動きを検証し、審議会設置法成立までを書く。

　最初に司法試験・法曹養成制度改革の顛末を記す。1987年4月、司法試験を所管する法務省が狭き門を拡げるために大臣の私的諮問機関として法曹基本問題懇談会を設けた。これが始点である。

　当時の司法試験は毎年25000人前後が受験し500人ほどしか合格しない超難関だった。合格者の平均受験回数は6回。とすると司法修習を終えるときには30歳前後になっている。

　そんな年齢の平均的な法曹の卵にとって、検察官の職は魅力が薄く、なり手は少なかった。定年（裁判官よりも早い）があるうえに、司法修習期基準の年功序列で出来上っている指揮決裁系統下での仕事が嫌われたのだ。任官志望者を増やすために、司法試験合格者の増員と平均年齢引き下げが、法務省の喫緊の課題だった。従って法曹基本問題懇談会の議論は合格枠の拡大と、受験回数制限（合格者の平均年齢を引き下げる効果がある）の当否と方法に集中した。

　法曹三者、司法研修所の元トップたちのほか学者（法学、経済学、社会学、工学）と経済人で構成した同懇談会は1988年3月に意見書を法務大臣に提出した。

　まず司法試験の門戸を拡げる必要性について「社会の急速な進展に伴って生じる社会的要請に法曹の対応は立ち後れている。現在よりもはるかに多数の資質と能力を有する人材が要る」とし、そのうえで合格者増と受験回数制限については具体的な数字をいくつかずつ並記した。

　「当面700名程度」が多数意見で、「600名前後」「1000名程度にして司法修

第13章　司法制度改革審議会への道

習期間を１年に短縮」との意見もあった。

「３回程度」が多数意見で、「在学中の受験は回数に入れない」「在学中も
含めて５回程度」との意見もあった。（以上、法曹問題懇談会における意
見７、８頁に載録）

　法務省は翌月に早速、多数意見に沿った司法試験改革試案を公表。日弁連が
９月に試案反対を表明するのを待って、1988年12月から司法試験・法曹養成制
度改革を法曹三者協議の議題とした。
　法務省と最高裁は「短期間の受験準備でより多くが合格できるよう、早急に
制度を改革するべき」と声をそろえ、日弁連は合格者数拡大の前に「司法制度
全体の在り方や将来展望の検討」を主張した。
　1989年11月、法務省は合格者数を当面200人増の700人としたうえで、受験回
数を制限する「甲」「乙」「丙」の３案を列記した「司法試験制度改革の基本構
想」をテーブルに載せた。

> 【甲案】初めての受験から５年以内に制限。ただし最後の不合格から５年経過後
> 　に再び５年間の受験資格を回復する。
> 【乙案】合格者の８割を連続５回以内の受験者から決定。２割を６回以上の受験
> 　者の合格枠とする。ただし、連続５回以内受験者の合格最低点を上回る成績で
> 　なければならない。
> 【丙案】合格者の７割について受験回数制限をしない。３割を受験回数３回以下
> 　の者から決定する。

　新聞報道によると法務省は甲案を支持し、大学法学部関係者は丙案に好意的
だった。
　対案として日弁連が単純増員案（合格者増を認めて受験回数制限を拒否す
る）を打ち出すと、法務省は、日弁連が３案のいずれも容認しないなら三者協
議を打ち切って増員・回数制限を法制化するとの強硬方針を打ち出した。
　1990年７月、日弁連は単純増員案に代わる新提案を理事会で決定し、法務省、

最高裁に示した。骨子は以下の4点。

- ・司法試験の科目削減などの運用改善策を実施したうえで合格者を700人程度に増やす。
- ・5年経過後に上記の改善策の効果を検証し、合格者の平均受験回数などが改善すれば回数制限はとりいれない。逆の結果ならば丙案を暫定的・試行的に実施する。
- ・上記の検証のため協議会を設け、ここで併せて司法試験制度の抜本改革と大学の法学教育の改革を検討する
- ・上記の協議会で抜本改革案を策定した場合には、その改革案の実行を丙案実施に優先させる。

　法務省、最高裁がこれを大筋で受け入れ、10月に三者合意が成立した。合格者数を翌1991年度から600人、1993年度から700人、1995年度には900人と漸増させると改めたほかは、日弁連提案に沿う内容だった。

　1991年4月、三者協議の合意を実行に移す改正司法試験法が成立。6月には日弁連提案による法曹養成制度等改革協議会が発足した。

　法曹三者の代表と大学関係者のほか、経済界、マスコミ、消費者団体から1人ずつ選ばれた計24人の協議員が3つの小委員会と本会で4年半討議を重ねた同改革協議会は、1995年11月、意見書をとりまとめ最高裁、法務省、日弁連に提出した。

　成果は乏しかった。議論の対象こそ法曹養成関係にとどまらずに幅広く、法律扶助、権利保護保険（弁護士費用保険）、訴訟費用、法曹の地域偏在、被疑者国選弁護、法律事務所の法人化等々に及んだけれども、肝心の司法試験・法曹養成制度改革に結論を出せなかった。

　業を煮やした法務省の司法試験管理委員会（司法試験委員会の前身）は、意見書が出てすぐの1995年12月に「1990年10月の三者合意に基いて1996年度から丙案を実施し合格者の3割は受験歴3回以下とする」と決めた。丙案による特別合格枠は2003年度まで存続することになる。

　ここで事態は突然の展開を遂げる。法務省の〝見切り発車〟から半年しか経たない1996年7月末、法曹三者が協議会を再開し、1997年10月、骨子3点から

第13章　司法制度改革審議会への道

なる合意を成立させた。

> ・合格者数は、1998年度に800人程度、1999年度から1000人程度に増やす。さらに1500人程度への増加について引き続き協議する。
> ・司法修習の期間を1999年度以降、１年半に短縮する。
> ・司法試験の科目を2000年度から、軽減の方向で変更する。

　事態急転には訳があった。行政改革・規制緩和を看板政策として推し進めた政府の圧力である。

　法曹養成制度等改革協議会が意見書を出した１カ月後、1995年12月に行政改革委員会（内閣に設置した第三者機関。行革実行の監視・司令役）の規制緩和小委員会が発表した最終報告（12分野53項目の規制撤廃・緩和を求めた）に「法曹人口の大幅増員」が入った。しかも「中期的には1500人程度を目標として司法試験合格者数を拡大する」と数値を明示した。これをそのまま規制緩和推進計画改定版（1996年３月閣議決定）に盛り込んだため、法曹三者協議会は議論を再開せざるを得なくなった。

　さらに1997年３月に閣議決定した計画の再改定版で政府は要求を「司法試験合格者を約1500人に増やす」と具体的にし、実行の期限を「1997年10月末までに結論を出す」と切った。

　法曹三者協議で合意が成立したのは10月28日であった。

　法曹三者が10年近い長年月にわたって取り組み、ようやく政府の圧力を受けて決着した司法試験・法曹養成制度改革は司法制度改革に直結している。法曹人口の大幅増、司法修習期間の短縮、司法試験科目の改正はもとより、法律扶助、権利保護保険（弁護士費用保険）、訴訟費用、法曹の地域偏在、被疑者国選弁護、法律事務所の法人化など改革論の〝予習〟を法曹養成制度等改革協議会の場でしただけでなく、司法制度全般にわたる改革を求める機運が弁護士界、政府・経済界に高まったからだ。

　弁護士界の機運の明確な表われが、法曹三者協議が続いた間に日弁連が出した「司法改革に関する宣言」（本章の〈日弁連、３度の宣言〉の項を参照）である。１、２回目の宣言発出時に事務総長だった井田恵子（初の女性事務総

長）の論稿「制度改革における法曹三者の『協同』の意義」の副題は「司法改革に向けて」だった。結語部分から引用すると、

> 司法試験改革問題は、まさに司法全体の改革問題の一環なのである。21世紀に向けて、日本の司法はどうあるべきかの観点から、法曹養成制度等改革協議会の議論が行われ、真に法曹三者の「協同」が実っていくことに期待を寄せている。［井田：44頁］

「外圧」で外国弁護士受け入れ

2006年から2008年まで検事総長を務めた但木敬一は司法制度改革審議会が発足して意見書を出すまでの時期を含む４年余りの間、法務省官房長だった。著書『司法改革の時代——検事総長が語る検察40年』の〈第４章−２．司法改革はどこから来たのか〉の〈外圧という契機〉と題した項に「外国弁護士問題の解決は、司法改革の入口であった」と書いた。

外国弁護士問題とは外国の弁護士資格をもつ者に、日本国内での法律事務をいかなる範囲と条件で認めるかで、その「解決」とは1986年５月の外国弁護士による法律事務の取扱いに関する特別措置法（外弁法。2020年５月の第５次改正で「外国弁護士による法律事務の取扱い等に関する法律」に改題）制定を指す。

外弁を認める範囲・条件は旧弁護士法（1936年４月施行）６条で初めて法制化し「外国ノ弁護士タルノ資格ヲ有スル外国人ハ相互ノ保証アルトキニ限リ司法大臣ノ認可ヲ受ケ外国人又ハ外国法ニ関シ」弁護士業務を認めた。

旧弁護士法を全部改正した1949年９月施行の弁護士法７条は、外国弁護士に有利な修正を加えたうえで、旧法６条を継承した。

旧法の規定から相互主義を消したうえ、３つの要件——外国の弁護士となる資格・日本の法律につき相当の知識・日弁連の意見を聞いたうえでの最高裁判所の承認——を満たす者には業務範囲の制限を取り払い３条で定めた弁護士の職務をすべてできるとした（７条１項）。３要件のうち「日本の法律につき相当の知識」を欠く者には旧法６条の業務制限（外国人又は外国法に関する法律

第13章　司法制度改革審議会への道

事務に限る）を課した（7条2項）。

　1項、2項どちらの適用者も法曹資格は与えないので日弁連・弁護士会への加入は強制せず、最高裁が監督権限を持った。弁護士会に任意加入する場合は「準会員」とした。

　7条が存続していれば外弁問題は起きなかったはずだが、1955年8月、議員立法によって廃止した。

　以後外国弁護士による法律事務取扱いは、最高裁が承認ずみだった68人を除き、すべて弁護士法違反になった。

　日本の経済が拡大し外国企業の日本進出が増えるにつれ、日弁連・弁護士会が摘発する外国人の非弁行為が目立つようになった。表に現われにくい契約書作成などの〝もぐり活動〟も取り沙汰され、日弁連は1972年2月に「外国人非弁活動防止に関する基準」を作成、弁護士法72条違反に問う範囲・具体例を示した。

　1979年7月11日、『日本経済新聞』朝刊に日弁連執行部が眉根を寄せる記事が載った。見出しは「日米に新たな火ダネ」「弁護士事務所開設迫る」「米、タナざらしに不満」。

　米国に本拠がある法律事務所所属の米国人弁護士が日本に事務所を開設する目的で商用ビザ発給を申請したところ回答がないまま1年余りが過ぎ、不満を訴えられた在日米国大使館が外務省に善処を求める信書を送ったという。弁護士資格者が多い米議会がこれを問題にして日米貿易摩擦を再燃させる事態を外務省は気に掛けている、と記事は伝えた。

　1981年2月、日弁連は事態の展開に備えて外国弁護士対策委員会を設けた。

　この頃の日米貿易摩擦は米国産牛肉・オレンジの輸入拡大と日本からの自動車輸出抑制が主戦場だったが、一向に解消しない貿易収支の不均衡に苛立つ米国は別の方面でも攻勢に出て、金融やサービス産業の市場開放と、非関税障壁と位置づける日本の政府・公的機関による許認可や行政指導などの透明化、緩和、撤廃を求めた。

　1982年3月、米議会上院の国際金融・通貨政策小委員会で商務省が「市場開放要求リスト」を公表した。「戦後日本の発展過程で作りあげられ、政府・企

202

業システムに組み込まれた産業育成・保護のための非関税障壁」を書き列ねた
リストの「政府手続による障壁」に外弁問題があり、米国人を司法修習生の採
用から締め出している、弁護士として活動できない、と非難していた。

　米議会と商務省の〝宣戦布告〟から１カ月半後の1982年４月、山本忠義日弁
連会長は就任あいさつに訪れた席で鈴木善幸首相に「アメリカ法律家協会
（ABA）とも協議して、前向きに解決するつもりだ。日弁連の頭越しはやめて
ほしい」と要請。政府は、弁護士自治を尊重して日弁連が自主的に解決するの
を、当面は、待つ姿勢をとった。

　日弁連とABAの意見交換は11月に東京で行った。翌1983年６月、日弁連は
欧州各国に視察団を派遣、各国の外国弁護士関係の法制と受け入れの実情を調
査した。単位弁護士会の意見も徴したうえで1984年３月に日弁連会長が発表し
た談話は「前向きに検討する」としつつも結論を先延ばしにした。

　日米通商交渉が、日弁連の都合など考えてくれるはずはない。1984年４月、
日本政府は対外経済対策15項目を決定。「外国弁護士の国内活動」の項目で
「政府として早期解決の方向で努力する」と約束した。

　弁護士自治を守るためには、政府の先手を打って自主的解決を図るしかない
と腹をくくった日弁連は、外国弁護士の受け入れに動きを速めた。1984年12月、
先述の外国弁護士対策委員会が「外国弁護士の日本における法律業務を認める
とした場合の制度の具体的構想」試案を会長に答申。執行部はこれを各単位会
に意見照会した。

　1985年３月、日弁連は、外国弁護士受け入れを認める基本方針を理事会で決
定した。条件は２点に絞った。

・外交上の相互主義の原則に立つ。
・外国弁護士は日弁連の自治権のもとに入る。

　この基本条件と、外国弁護士対策委員会のまとめた「具体的制度構想試案」
を携えて、日弁連は法務省の担当部局と、のちに外弁法案となる外国弁護士制
度要綱案を策定する作業に入った。担当組織として理事会内に小委員会を設置。
小委員会副委員長の梶谷剛（2004・2005年度日弁連会長）が、本項の最初に登

場した但木敬一（当時は法務省司法法制調査部参事官）と毎日のように実務レベルでの折衝を重ねた。

　９月になると、政府が市場開放行動計画を決定。〈サービス・輸入促進等〉の項で「外国弁護士の受け入れは12月開会の国会をメドに法改正」を目指すとし、法務省、日弁連の尻を叩いた。

　同月、小委員会と法務省の検討結果をもとに、日弁連は外国弁護士制度要綱試案策定にこぎつけ、12月に臨時総会を開いて、９ヵ月前に理事会決定した基本方針を承認した。弁護士たちの関心は高く、臨時総会で最多の約7700人（委任状を含む）が参加した。

　「外国弁護士による法律事務の取扱いに関する特別措置法」（外弁法）制定への手続きは1986年２月に日弁連が外国弁護士制度要綱を正式決定し、法務大臣に提出して始まった。３月、外弁法案を閣議決定、国会提出。５月に成立、公布し、1987年４月に施行した。

　かつて反目と対立を続けた日弁連と法務省が協力して弁護士制度にかかわる法律を作ったわけで、本項の冒頭に引用したとおり「外弁問題の解決は、司法改革の入口」になったと言える。

　外弁法が成立して以降、地球規模の市場経済化とグローバリゼーションが凄まじい速さで進行した。渉外法律事務のニーズが世界中で急増し、サービス（弁護士業務を含む）貿易自由化が世界の潮流となるなか、外弁法施行から２年後に米国、欧州共同体（欧州連合の前身）は規制緩和・撤廃を再度要求。関税・貿易に関する条約・協定の改訂に整合させる必要も生じ、政府は1994年６月に大幅改正を余儀なくされた。以後、2020年５月の改正まで、外弁法による種々の規制を５次にわたって段々と緩和ないし撤廃した。

波立ち変化する職業理念

　外弁問題という〝黒船ショック〟が弁護士界にもたらした変化は、独占業務の一部開放、外国人弁護士の増加など目に見える範囲にとどまらなかった。弁護士たちの内面にある自己定義・職業理念をも動揺させ波立たせた。

明治以来、弁護士層の自己定義・職業理念の前提にあった、在朝法曹（判検事・司法官僚）と在野法曹（弁護士）の対立構図が新憲法・新司法制度の下で溶解していった経緯を第11章の〈変容した自己定義と帰属意識〉の項に記した。その後の展開を宮川光治弁護士は論稿「あすの弁護士」（前章に既出）の〈わが国の弁護士の理念〉の項で次のように説明した。

　　　1960年代の高度経済成長政策の下で（中略）弁護士業務をめぐる経済的・社会的環境も大きく変化するなかで、権力と対峙しビッグビジネスとの間に距離をおいて自己の業務をとらえるこうした理念（在野精神＝引用者注）では、わが国の弁護士全体を統合できないのではないか、このシンボル操作ではアイデンティティを保ちえないのではないかという疑問が弁護士層のなかに生まれてきた。（中略）他方、在野精神は、司法を権力機構として民衆に対立するものとしてとらえる思想を内包しており、このことがいきすぎを生み司法の改善をかえって妨げているという考えが臨時司法制度調査会意見書（1964年）をめぐる論争のなかで一部の層（是々非々の立場をとる「B説」派＝引用者注）に生まれ、より価値中立的な新しい統合理念が求められた。［宮川：4〜5頁］

　登場したのが「プロフェッション論」と呼ぶ自己定義・職業理念で、宮川論稿によれば、「1970年代から80年代にかけ、短期間に定着した」。さらに「1980年代は協議（法曹三者間の協議＝引用者注）の時代で（中略）プロフェッションモデルは、こうした時代の変化もあり、抵抗なく浸透し、わが国の弁護士に内面化した」。
　プロフェッションとは、特別の技能・倫理を必要とする職業とその職に就く者を意味する。弁護士職が生まれ発達した西欧・米国では弁護士は聖職者、医師などと並んで当然にプロフェッションであると弁護士自身も社会も認識する。日本では歴史的に職業一般のなかで特別扱いする職種区分はみられなかったため「知的専門職」「高等専門職」などの訳語は必要十分に英語のプロフェッションの意味内容を伝えるとはいえず、ふつうカタカナで表記する。
　わが国にプロフェッションの概念を広めた石村善助東京都立大学教授による

第13章　司法制度改革審議会への道

概論書『現代のプロフェッション』はある職種・職業従事者をプロフェッションたらしめる要素・特性を以下のとおりに整理した。

> ・公益奉仕を目的とする継続的活動であり、そのゆえ行動原理（倫理）をもつ。
> ・科学や高度の知識に裏付けられた専門的技術を活動の基礎とする。
> ・サービスを天下万人に開放する。
> ・１対１の具体的関係（契約関係）を通してサービスを提供する自由業である。
> ・社会的承認を獲得するために団体を形成しメンバーを統合、教育、訓練する。

　本項の冒頭に「外弁問題は弁護士たちの職業理念をも動揺させた」と書いた。プロフェッション論がその動揺した職業理念だった。前掲の宮川「あすの弁護士」から引用しよう。

　　1986年に外弁法が成立するに至るまでの約５年間は、わが国に参入しようとしているのはもっぱらコンサルタント的業務をする弁護士、巨大ビジネス化したローファームであって、わが国の法文化を崩すのみならず、プロフェッションであるわが国の弁護士とはあいいれないのであるから、これを参入させてはならない（中略）という議論がくり返しおこなわれた月日であった。[宮川：7頁]

　「プロフェッション」はまた、法曹人口大幅増の要請（前章の〈旧態依然の綻び　弁護士の数と機能〉の項を参照）に対しても、拒絶を正当化する論理となった。宮川は「増員は弁護士の経済的基盤をあやうくし、プロフェッション性を崩し、ひいては国民にとってマイナスとなる危険性があるなどと主張された」と書く。

　改革による進歩を期待する弁護士たちが、明治以来の「官に対抗・抵抗する在野法曹」に代わる自己定義・職業理念として採り入れたプロフェッション論が、外弁問題を機に、改革拒絶のために流用されたのである。そこで、今度は、プロフェッション論を定義し直す、あるいは、新しい自己定義・職業理念を求める動きが始まった。単純に言うと、外弁問題はそういう弁護士層の内面の変

206

化を励起した。

　プロフェッション論に代わる、あるいは修正する考え方として台頭したのが、「あすの弁護士」で宮川が「法サービスモデル」「ビジネスモデル」と仮称した理念だ。

　主要なイデオローグだった棚瀬孝雄京都大学教授の『現代社会と弁護士』は、いきなり弁護士の自己定義・職業理念の観念論からは入らず、なぜ社会から弁護士へのニーズが、本来あるはずの水準にほど遠い低さにとどまっているのかという問いと回答から説き起こした。

　　弁護士が公共奉仕を旨とした専門職、すなわちプロフェッションであるとする定義が、依頼者の立場からみて真に必要とされるサービスは何かという観点が弁護活動の上に反映されることを妨げてきた。プロフェッションのモデルは（中略）いかなる弁護活動が必要かを判断できるのは専門家たる弁護士をおいてほかにないという意識を生み、依頼者の、自分たちはどのようなサービスを必要としているのかという声に耳を傾けなくしてきたと思われる。

　それではプロフェッション論の中核にある公共奉仕という要素を弁護士の職業理念から取り去ったとして、弁護士の社会的使命とか職業の誇りといったものはどこに見出せば良いのか。棚瀬は「依頼者主権という新しい弁護活動の理念」を提示した。

　　弁護士がその磨き上げた法的技術を依頼者に提供するということの中に、プロとしての誇りを見出すという形で、「プロフェッション」そのものを再定義する。［以上、棚瀬：3、7頁］

　那須弘平弁護士（のち最高裁判事）もプロフェッションの再定義を主張した。以下は論稿「プロフェッション論の再構築」からの引用である。議論の出発点は棚瀬と同様、「『弁護士プロフェッション論』が現状変革阻止の旗印に使われた」不条理感だ。

207

第13章 司法制度改革審議会への道

　1970年前後に本格的に提唱された弁護士プロフェッション論は、元来開明的かつ前向きの役割を担っていたはずである。それが、なぜ25年後には後ろ向きの議論に利用されることになったのか。その理由を問いつめていくと、プロフェッションの特性の１つとされる「公共奉仕性」に行き着く。

　　弁護士プロフェッション論の中核には他の特性（公共奉仕性以外の特性＝引用者注）を据え、再構築を図る必要がある。

しかし那須は、棚瀬が提起した「依頼者主権」には「違和感を覚える」。那須が唱えたのは「専門技術性」の重視だ。

　　１つ１つの弁護士業務の実践は依頼者の個人的利益を擁護することを目的にしているのであって、ただ、それらの集積が基本的人権の擁護、社会正義の実現に結びつくと説明する方が説得力がある。

　　弁護士は「公共の奉仕」を意識しなくても、また、特別な「人権擁護活動」に携わらなくても、法的な「専門技術性」を核にした日常の弁護士サービスを通じて依頼者の個人的価値の擁護・実現に努めている。それは、結果的に自由な社会の形成、発展に貢献するものであり、弁護士の職責として誇るに足るものである。［以上、那須：46、52、51、55頁］

　棚瀬も那須も、弁護士業は自由市場に根ざす職業であるとの信条を立論の基礎にするから、上述の弁護士の自己定義・職業理念は経済界のニーズによくこたえるものであった。
　『自由と正義』1987年４月号〈特集 企業法務〉に掲載した企業法務部門幹部３人と弁護士４人の座談会にはプロフェッション論をかざす弁護士にウンザリした様子の企業人の発言が見える。

　　企業側は、あまり先生方がプロフェッションでやっているのかビジネスでやっているのかということに関心がない（中略）一定の社会的正義とか社

208

会的責任ということなしに企業が存続し得ないということは十分経営者も認識しているわけで（中略）最終的な法的リスクは、企業の経営責任において持つものであって、それを弁護士さんのプロフェッション性に期待するということはありえない。（67頁に載録）

日弁連、3度の宣言

『日弁連六十年』（既出）の〈特集 司法改革と日弁連〉に「司法の全面的・抜本的改革を最初に提唱したのは、日弁連が1990年5月定期総会で採択した『司法改革に関する宣言』であった」とある。

一面で正しく一面で正しくない記述だ。

司法制度改革審議会意見書を青写真とする一連の改革に限れば正しい。しかし、戦後の司法の歴史で初めて全面的・抜本的改革を構想した（ほとんどは実行に移せなかったが）のは臨時司法制度調査会（1962〜1964年）だったと考えるならば、この記述は正しくない。臨司についていうと、日弁連は、調査会意見書が示した弁護士体制拡充など諸々の制度改革にほとんど全面的に反対した。その理由と弁護士界で起きた賛否の意見対立は第9章の〈割れた受けとめ〉の項に書いた。

本来、法曹三者のうち改革への志向を最も強くもって然るべきは弁護士・弁護士会である。

改革を求めるのは現行制度に強い批判・不満があるからで、現に制度を管掌する裁判所、法務省・検察庁は客観的に批判を加えたり主観的に不満を訴える立場には立ちづらい。制度を修整するとしても、前章でみた監獄法の改正や新民訴法の制定のように、法令や手続を時代の要請に応じて、或いは必要にかられて改善・改正するのがせいぜいのところだ。最高裁・法務省が運営のイニシアティブをとった臨司も、意見書に盛った改正・改革の提言は範囲こそ司法制度全般にわたったけれども、その目的は「司法の円滑な運営。訴訟遅延の解消」であり、司法の理想像を描いて現状を変える制度改革を目指したのではなかった。

いっぽう弁護士側は「人権擁護と社会正義の実現」のため「法律制度の改善

第13章　司法制度改革審議会への道

に努める」使命を弁護士法が課す。第11章でみたとおり、人権や社会正義の概念は年を追って拡がり続けたから、それを護り実現するのには現行の法令や組織・機構を改める必要が生じる。つまり弁護士法1条は司法制度改革の原動力になる。

　さらに弁護士は、国家機構として存立する裁判所、法務省・検察庁と違って、司法制度の中で自力で仕事を受注して初めて業務を続けられる自立を強いられた機関だ。弁護士にとって司法制度はただあるだけでは意味がなく、さまざまな法的需要をなるべく広く自分たちの業務対象にできる、よく機能する制度でなければならない。制度が硬直し機能不全を起こし先行きの展望がない状態に陥れば、弁護士の現在と将来は危殆に瀕する。弁護士にとって、司法制度の問題はすなわち業務問題なのであり、制度の改善・改正・改革は職の存続がかかった切実な課題であるはずだ。

　以上の視点に立って日弁連の司法改革運動の萌芽を探ると、前章の〈旧態依然の綻び　弁護士の数と機能〉の項に記した弁護士業務対策委員会の設置（1978年2月）に行き当たる。

　『自由と正義』臨時増刊「弁護士業務の経済的基盤に関する実態調査基本報告」（1981年9月）から初代委員長による「実態調査の意義」を摘要して、業務対策委員会を設置した理由を記す。

　　　従来の日弁連の活動は（中略）自らの弁護士の業務が（中略）国民の法的需要に十分対応するよう指導する活動には欠けていた憾みがあった。（中略）1977年度執行部は、職域における従前の防衛（非弁活動の取締り＝引用者注）中心の考え方を問い直す必要を痛感し、積極的な職域の拡充・開発へと発想を転換し、（中略）社会において弁護士が果たすべき役割を再発見しつつ、社会的需要の掘り起こしを含めて綜合的で積極的な調査研究ならびに施策を展開しなければならないと決意した。（5頁に載録）

　臨司の後、社会・経済・政治の情勢が流動し変容するなかで弁護士の業務・職域や負うべき職務責任、また自己定義・職業理念について意識が変わっていき、他方、司法制度が世の変化に対応できなくなった状況を第11、12章で観察

した。職域防衛から職域開拓（需要掘り起こし）という日弁連の姿勢転換は、そうした変化・変容の到達点であり、また同時に司法制度改革への出発点だといえる。

では、冒頭の1990年5月の「司法改革宣言」以降の日弁連の司法改革路線を跡付けていこう。

旗印は「市民のための司法改革」であった。その意味を、1990・1991年度会長で改革路線を主導した中坊公平は「『司法改革』を推進する日弁連の基本姿勢」でこう説く。

　　「司法改革」は、基本的に市民が実現するものであり（中略）だからこそ、市民と司法を結ぶ接点にたつ弁護士会の果たすべき役割が重要性を帯びる。

　　私は「司法改革」の当面の目標を、市民にとって司法が「もっと身近で、もっと分かりやすく、もっと納得できる」ものにすることの3つに絞った。
　　［以上、中坊：5、6頁］

同時期に進行した司法試験・法曹養成制度改革は、検察官の員数確保という法務省の組織上の必要に迫られて始まったにせよ、弁護士側も「大改革の先駆け」（『日弁連六十年』）と認めざるを得ない事業であった。その改革を実現する法曹三者協議での弁護士側の振る舞いは「法曹人口増への消極姿勢が厳しく批判」（同）にさらされ、日弁連は司法制度改革への道で官側の後塵を拝する感が生じた。

中坊はそんな劣勢を挽回する効果を期待してこの旗印を掲げた。なんと言っても「主権者にして司法利用者たる市民のため」は錦の御旗になる。それぞれに異なる利害・目的を抱えて司法制度改革に関わる最高裁、法務省、政府、経済団体はもちろん、弁護士界で相当な勢力を有する改革消極派・反日弁連執行部派も正面切った反論を唱えにくい。

また「市民のため」という標語は、論議・政策決定の場を、弁護士側がいつも押されがちだった法曹三者協議から学者・一般有識者中心の審議会に移しかえるうえでも、力を発揮した。

第13章　司法制度改革審議会への道

　以後の日弁連の司法改革運動を『日弁連五十年史』『日弁連六十年』などを参照して略記する。

　1991年5月の定期総会で第2次「司法改革に関する宣言」を採択。改革目標に弁護士会の在り方の再点検（自己改革）を加えた。

　同年11月に「司法改革に関する組織体制等検討委員会」が答申をまとめた。司法制度改革の課題として裁判・訴訟関係で32項目、弁護士・弁護士会の在り方に関し20項目、法制度に関し29項目を提示。会内に司法改革推進本部を新設するよう求めた。

　明けて1992年4月に司法改革推進本部が委員100人で発足。スローガンは「3方向（市民・司法当局・日弁連会員）で司法改革を定着させる」。7月に、同本部からの諮問を受ける組織として各単位会に司法改革推進本部の設置を求めた。

　1994年5月の定期総会で第3次「司法改革に関する宣言」を採択。弁護士の地域偏在の解消、司法の人的・物的規模の拡充、市民の司法への直接参加などを打ち出した。

　目立たないが重要な動きが1996年4月にあった。司法問題対策委員会（1974年設置）を司法改革推進本部に統合して委員150人の司法改革推進センターとした。対策委の前身は〝司法の危機〟の時代に設けた「司法の独立に関する委員会」とさらに古い「臨時司法制度調査会対策委員会」である。過去、反司法当局・反権力の構えを保って活動した委員会を整理して、来たるべき司法制度改革に組織の力を結集するのが改革推進センター新設の狙いだった。

　一連の改革運動の仕上げが、1998年11月の「司法改革ビジョン——市民に身近で信頼される司法をめざして——」である。

　約4600字に及ぶ〈総論〉の要旨を簡単にまとめると、

　　　個人の尊厳・基本的人権の擁護を実現する司法にするため、市民に身近な司法を実現するとともに、司法の容量を拡大すること、市民の権利保障のために諸制度を整備すること、立法・行政に対する司法のチェック機能を強化することなどにより、社会のあらゆる分野に法と正義が行き渡ることを目指す。

続く〈各論〉で具体的改革課題を列記した。

【市民に身近な司法の実現と司法の容量の拡大】
裁判官の任用制度の抜本的改革、司法への市民参加など5項目。
【市民の権利を保障するための制度整備】
法律扶助制度の抜本的な拡充、被疑者国選弁護制度など9項目。
【立法・行政に対する司法権のチェック機能強化】
違憲立法審査権の充実強化、行政に対する司法審査の充実強化など4項目。
【国際化への対応】
国際人権法・人権保障システムに国内法を整合させること、国際仲裁センターの充実など3項目。
【弁護士・弁護士会の改革】
綱紀・懲戒の適正な運用と市民窓口の拡充、弁護士偏在問題への取り組みなど8項目。

政府・経済界の行革と規制緩和

司法制度改革審議会の設置期間中に刊行した『司法改革』という月刊誌があった。1999年10月に出た第1号の特集は「司法制度改革論議の到達点と審議会」。斎藤浩弁護士は「司法制度改革——2つの流れの合流点」で「なぜ司法の問題が政治課題のひとつになっているのか」を概説した。

経済界・自民党の司法制度改革は、規制緩和政策の中で提唱され、具体化されてきた（中略）。規制緩和は1983年から1990年までの3次にわたる行政改革推進審議会を経て（中略）1994年12月の行政改革委員会（行革委）の設置により本格化した。経済同友会代表幹事の宮内義彦氏（当時オリックス社長＝引用者注）は、行革委の発足に伴い、その実質的な活動部隊であった規制緩和小委員会の座長になるとともに（中略）司法についての積極的な発言をした結果、経済同友会の基本的考え方が1995年12月の行革委意見書「光り輝く国をめざして——規制緩和に関する意見（第1次）

——」、1997年12月の規制緩和小委員会最終報告書「大きな一歩さらに前へ」、同月の行革委最終意見に明文で取り入れられる。[斎藤：47頁]

　経済同友会は、日本経営者団体連盟（日経連）、経済団体連合会（経団連）、日本商工会議所と並ぶ経済4団体（2002年に日経連と経団連が統合した後は3団体）の1つで、中堅若手を中心に企業経営者が個人の資格で会員となる。政治的に必ずしも自民党支持にこだわらない姿勢で提言・意見・報告書を出す。
　引用文にある「経済同友会の基本的考え方」とは1994年6月に発表した政策提言『現代日本社会の病理と処方——個人を活かす社会の実現に向けて——』を指す。戦後、先進国に追いつけ追い越せで走ってきた日本は社会のさまざまなところに歪みが生じているとの現状認識にたち、政治・経済・社会の全般にわたり「21世紀に向けたあるべき姿」を論じた。
　司法の「あるべき姿」を短く要約すると、

　　行政追随と批判されても仕方ないような消極的態度から、時代に合った法判断を適切に行い、立法・行政をチェックする本来の機能を回復しなければならない。さらに、国民にとってもっと身近な存在となるように、わかりやすい手続きや利用しやすさについて改善が求められる。

　　「2割司法」と揶揄される最大の原因は法曹人口が極端に少ない点にある。国民と法曹の割合を少なくても欧州並みにまで増やす。そのために法曹養成制度の改革が必要であり、司法試験合格者枠を大幅に拡大すべき。

司法制度改革審議会設置に直結する提案もした。

　　司法改革には国民の目があまり向かなかった。早急に「司法改革推進審議会」（仮称）を設置して、ユーザーの声を中心に据えて、司法を巡る基本的問題について議論を開始すべき。（以上、現代日本社会の病理と処方4、9、9頁に載録）

1998年5月、財界総本山と称された経団連が50年余りの歴史で初めて司法に関して発言する「司法制度改革についての意見」を発表した。

経団連の経済本部経済法制グループ副長だった阿部泰久が日弁連機関誌に寄稿した「司法制度改革と弁護士のあり方」によると、意見書は、次項〈審議会設置法が成立〉に記す自民党の司法制度特別調査会分科会審議での意見陳述をきっかけとして作成した。

　　企業の法務担当者が集まり（意見陳述に向け）検討を進めて行くにつれて、現在の司法のあり方に対して企業・経済界から見ても根深い疑問と批判があることが明らかとなった。その大部分が企業サイドの主張にとどまらず、多くの国民と共有できる問題意識から発していることに確信をもったため、自民党に対する回答を超えて、経団連の提言として公表した。[阿部：107頁]

審議会設置法が成立

規制緩和小委員会を中心とする行政改革委員会の議論が進む傍ら、政府・自民党は司法制度改革への流れを加速させ審議会設置へ動いた。

1996年1月、社会党の村山富市に代わって、連立相手だった自民党の橋本龍太郎が首相に就任し「火だるまになっても行政改革をやりきる」と宣言。連立を解消して単独政権に復帰した直後の同年12月に「行政改革プログラム」を決定した。「規制緩和の推進」が、当然、計画に含まれた。

明けて1997年1月、衆議院本会議の施政方針演説に対する各党代表質問で自民党政務調査会長と橋本首相が司法制度改革を巡り質疑応答を交した。

政調会長が「今、我々は規制緩和や地方分権を進めており、社会経済をはじめさまざまな分野で競争が一層促進される。社会の変化に的確に対応し、21世紀の司法の新たな役割に着目した司法改革は国づくりの基本ではないか」と問うのに答えて、橋本首相は司法制度改革に乗り出す意向をハッキリ示した。

　　規制緩和をはじめさまざまの改革が進むのに伴い、社会活動、経済活動の

第13章　司法制度改革審議会への道

円滑と公正を確保するためには、司法の場において法的な紛争を適正迅速に解決する必要性はますます高まる。新たな時代の司法は、このような要請に十分こたえるものでなければならない。（中略）政府として適切に対処する。（第140回国会衆議院会議録第2号に載録）

同年6月、自民党は「21世紀の新たな時代の司法のあり方」を探るため、政調会長を長とする司法制度特別調査会を新設した。

調査会の作業は2段構えで、第1段階として「司法改革のグランドデザインと改革の具体的検討事項」を会内討議によってまとめ、11月に『司法制度改革の基本的な方針――透明なルールと自己責任の社会に向けて――』を発表した。

次いで第2段階として具体的検討事項を「司法の人的インフラ整備」と「司法の制度的インフラ整備及び司法・立法の関係のあり方」の2つに分け、それぞれ担当分科会を置いて最高裁、法務省、日弁連、関係省庁、衆議院法制局、隣接法律専門職団体、市民団体、経済団体、学識・有識者から意見聴取を始めた。

報告をとりまとめたのは翌1998年6月。報告の〈第1　司法改革の視点〉〈第2　国民に身近で利用しやすく分かりやすい司法〉の一部を抜粋する。日弁連の司法改革の目標と共通する部分があるのに気づくだろう。

規制緩和を推進し、自己責任の原則に貫かれた事後監視・救済型の社会への転換を図るためには、司法の機能の充実強化が必要である。法律専門家には、高度かつ複雑な法律問題を扱う専門家集団としての活動と、国民の身近な法律問題を取り扱うホームロイヤーとしての活動が求められる。（第1　司法改革の視点-3．に載録）

国際化と規制緩和が急速に進むわが国においては、社会の法的ニーズが飛躍的に増大することが予想され、これに応えていくためにはまず第1に十分な数の法曹が必要。（第2　国民に身近で、利用しやすく分かりやすい司法-1．に載録）

民事法律扶助制度の充実・強化が極めて重要。被疑者弁護を含む刑事弁護制度の在り方に適切な検討がなされるべき。(同－2.に載録)

報告の最後で政府に司法制度改革審議会の設置を提言した。

21世紀の在るべき司法の全体像を構築するため、最終ユーザーである国民各層の意見を幅広く汲み上げて議論する場として「司法制度審議会」(仮称)を設置する。(第5 提言－(1)に載録)

自民党は司法制度特別調査会を司法制度調査会と名称変更のうえ存置し、1998年11月末には、司法制度審議会(仮称)設置法案を早急に国会提出して内閣に同審議会を創設するよう政府に「強く求める」党決議を採択した。

1999年2月、内閣が司法制度改革審議会設置法案を提出した。成立・公布は6月。法案中、審議会の所掌事務すなわち審議会が「意見」を述べるべき事項に注文がついた。法案2条では抽象的に「司法制度の改革と基盤の整備に関し必要な基本的施策」とするだけだったのが衆議院の法務委員たちは不満で「国民がより利用しやすい司法制度の実現、国民の司法制度への関与、法曹の在り方とその機能の充実強化」との文言を追加する修正をした。

第14章
司法制度改革を一望する（総論）

審議会の発足

　司法制度改革審議会は1999年7月27日に首相官邸で第1回会合を開き、13委員の互選により佐藤幸治京都大学教授が会長に就いた。佐藤会長は竹下守夫一橋大学名誉教授を会長代理に指名した。

　憲法学者の佐藤は、橋本龍太郎内閣が1996年11月から1998年6月まで総理府（現・内閣府）に置いた行政改革会議（会長・橋本首相）の委員で内閣機能強化策を立案した。

　1997年12月に公表した同会議の最終報告は「21世紀日本のあるべき国家・社会像」を描いて「個人の知的創造性と活力に富んだ自由で公正な社会」と表現した。佐藤は会議の議論で「そのような社会をつくるには、法の支配が欠かせない。行革を成功させるには、法の支配を行き渡らせる司法改革が欠かせない」と強調した。

　政府・自民党は行革と司法制度改革をひとつながりの政策と捉えた（前章の〈政府・経済界の行革と規制緩和〉の項を参照）から、佐藤が改革審会長になったのは自然な流れであった。

　現憲法下で初めて司法制度全般の改革を構想した臨時司法制度調査会（1962～64年）との異同をみてみよう。

　特設した内閣補助機関であるのは同じだが、委員の構成が異なる。臨司は法曹三者の代表各3人（現職の最高裁判事、検事総長を含む）、国会議員7人、法学者と経済人各2人だった。改革審は、法曹三者はいずれも元職の日弁連会長、高裁長官、高検検事長の3人だけで、あとは学識者5人（うち法学者は会長、会長代理を含め3人）、経済人2人、労組役員、消費者団体役員、作家から成った。

　事務局の構成も違った。最高裁・法務省の司法官僚で組織した臨司に対し、

219

第14章　司法制度改革を一望する（総論）

改革審は広く関係機関から事務局職員を集めた。日弁連も弁護士２人を事務局に派遣した。

　議事の透明性は、原則非公開の臨司とは180度違った。議事録は顕名で首相官邸のホームページに掲載し、毎回の会合後に記者説明の場を設け、第11回からはビデオリンク方式で議事の実況を取材記者に公開した。委員に配布した資料類は議事録と同じHPに載せ誰でもダウンロードできた。市民が改革審に寄せた意見もHPで読めた。

　改革審の以上の特徴は、設置法案を可決した衆参両院法務委員会の附帯決議に由来する。衆議院の附帯決議（1999年４月21日）を記すと、

・政府は、審議会委員の選任に当たって、国民各層からの声が十分に反映されるよう努めること
・政府は、審議会事務局の構成及び運営については、審議を公正に補佐することができるよう民間人の登用も含め配慮・指導すること
・審議会は、調査審議の状況に関し、情報公開等透明性の確保に努めること

　以下、審議会議事や委員等の発言、配布資料の引用は、別に断りを入れない限り、上記のHPを典拠とした。

議論の経過

　1999年９月２日の第２回会合で佐藤幸治会長は審議進行の概括を示した。

---

①1999年12月まで、学識経験者、一般有識者、法曹三者などからヒアリングを重ねつつ、何を審議対象とするかを討議。
②年内に、審議課題を決定し「論点整理」として公表。
③2000年は、各論点についてひと通り審議し、遅くとも年内いっぱいに中間報告を発表。
④2001年４、５月を目途に、中間報告に対する国民からの反応などを踏まえながら、最終報告案を取りまとめ、審議のうえ７月までに最終意見書を内閣へ提出。

論点整理とヒアリングに３カ月もかけたのは、司法の現況に通じていない、非法律専門家の委員が多数いるため、司法が抱える問題点となぜ改革が必要なのかについて、委員全員で認識を共有するためだった。

法曹三者のヒアリングは、12月８日の第８回。日弁連会長、法務事務次官、最高裁事務総長が出席し、改革審に何を期待するかまた自らが何をするのか、それぞれが説明した。

まず改革論議にどう臨むつもりか。三者の説明文書をごく短く要約してみよう。

【日弁連】
司法制度を国家統治の手段でなく「国民の生活の質の向上や、個性的で多様性に富んだ国民生活の実現」（憲法13条の幸福追求権）に資するシステムにする。国民本位で裁判を行うことを、裁判官個人の自覚と努力に任せずに制度的に確保するのが根本的課題。弁護士は単なる法律実務家としての立場を去り、本来負っている公的責務を果たすため、自らを点検し必要な改革を進んで受け入れ実践する。

【法務省】
司法制度を真に国民に根ざした、国民にとって利用しやすいものとするための努力が十分であったかどうか、厳しい自己反省のうえに立って現在の司法制度とその運用の実情や問題点を分析し、変革すべきものと維持・発展させるべきものを見極め、自らも改革への積極的な努力を重ねたい。

【最高裁】
国民の視点に立って、現在の司法制度全般について実情と問題点を明らかにし、その機能と役割を充実強化する検討は有意義である。我が国の司法は、立法、行政に対する十分なチェック機能を果たしていないとか、「２割司法」「機能不全」に陥っており国民のニーズにこたえていないといった批判がある。そのような総合的評価に直接対応する施策というものは考えにくく、現在の司法制度の問題点を解決することによって改革していくべきものと考える。

三者の姿勢を一言で表すと、こうなるだろう。

第14章　司法制度改革を一望する（総論）

・日弁連＝極めて積極
・法務省＝現行制度のうち維持・発展させるべきもの（刑事司法の基本的な構造
　がこれにあたるとした）以外について積極
・最高裁＝極めて消極

　最高裁はなぜ消極だったか。事務総長の要旨次のような発言を裏から読めば
了解がいく。

　　臨時司法制度調査会の意見書は、当時の司法制度全般にわたって検討を加
　えた総合的な改革の指針というべきものであった。しかし日弁連は、理念
　的な理由から、意見書に沿った改革に協力できないとの姿勢をとった。そ
　のため法曹三者の合意を要する改革は著しく困難となった。

　　1980年代から現在に至る制度改革（第12章に書いた民訴法改正や第13章の
　司法試験改革などを指す＝引用者注）の動きは改革の空白を埋めようとす
　るものである。その意味では、やや遅ればせながら、法曹三者は現在、情
　勢認識に目覚め、理念的対立を解いて改革に向けた努力を積みあげつつあ
　る。

　臨司の意見書は司法当局のイニシアティブの下につくりあげた。最高裁にし
てみれば、現行の司法制度を改善する処方箋は司法の側ですでに出したのだか
ら、それを実行する（現に努力しつつある）のが先決であって、何をいまさら、
「政治」のイニシアティブで設けた改革審に司法の病状診断をしてもらい処方
箋を出し直してもらう必要があるのか――そんな反発と警戒がにじみ出た。

　審議対象を決める「論点整理」の結果は「司法制度改革に向けて」と題した
文書にして、審議開始から５カ月後の第９回会合（1999年12月21日）で採択、
公表した。佐藤会長と竹下会長代理とでつくった試案を３回の会合で審議、修
正したもので、「今般の司法制度改革の要諦」を「法の支配の理念を基軸とし

て、国民の司法に対する批判と期待に応え得る司法の制度的及び人的基盤の抜本的拡充・強化を図ること」と措定したうえで、「人的基盤」と「制度的基盤」に分けた合計21の「論点項目」すなわち検討課題を定めた。

　以後の会合は、人的基盤に関する論点をある程度議論したのち制度的基盤の諸論点の討議に入ると佐藤会長が決めた。人的基盤の検討課題は「法曹人口の適正な増加」「司法試験・修習制度及び大学法学教育」「法曹倫理」「法曹一元」「裁判所・検察庁の人的体制の充実」だった。

　佐藤会長は人的基盤拡充のポイントは弁護士にあるとして、審議の段取りを委員たちに説明する際に次のように述べた。

> 　重要なのは弁護士の問題であろう。法曹の中で圧倒的な多数を占めて、国民と司法との接点を担う弁護士へのアクセスが十分でないことが、利用しやすい司法の実現を阻害している大きな要因ではないか。司法の拡充は法曹三者共通の課題だが、とりわけ「弁護士の在り方」をこの審議会は最重要の課題として検討する必要がある。

　討議は、政府審議会の通弊である事務局（官僚）主導に陥るのを避けるため、以下の方式をとった。

・委員１人を各検討課題の担当にあて「制度の現状・運用実態と、指摘されている問題点。それを巡る議論や既に出ている改善・改革案。さらに自分の意見」を報告する。
・報告を基に質疑応答、意見交換を重ねて各論点について意見書の内容を固めていく。
・必要に応じ、それぞれの問題の関係者や研究者に意見を聴く。

　佐藤会長が最重要課題と位置づけた「弁護士の在り方」の担当委員は、1990・1991年度に会長を務め日弁連を司法改革路線に導いた中坊公平（前章の〈日弁連、３度の宣言〉の項を参照）だった。

　中坊の報告は、弁護士界が抱える問題点を「利用し難さ」「職域の狭さ」「職

第14章　司法制度改革を一望する（総論）

務の質」「社会からの信頼の薄さ」の４点に整理し、これらを解決するには「個別的な対症療法的な改革では足らず、司法制度の全体を射程に入れた抜本的・全面的な改革が必要である」との前提を置き、弁護士・弁護士会がなすべきことを列挙した。

弁護士人口の拡大／法曹養成制度の改革とロースクール（法科大学院）への全面的協力／弁護士へのアクセス障碍（弁護士報酬の分かり難さを含む）の解消／活動領域の飛躍的拡大／倫理の確立と自治の強化／関連資格者（隣接法律専門職を指す）との協働

　「中坊レポート」と呼ばれたこの報告は「弁護士にとってきびしいものであった」と、2002・2003年度日弁連事務総長の大川真郎は著書『司法改革──日弁連の長く困難なたたかい』で振り返った。とりわけ増員問題は「全国の弁護士から反対意見が噴出した」。

　「中坊レポート」は、司法制度が本来の機能を果たすには現状の３〜3.5倍にあたる５〜６万人の弁護士が必要、と目標値を明示。2000年８月の集中審議では、総数だけでなく増員のペースも示すべきと主張し、「法科大学院構想を実現しその卒業生が受験する新司法試験は３千人（現状の３倍）を合格させる」との私案を提示した。「私としては、正直言って少なめの数字なんです」と付け加えつつ。

　先回りすると、2001年６月の改革審最終意見書は法曹人口の拡大について「法科大学院を含む新法曹養成制度に完全に切替わる2010年ころには、合格者３千人とすることを目指すべきである」とし、2002年から2010年までの合格者漸増案を示して、「このような経過をたどれば2018年には実働法曹人員が５万人規模になる」と述べた。弁護士の多くが反対する大幅増員を日弁連元会長が敢てブチあげた中坊レポートの効果は絶大だった。

最終意見書への評価

　改革審の議論が佳境に入った2000年５月、改革審設置を政府に求めた自民党

司法制度調査会（前章の〈審議会設置法が成立〉の項を参照）が改革審に向けたアピール文である報告書『21世紀の司法の確かな一歩──国民と世界から信頼される司法を目指して──』を発表した。

司法制度改革は、改革審の答申で完結するわけではない。新法令をつくり、現行法令を改正して初めて改革は実現するのであり、国会審議の舵を取る政権与党の意見・方針は極めて重い意味をもつ。

しかもこの報告書は改革審で審議中の個別の論点ごとに意見と提案を示し、「司法制度改革審議会におかれて、本調査会の検討結果をも十分に踏まえた上で、実りある建設的な議論がなされるよう強く期待する」と圧力をかけた。

後にまとまる改革審最終意見書そして意見書に基づき実行した制度改革を、この報告書及び増補版である『21世紀の司法の確かなビジョン──新しい日本を支える大切な基盤──』（2001年5月発表）と対照すると、多数の論点で改革の内容・方向性が合致するのに気づく。強い力を持ったのは明らかだ。

最終意見書は原案を佐藤会長と竹下会長代理が作成した。

第57回会合（2001年4月24日）で目次案を提示し、この回と第58回（5月8日）で出た意見をもとに一部修正した。第59回（5月21日）と第60回（5月22日）で原案の第1読会を終え、第2読会、第3読会を経て、6月12日、首相官邸で開いた第63回会合で最終意見書を正式に決定。小泉純一郎首相に佐藤会長から手渡した。

審議会の答申・意見書として異例なのは改革を実現し実行する段階にまで注文をつけた点だ。〈今般の司法制度改革の推進〉と題する項目を立て、3点を政府や関係機関に要請した。

・改革を成し遂げるため内閣に強力な推進体制を整備する。
・内閣と関係行政機関は、司法制度改革に関する施策を策定し、計画的かつ早期に実施するよう努める。最高裁判所、日本弁護士連合会その他の関係機関は、内閣と関係行政機関の施策に最大限協力するとともに、自らの職務に係る制度や運営の改革・改善に積極的に取り組む。
・政府は、必要な財政上の措置について、特段の配慮をする。

第14章　司法制度改革を一望する（総論）

弁護士界は意見書をどう受け止めたか。

『日弁連六十年』（既出）は改革審を振り返って「もっとも困難な課題は、法曹人口問題であった」と書く。改革審で「中間報告書」の内容がほぼ固まった時期の2000年11月１日に、法科大学院構想と中坊レポートの法曹人口拡大案を受け入れるために開いた臨時総会は荒れに荒れ、反対派の一部が議長不信任の動議を出したり、壇上の議長席に詰め寄ったりして議事が度々中断、開会から採決を終えるまでに９時間近くを要した。

こうした強い反発・反対をふくめ、意見書が出た後の弁護士界の空気を『日弁連六十年』はこう記す。

> 日弁連・各弁護士会にとって、外の動きはまさに「激流」であり、他方、会内は法曹人口、法科大学院、弁護士制度改革など先行きが十分に見通せないため、「不安」いっぱいの状況になった。

日弁連執行部の、意見書に対する総括的な評価は同書によれば、

> 意見書の基本的立場は、日弁連が1990年に提唱した司法改革宣言以降の立場に相通じるものがあった。日弁連は意見書の不充分なところ、問題のあるところを指摘しつつも、全体として積極評価した。［以上、日本弁護士連合会2009：29、26〜27頁］

主要な論点ごとの評価は２つの日弁連文書——意見書を公表した2001年６月12日付「司法制度改革審議会の最終意見の公表にあたって」と９月７日付「司法制度改革審議会意見書について」——を要約して記そう。

【法曹人口の拡大】
　社会の隅々まで法の支配を確立していくことに積極的に取り組むことを企図したものとして大きな意義がある。
【法科大学院制度の創設】
　「官」による法曹養成制度から民間を含めた制度に転換することを目指したも

ので積極的に評価する。

【裁判員制度の創設】

　司法の市民的基盤を確立する上で画期的な意義を有する。

【刑事司法全般】

　被疑者・被告人の身体拘束に関する問題、すなわち「人質司法」からの脱却や代用監獄の廃止、矯正処遇の改善などに踏み込みがない。刑事司法の改革については全般的になお多くの問題が残されている。

【弁護士任官の推進など裁判官制度の改革】

　戦後50年、もっぱら官僚制強化の方向で進められてきた司法政策の根幹に転換をもたらし、法曹一元制度実現に向けた重要な一歩を踏み出すものと評価する。

【民事裁判の迅速化】

　「適正な裁判」「当事者の納得いく裁判」に関する内容が希薄。いたずらな「迅速化」によって裁判の本来の原則が損なわれないようにしなければならない。

【知的財産関係事件への対応強化】

　特許権及び実用新案権等に関する訴訟事件の東京・大阪両地裁への専属管轄化は「利用やすい司法」の理念に反し適当でない。

【労働関係事件への対応強化】

　労働調停制度の導入提案のほかには見るべきものがない。参審制の導入、不当労働行為救済のあり方の改革などを早急に検討すべき。

　司法制度改革の舞台は、次項で詳述する司法制度改革推進本部にかわり、事態が展開する速度と、改革の〝多岐性〟を増していく。

推進本部から立法まで

　意見書を受け取った小泉純一郎内閣は、３日後の閣議で「司法制度改革審議会意見に関する対処方針」２項目を決定した。

①　改革審の意見を最大限に尊重して司法制度改革の実現に取り組むため、速やかにこれを推進する作業に着手する。

②　司法制度改革の基本理念、推進体制を定める法案をできる限り速やかに国会に提出。３年以内を目途に成立を目指す。

第14章　司法制度改革を一望する（総論）

　①の最初の作業として７月１日、内閣官房に司法制度改革推進準備室を設置した。改革審の佐藤会長以下３人の法学者委員が準備室顧問となり、改革審事務局長を室長に横滑りさせた。改革審と同様に最高裁、日弁連など関係機関から要員を集めたこの組織が、司法制度改革推進法案の策定と、同法によって設ける司法制度改革推進本部の立ち上げを担当した。

　推進法案の国会提出は９月28日、成立は11月９日、施行は12月１日。閣議決定どおりの速やかな対処だった。

　同法８条によって生まれた推進本部は内閣と同一体で、総理大臣が本部長、官房長官と法務大臣が副本部長に就き、残る全閣僚を本部員とした。閣議決定の②にある「３年以内の関係法令成立」を必達目標とし３年間の設置期限を設けた。

　同法３条によって政府と裁判所は「改革に関する施策を策定し実施する」責務を負い、４条で日弁連に「改革実現のため必要な取組を行う」努力義務を課した。

　推進本部の役割（所掌事務）は「司法制度改革推進計画の作成及び推進」と「必要な法律案及び政令案の立案」で、実働部隊として事務局を置いた。事務局長に裁判官出身の法務省民事局長が就き、事務局次長３人は法務省、財務省、日弁連に割り当てた。参事官以下の事務局員は大半を法務省、最高裁、関係省庁の官僚で占め、複数の弁護士が任期付き公務員となって加わった。

　推進法と同日に施行した司法制度改革推進本部令（政令）で首相の任命する顧問８人からなる顧問会議を推進本部に設置した。「推進本部の施策に係る重要事項について審議し、本部長（首相）に意見を述べる」つまりは事務局のお目付け役で、座長に互選した佐藤改革審会長以外は全員、改革審委員でない非法曹の民間人を選んだ。

　所掌事務にある「推進計画」とは、意見書の提言をいつまでにどのように実施するか、意見書の項目ごとに政府の方針と担当官署（推進本部または各府省庁）を列記した文書で、2002年３月19日に閣議で決定した。法令制定の担当はほとんどが推進本部か「推進本部及び法務省」だが、所管府省庁・関係府省庁に委ねた項目もある。

　推進本部で実際に法令立案を担ったのは、事務局の中に別途置いた検討会だ

った。関連法令が大変な数にのぼり、多様な相互に対立する意見・主張を調整して条文を練り上げる必要があるため、多人数の専門チームを設けなければ到底「3年以内」の関連法成立期限は守れないからだ。さらに司法制度改革を国民の視点から構想し実現させるべしとの改革審の意見に沿うよう、広く非法曹の学識・有識者に法令案策定に関わってもらう必要もあった。

日弁連は政府に対し、改革関連法令を立案する独立の機関を設置し「日弁連をふくむ国民各層の意見を反映する者」をその構成員に選ぶよう要望したが、政府・法務省には法令案策定の主導権を手放す気はなく、検討会は推進法にも司法制度改革推進本部令にも設置規定のない「推進本部事務局と一体」(推進法案の衆議院法務委員会審議での法相答弁)の機関とした。

動きだした検討会は分野別に10(後に11に増えた)設け、それぞれ委員が11人、法曹三者からは原則1人ずつ(検討会によっては複数人)で、学者を主体に学識・有識者が多数を占めた。議事録はネット上に公開した。

1970年代〝司法の危機〟の渦中に、裁判官として、巻き込まれた宮本康昭弁護士(第10章の〈偏向裁判批判から〝司法の危機〟へ〉の項を参照)は日弁連の司法改革推進本部(前章の〈日弁連、3度の宣言〉の項を参照)事務局長などの経験をもとに「司法制度改革の立法過程」を書き、諸法令の仕上がりをこう評価した。

　　司法制度改革の提案は、立法段階での作業が行政官僚の手に掌握されることにより、停滞しあるいは骨抜きになるのではないか、という危惧は確かにあった。しかし数多くの改革立法は、批判すべき点は数々あるものの、全体として見れば審議会意見の相当部分を吸収したすぐれた立法となり得た。[宮本2008：72頁]

骨抜きにならなかった理由は以下の3点にある、と見た。

・顧問会議が、意見書の産みの親である佐藤座長を先頭に、立法過程においてチ

第14章　司法制度改革を一望する（総論）

ェック機能をかなり発揮した。

・検討会が事務局内に置かれながら、相対的には、独立した立法案の立案機関として機能した。

・上記が両々相俟って立法段階の密室化に歯止めをかけた。

　司法制度改革関連法案は2002年2月から順次、内閣が国会に提出し、推進本部を置いた3年間に成立した法律は、2002年に5本、2003年に7本、2004年に12本、合計24本を数えた。提出法案で廃案になったのは民事訴訟費用法改正案（弁護士費用の敗訴者負担制度を導入する法案）1本だけだった。

第15章
司法制度改革を一望する（各論）

基盤を変える——裁判官制度とゼロ回答の法曹一元

　本稿で引用した司法制度改革推進本部の各検討会、顧問会議の議事や構成員等の発言、配布資料は同本部ホームページを典拠とした。

　各論は、弁護士界の明治期からの悲願宿望であった法曹一元化の問題から始める。臨時司法制度調査会で一敗地にまみれた（第9章の〈臨司は葬儀式場だったのか？〉の項を参照）日弁連は、今次司法制度改革で捲土重来を期し、1990年の「司法改革に関する宣言」以来、法曹一元化を掲げたが、結論から言えば、今度もゼロ回答だった。

　ただ、弁護士側が法曹一元を求める理由とした「裁判官の在り方を改革する必要性」には賛同が得られ、意見書の〈Ⅲ　司法制度を支える法曹の在り方〉〈第5　裁判官制度の改革〉に結実。これを日弁連は、判事補制度（裁判官のキャリア制度）廃止・法曹一元に向かう第1歩と評価したから、ゼロ回答ではなく極めて不十分ながら一応の回答であったと考えるべきだろうか。

　弁護士界の宿願が達成できないとハッキリしたのは、改革審が折り返し点を過ぎたばかりの2000年8月9日、連続3日の集中審議最終日、法曹一元に絞った議論の結果だった。

　日弁連がこの場に差出した「法曹一元に向けての提言」は臨司での議論を蒸し返す内容で、その時代錯誤を難じたのは日弁連の主張を代弁するはずの元会長中坊公平委員だった。

　　弁護士で一番間違っていたのは、常に在野性を誇ってばかりいて、官と民に分けていること、法曹一元論でも「官を民の司法にしないといけない」と。今必要なのは裁判官も検察官も官から公という概念に変わり、弁護士

第15章 司法制度改革を一望する（各論）

も民とか在野という言葉から公という名によって統括することだ。

6時間に及ぶ討議を終え、佐藤会長は、審議結果を記者発表した。

　　法曹一元という言葉は多義的であり、この言葉にとらわれることなく「法
　の支配の理念を共有する法曹が厚い層を成して存在し、相互の信頼と一体
　感を基礎としつつ、それぞれ固有の役割を自覚しながら活躍することが司
　法を支える基盤となる」との基本的考え方に立脚して、さまざまな方策を
　構築すべき。

　意見書は佐藤の言葉にあった「さまざまな方策」として下記9点を示した。
法曹一元の4文字は意見書のどこにも現れない。

① 下級裁判所裁判官指名諮問機関を設置して任用制度を改革する。
② 評価権者・評価基準を明確化・透明化して人事評価制度を改革する。
③ 裁判所運営に国民を参加させる組織として各地方裁判所に裁判所委員会を設
　　置する。
④ 給源を多様化・多元化するため既存の弁護士任官制度を改善する。
⑤ 給源を多様化・多元化するため非常勤裁判官制度を導入する。
⑥ 判事補に弁護士職を経験させる制度を導入する。
⑦ 特例判事補制度を段階的に解消する。
⑧ 最高裁裁判官を選任する過程の透明性を確保する。
⑨ 報酬制度を見直す。

　改革実行のための制度設計・法令立案は原則として司法制度改革推進本部の
検討会が担ったが、裁判官制度改革は例外だった。政府は、最高裁が規則制定
権を持つこと、司法の独立に抵触しない慎重さが要ることから「最高裁におけ
る検討状況を踏まえた上で検討し、なお必要な場合には、所要の措置を講ず
る」方針をとった。
　「最高裁における検討」は、2つの既存の会議体（日弁連との協議会、一般
規則制定諮問委員会）と、最高裁内部で行った。推進本部の法曹制度検討会は

232

最高裁が報告する検討結果について説明を受け承認した。

　上記9方策のうち法令案・最高裁規則案を策定したのは①～⑥で、⑦⑧⑨は最高裁内部で実施の方法を検討し、法曹制度検討会でも議論したが、結局、実行は最高裁の裁量に任された。

　前章の末尾に引用した論稿「司法制度改革の立法過程」の著者宮本康昭は一般規則制定諮問委員会委員として方策①～⑥をめぐる議論に関わり、のちに「裁判官制度改革過程の検証」を著した。

　論稿で宮本は、裁判官制度も他の分野と同様に専門の検討会を設けて制度設計するべきだったと主張しつつ、方策①～⑥の改革を前向きにとらえ、論稿の〈むすび〉にこう記した。

　　全体を通じて、裁判官制度の改革はひとまず大きく前進したと思う。誤解
　　を恐れずに言えば、司法制度改革がはじまった10年前まではこれだけの前
　　進は予想することのできなかったものだった、とも言える。この10年は、
　　その前の30年の歩みを考えると、思い半ばに過ぎるものがある。［宮本
　　2005：121頁］

　〝司法の危機〟の時代に、理由を示さないまま最高裁が裁判官再任指名を拒否した宮本（第10章の〈偏向裁判批判から〝司法の危機〟へ〉の項を参照）である。上述の方策①②の実現には、ひとしおの感慨があっただろう。

　最後に、日弁連が「法曹一元への足掛かりになる」と評価した弁護士任官制度の改革（方策9点の④）をみておこう。

　臨時司法制度調査会意見書（1964年）にも「裁判官任用制度の改善」の提言があり、最高裁は1988年3月に判事選考要領を定め、毎年20人程度、弁護士を判事に任用する計画を公表した。1990年に日弁連会長に就任した中坊公平は弁護士任官を増やすための制度整備を法務省、最高裁と話し合い、判事選考要領を裁判官選考要領に改定させ、従来の〝一本釣り〟から日弁連を通じて任官希望者を募る方式に改めた。新制度は1991年10月から動きだした。

　最高裁と日弁連は、改革審が中間報告（2000年11月20日公表）で「裁判官の給源を多元化する有効な方策である弁護士任官が進んでいない」と批判したの

を受けて、意見書を待たず2001年4月から任官の隘路を見出し打開する協議を始めた。同年12月に合意文書を共同で発表。翌年から実施した。

だいぶ以前から弁護士側が実現を望み最高裁の反対で宙に浮いていた非常勤裁判官制度（弁護士が任官しないまま裁判官の職務を遂行する制度）を方策9点の⑤と位置づけ、日弁連と最高裁の間で再検討した。憲法上また実務上の懸念があるいくつかの問題点を解決し、弁護士が裁判官と同等の権限をもつ民事調停官・家事調停官として週1日裁判所に勤務する制度の導入で合意に達した。民事調停法と家事事件調停法を改正し、2004年1月に施行した。

基盤を変える──法科大学院・法曹養成

法曹の大増員が司法制度改革の眼目であり、その実現のためロースクール（法科大学院）を創設して法曹養成専門機関とする方針は、改革審発足当初から、多くの委員の了解事項であった。

というのは、改革審への道をひらいた司法試験・法曹養成制度改革（第13章の〈先駆けは司法試験の門戸拡大〉の項を参照）の経過のなかで、また政府・自民党、経済界の法曹人口拡大議論（同章の〈政府・経済界の行革と規制緩和〉の項を参照）、さらには文部省大学審議会の答申「21世紀の大学像と今後の改革方策について」（1998年10月）で示した「高度専門職業人養成に特化した大学院構想」などを通じて「大学法学部（あるいは司法試験予備校）→司法試験→司法修習」と続くコースを改め法曹養成専門の教育制度を設けなければならない、との認識を関係者が共有したからだ。

改革審は第7回会合（1999年11月24日）に青山善充東京大学副学長を招いてヒアリングをした。テーマは「法学教育の現状とロースクールへの展望」で、次の意見を述べた。

　日本の司法試験制度が行き詰っており、法曹の質の向上という点からその抜本的な改革が必要であり、他方で日本の法学教育が法曹養成のための教育を行うべきだということになるならば、ロースクール構想が浮上してくるのは自然である。

またこの日の会合で前慶応義塾長の鳥居泰彦委員はこう発言した。

　　大学の立場から言うと、もうすでにどこの大学でも、法学部の先生が自分
　　たちだけで、新しい意味のロースクールもできると信じて動き始めている。

　改革審は以後３回の意見交換を重ね、第18回会合（2000年４月25日）で中間
集約といえる「法曹養成制度の在り方に関する審議の状況と今後の審議の進め
方について」と「法科大学院（仮称）に関する検討に当たっての基本的考え
方」を文書にし、討議に区切りをつけた。
　ロースクールを全国に創設するには既存の大学の「ヒト・モノ・カネ」を活
用するしかないので、大学審議会答申が示した前述の「高度専門職業人養成に
特化した大学院構想」は強い拘束力をもった。改革審は大学・大学審議会を所
管する文部省（2001年１月から文部科学省になる）に「専門的・技術的見地に
立つ会議体」を設けてもらい、そこに制度・機構の設計図づくりを委ねた。上
記の「基本的考え方」は会議体の議論に枠をはめる文書であった。
　１カ月後に発足した法科大学院（仮称）構想に関する検討会議は、形式上、
司法制度改革審議会設置法６条に基づき、改革審の求めに応じて文部省が資料
を作成するための会議体だが、実質は改革審の〝子会〟で、作成する資料は答
申書に相当した。６人の大学関係者以外に４人の改革審委員と法曹三者の代表
３人が議事に加わり、検討課題は法科大学院設置後の司法試験・司法修習の在
り方を含んだ。
　検討会議は報告書「検討のまとめ」を改革審第33回会合（2000年10月６日）
に提出した。「法曹として備えるべき資質・能力と法曹養成の基本理念」には
じまり大小16項目にわたる詳細な内容で、再開した改革審の討議はこの検討結
果をもとに進めた。
　改革審意見書の〈Ⅲ-第2　法曹養成制度の改革〉の提言は他の項目に比べ
飛び抜けて具体的だった。新養成制度でも司法試験と司法修習は存続させると
し、新設する法科大学院については設置形態、修業年限、教育内容、教員組織
など提案は細部にわたった。そのため司法制度改革推進本部法曹養成検討会の
法令作成に向けた協議事項は下記３点に絞った。なお法科大学院の設置基準案

第15章 司法制度改革を一望する（各論）

の策定は文部科学省の中央教育審議会が所管した。

＊法科大学院の適格認定をする第三者評価の方法
＊新司法試験の在り方と、現行試験からの移行措置
＊新試験導入後の司法修習の在り方と、合格者増加への対応

　意見書が法科大学院の学生受け入れ時期を2004年4月と指定したので関連法令案の策定を急ぎ、学校教育法改正法、司法試験法及び裁判所法改正法、法科大学院の教育と司法試験等との連携等に関する法律（法科大学院教育・司法試験連携法）の3法案を国会提出したのは法曹養成検討会第1回会合から9ヵ月後、2002年10月だった。

　司法制度改革が実行に移ってから法曹人口拡大と法科大学院はともに、改革審が設定した軌道から大きく外れてしまう。それは次章の〈目論見外れた新養成制度〉の項でくわしくみる。また法曹養成検討会が決めた制度の新設・改正のうち2件は、後に困難な問題を生じさせた。予備試験の扱いと、司法修習生への給費制廃止だ。これも次章同項で論じる。

基盤を変える──法テラス誕生

　改革で生まれた制度・組織の1つ日本司法支援センター（法テラス）の設立に至る道筋は特異だ。改革審の意見書に法テラスのような機関を設ける提言はなかった。
　ただし、法テラス設置法である総合法律支援法（総支法）が規定する5つの業務は、下記のとおりに分散して、意見書に現われる。〈〉内は意見書の項目番号と標題である。

---

①民事法律扶助＝〈Ⅱ-第1-7-（2）民事法律扶助の拡充〉
　対象事件・対象者の範囲、利用者負担の在り方、運営主体の在り方等について検討を加えた上、一層充実すべきである。

②司法の利用に関する情報提供＝〈Ⅱ-第1-7-（3）-ア司法の利用相談窓口・情報提供〉

司法の利用相談窓口を裁判所、弁護士会、地方公共団体等において充実させ、各種の裁判外紛争解決手段（ADR）、法律相談、法律扶助制度を含む総合的な情報提供を強化すべきである。

③司法過疎対策と常勤弁護士制度＝〈Ⅲ-第3-3-（1）法律相談活動等の充実〉

国民の弁護士へのアクセスを拡充する見地から、弁護士人口の大幅な増加を図ることに加えて、弁護士過疎問題への対応の視点も含め、弁護士会の「法律相談センター」等の設置を進めるべきである。その際、国又は地方公共団体において一定の財政的負担を行うことも含め、これらの制度運営の在り方について検討すべきである。

④国選弁護制度の運営と常勤弁護士制度＝〈Ⅱ-第2-2-（1）-イ公的費用による被疑者・被告人の弁護制度導入のための具体的制度の在り方〉

公的弁護制度の運営主体は、公正中立な機関とし、運営のために公的資金を導入すべきである。上記機関は、全国的に充実した弁護活動を提供しうる態勢を整備するために、例えば、常勤弁護士の配置などが考えられる。

⑤犯罪被害者支援＝〈Ⅱ-第2-5 犯罪者の改善更生、被害者等の保護〉

刑事手続の中で被害者等の保護・救済に十分な配慮をしていくべきである。被害者等への精神的、経済的ケアをも含めて幅広い社会的な支援体制を整備することが必要である

　意見書が制度の運営主体に言及したのは①と③で「（法律扶助の運営主体は）刑事司法における被疑者・被告人の公的弁護制度の在り方との関連をも踏まえて総合的に検討する必要がある」と民事、刑事の別なく同一の組織で運営する方向を示した。

　総支法は法テラスの業務である「総合法律支援」の目的を「民事、刑事を問わず、あまねく全国において、法による紛争の解決に必要な情報やサービスの提供が受けられる社会を実現する」と定める。

　そうした業務が必要だと初めて明言したのは司法制度改革推進本部長の小泉純一郎首相だった。2002年7月5日の推進本部顧問会議（前章の〈推進本部から立法まで〉の項を参照）で佐藤幸治座長から「顧問会議アピール」を受け取った場でこう述べた。アピールについては、次項〈裁判を変える——迅速化

第15章　司法制度改革を一望する（各論）

法〉で説明する。

　　改革でまず必要なのは、司法を国民の手の届くところに置くこと（中略）
　全国どの街に住む人にも法律サービスを活用できる社会を実現することで
　あるから、その具体的な方策を講じていく必要がある。

　発言を受けて推進本部事務局が「具体的な方策」の立案に入った。年内には、
後に総支法で規定する制度・組織の骨格が固まったようで、年明け早々の新聞
に「全国どこに住む人でも法律サービスを利用できるようにするための『リー
ガルサービスセンター』（仮称）構想の制度設計が大詰め」との記事が出た。
構想の概要として業務内容のほか「独立行政法人が運営」とも書いた。
　2003年2月6日の顧問会議で小泉首相が一歩踏み込んだ挨拶をした。

　　司法は「高嶺の花」にとどまらず「手を伸ばせば届く」、そういう存在に
　ならなければならない。法的紛争を抱えた市民が、気軽に相談できる窓口
　を広く開設し、全国どの街でも、市民が法的な救済を受けられるよう、
　「司法ネット」の整備を進める必要がある。

　1月の新聞報道のリーガルサービスセンターとは司法ネットを運営する組織
（運営主体）に推進本部事務局が付けた仮称だった。
　6月20日、事務局は司法ネットの制度化・立法化を司法アクセス検討会の新
たな議題に上げた。事務局の説明は、

　　「司法ネット」という言葉は、小泉総理が、顧問会議で、民事、刑事を問
　わず、国民が全国どこでも法律上の紛争の解決に必要な情報やサービスの
　提供を受けられるような仕組みを、と提唱したもので（中略）相談窓口の
　問題、民事法律扶助を中心とする民事法律サービスの問題、それから刑事
　の関係の公的弁護制度の問題、更には司法過疎の問題、こういうものを含
　んだトータルなものとして、司法ネット構想があると考えている。

238

基盤を変える──法テラス誕生

　司法アクセス検討会は最終会合（2003年12月25日）で総合法律支援法案の要綱案に当たる「司法ネットについて（概要）」を承認した。この前日、公的弁護制度検討会は取りまとめ文書「公的弁護制度について」を承認。文書中の〈運営主体の在り方〉で「司法ネットの中核となる運営主体の業務の一環として、公的弁護に関する業務を位置づけるものとする」とした。

　両方の検討会で主要な論点となった「運営主体の組織形態」を「司法ネットについて（概要）」は以下のように規定した。

　　　独立行政法人の枠組みに従いつつ、運営主体の行う業務が司法に密接にかかわるものであること等を踏まえた適切な組織形態とする。

　総合法律支援法案は2004年3月に国会提出し、5月に成立、6月に公布・施行した。同法は「司法ネット」を「総合法律支援」と呼び、構想段階でリーガルサービスセンターと仮称した運営主体を日本司法支援センターと名付けた。センターの設立は2006年4月。同年10月に業務を始めた。

　新組織の発足により、1952年から扶助事業を担ってきた財団法人法律扶助協会は解散した。

　法律扶助は、1933年制定の旧弁護士法が弁護士会会則に「無資力者の為にする法律相談及び訴訟扶助に関する規定」を入れるよう規定して以来、法律上、弁護士会の行う事業の位置づけだった。扶助協会は日弁連が設立した法人（1965年まで日弁連会長が理事長を兼任）で、1958年に交付が始まった国庫補助金（使途を事業費に限った）は微々たる額にとどまった。

　2000年10月施行の民事法律扶助法（総支法成立で廃止）は、初めて法律扶助を「公共性の高い事業」と明記し国に「事業の適正な運営を確保し、その健全な発展を図る」等の責務を課した、扶助の歴史で画期的な立法であり、施行後、補助金は飛躍的に増えた。それでも、依然として弁護士会（扶助協会）が事業主体だった。

　総支法により扶助協会から承継した司法支援センターの扶助事業は、扶助を受けた被援助者からの償還金と国の予算で運営する。法律扶助制度はすっかりその姿を改めた。

239

第15章　司法制度改革を一望する（各論）

裁判を変える——迅速化法

　先に引用した『司法改革——日弁連の長く困難なたたかい』の第7章 -10の標題は〈突然出てきた「裁判迅速化法案」〉である。著者の大川真郎は司法制度改革推進本部の設置期間3年のうち2年間、日弁連事務総長だった。その大川にして突然の感があった。

　迅速化法になぜ関係者は唐突感を覚えたのか。

　まず法律の内容である。民事、刑事を問わず裁判第一審を2年以内で終える目標を法定し、国、裁判所、日弁連の責務を定める単行法など、およそ訴訟に携わる法曹三者や法律学者の発想するところではない。

　法案策定までの経緯もある。迅速化法は司法制度改革推進本部のお目付け役である顧問会議が出したアピールをもとに首相（本部長）が立法化を決め、検討会に諮らず事務局が直接法案を策定し、顧問会議の了承を得た。

　以下、迅速化法が生まれるまでをたどる。

　顧問会議がアピールを出すと決めたのは第4回（2002年5月16日）の会合だった。佐藤幸治座長が、「改革審の終了後、どうも国民の関心が薄らいできたように感じるので、顧問会議から国民に向けて『司法制度改革とはこういう趣旨なんだ』と訴えかけたい」と発案。他の顧問が賛同して、国民からみて裁判が遅いのが一番の問題だ、そこを今次の司法制度改革で正そうとしていることを国民に分かってもらうようにしよう。そう話がまとまった。

　顧問会議では聞き役に回っていた推進本部長補佐の古川貞二郎官房副長官がここで手を挙げた。

　　我々の考えは、審議会で御意見を賜った方向を、是が非でも実現したい。裁判のスピードという話で「原則2年間ですべて結審する」というぐらいの議論を一方をすれば、（意見書の提案全般について＝引用者注）具体策の検討、いろんな手続なんかも変えなければいけないという、相当インパクトのある議論ができるんじゃないかと思う。

裁判を変える——迅速化法

　古川は省庁間の調整役つまり官僚のトップである事務担当副長官の在職がすでに７年を超えていた実力者である。改革審を設置し内閣あげて司法制度改革に取り組む体制をつくった張本人でもあった。

　第13章で引用した、改革審発足時の法務省官房長・但木敬一著『司法改革の時代』は「司法改革が本格的に動き出す最初の一歩となった」場面を描いている。

　時は、自民党司法制度特別調査会の報告や行政改革会議の最終報告など司法制度改革につながる動きが相次いだころで、法務省は臨時司法制度調査会以来の大規模な司法制度改革論議を始めざるを得ないと判断。「内閣全体で司法改革を取り上げてもらいたい」という省の要望を携えて、但木は、後に推進本部事務局長となる司法法制調査部長とともに古川を訪ねた。

　　私たちは、恐る恐る事情を説明し「内閣で司法改革に取り組んでもらいたい」とお願いした。（中略）そう色よい返事は、直ぐには期待できないと思っていた。だが意外にも、古川副長官は即座に「ぜひやりましょう」と答えてくれた。［但木：159〜160頁］

　顧問会議のアピール文は、第５回の顧問会議（2002年７月５日）で小泉首相に手渡した。国民向けを意識して、文書は「21世紀の日本を支える司法の姿」を３項目にまとめそれぞれ「いま」と「これから」を対比する体裁をとった。３番目の項目〈国民にとって利用しやすく、速い司法〉の「これから」に「２年以内に判決がなされる」とあった。

　小泉首相はアピール文を手にして応えた。

　　現状の司法手続や司法現場における運用において、２年以内という目標の達成が困難であるというなら、これをいかに可能にするか、その仕組みを考えなければならない。

　裁判の迅速化に関する法律が2003年７月に成立（公布・施行も同月）するまでの日弁連の対応を『司法改革——日弁連の長く困難なたたかい』を借りて記

241

そう。

> 日弁連は（中略）「迅速化」のためには「充実」が欠かせず、そのために（中略）インフラ整備はもとより、証拠収集を容易にするための制度改革が必要だとつよく主張した。（中略）「充実」と「迅速」のせめぎあいのなかで、事務局の文案はめまぐるしく変わった。最終的には日弁連意見も一定程度取り入れられて法案となったが、国会審議の段階に入っても、第1条（目的条項）に裁判の「迅速」だけでなく「充実」の文言を入れることを求め、ついにこれを入れた文言に修正された。[大川：238頁]

裁判を変える——民事手続と人事訴訟法

　司法制度改革を実行する法律24本のうち3本（民事訴訟法等の一部を改正する法律、担保物権及び民事執行制度の改善のための民法等の一部を改正する法律、人事訴訟法）は司法制度改革推進本部ではなく法制審議会が法案要綱を策定した。

　法務大臣が法制審に「民事訴訟法及び人事訴訟手続法の見直し」と「民事執行制度の見直し」を諮問したのは改革審意見書が出てわずか6日後だった。

　法制審は前者の諮問に応じるため民事・人事訴訟法部会と人事訴訟法専門の分科会の2つの会議体を新設し、それぞれが別々に調査審議に当たった。双方14回の会合を重ねて、2003年1月24日の合同会合で2本の法案要綱案を承認した。

　「民事執行制度の見直し」は既存の担保・執行法制部会が担当し、「担保物権及び民事執行制度の改善のための民法等の一部を改正する法律案」の要綱案をつくった。

　いずれの要綱案も審議会意見書の提言に従った内容である。

　推進本部と法制審両部会の最初の接点は3本の法案要綱がほぼ固まった段階の2002年11月。法務省民事局長が推進本部顧問会議に出て概要を明らかにし顧問たちの意見を聴いた。あとは2003年2月にやはり顧問会議で国会提出法案として民事局長が説明しただけで、まったく推進本部から離れて立案作業を完了

した。

3本の法案は裁判迅速化法案と一緒に2003年3月に国会提出し、7月に成立した。

民事訴訟法等の一部を改正する法案の骨子は5点。

- ・裁判所と当事者に訴訟手続の計画的な進行を図る責務を課した。
- ・提訴前でも相手方に証拠や情報の照会をし、文書の所持者に文書の送付を嘱託する手続を設けた。
- ・医事や建築などの専門家を争点整理や証拠調べ、和解協議などの訴訟手続に関与できるようにした。
- ・特許権及び実用新案権等に関する訴えについて、第一審は東京・大阪両地裁の専属管轄（従来は競合管轄）にし、控訴審は東京高裁の専属管轄とした。（これを再度改めた知財高裁創設の経緯は次項に記す）
- ・簡易裁判所の機能拡充のため少額訴訟に関する特則の適用上限額を30万円から60万円に引き上げた。

人事訴訟法は、1898年の制定以来ほとんど手を加えていない文語体・片仮名表記の人事訴訟手続法を置き換える新法で、改正の骨子は4点。

- ・人事訴訟と密接に関連する損害賠償訴訟も家裁で審理する。
- ・離婚訴訟で親権者の指定や養育費、財産分与の申し立てに家裁調査官を活用する。
- ・人事訴訟の審理・裁判に一般国民から選任した参与員を関与させる。
- ・当事者尋問などで審理の公開停止を認める要件・手続を規定。また裁判上の和解による離婚・離縁を可能にした。

担保物権及び民事執行制度の改善のための民法等の一部を改正する法律案は民事執行制度の見直しが目的で、骨子は4点。

- ・債務履行を促進する方策を強化した。
- ・裁判所が債務者に財産の開示を命じる手続を新設した。
- ・いわゆる占有屋による執行妨害に対処する保全処分を強化した。

第15章　司法制度改革を一望する（各論）

・養育費など少額定期給付債務を履行させる制度を強化した。

裁判を変える——知財高裁を創設

　司法制度改革推進本部で法令案を策定した11の検討会のうち知的財産訴訟検討会は他より10カ月遅れて2002年10月に発足した。追加設置の理由を以下に記す。

　改革審意見書の〈Ⅱ‐第1‐3　知的財産権関係事件への総合的な対応強化〉の提言は5点あった。

①　東京・大阪両地裁の専門部を実質的な特許裁判所として機能させる。
②　弁理士に特許権等の侵害訴訟代理権を付与する。
③　法曹の専門性を強化する。
④　仲裁制度や特許庁の判定制度などADRを拡充する。
⑤　特許侵害紛争での証拠収集手続を改善する。

　①と⑤は法制審民事・人事訴訟法部会で法制化作業が始まっていた（前項を参照）。②は弁理士法（経済産業省所管）改正で2002年4月にいち早く実現した。③④はそれぞれ担当する検討会がある。ということで推進本部は当初、知的財産権関係の検討会を設けなかった。

　ところが意見書に「知的財産権の保護を政府全体の最重要課題の1つとすべき」とあるのを受けて小泉純一郎内閣が2002年2月に「知的財産立国を目指す」政策を打ち出し、事情が変わった。

　7月、首相が主宰する知的財産戦略会議が知的財産戦略大綱を決定。ここで知的財産関連訴訟の制度・手続改革を要求、推進本部に知的財産訴訟検討会を設けさせた。2002年10月23日に第1回会合を開いた。

　この時期、法制審民事・人事訴訟法部会では法案要綱の素案が出来上がっていた。屋上屋を架すような検討会をつくったのは、政府・自民党やこの問題に格別の関心を寄せる経済界が、法制審・法務省の手で法制化しつつある改革案

244

にあきたらなかった——とくに知財の範囲が特許に限られていること——から
だった。

推進本部顧問の今井敬日本経団連名誉会長は2003年4月14日の顧問会議でこ
う発言した。

　　日本の産業の国際競争力を強化するためには、知的財産関係の制度整備が
　必要。知的財産戦略本部（知的財産戦略大綱に載せた政策を実行する組織。
　首相を本部長とし2003年3月に設置＝引用者注）と司法制度改革推進本部
　と連携を取りながら制度の整理が必要ではないか。

　検討会が知財高裁構想を議題に上げたのは2003年4月15日の第7回会合。奇
しくも、東京・大阪両地裁と東京高裁の専門部を実質的な特許裁判所にする民
事訴訟法等の一部を改正する法案（前項を参照）が衆議院で審議入りした日だ
った。

　一方の政府知的財産戦略本部は7月に決定した「知的財産の創造、保護及び
活用に関する推進計画」に知財高裁構想を入れ、戦略本部の下部機関として設
けた権利保護基盤の強化に関する専門調査会に「知的財産高等裁判所の創設」
を議論させた。

　以後、同専門調査会と推進本部の検討会が並行して知財高裁の制度設計に当
たることになり、専門調査会に検討会座長の伊藤眞東京大学教授が委員として
加わった。

　専門調査会では、知財高裁を9番目の高等裁判所として創設する案（経済界
が強く推した）と、東京高裁の中に法律上の裁判所を置く案とが最後まで並存
し、2003年12月にまとめた提言は設置形態をどちらとも決めなかった。推進本
部検討会でも、この2案に絞って議論を重ねた。

　知的財産高等裁判所設置法案の要綱案である「『知的財産高等裁判所（仮
称）』の設置について」を検討会が決定したのは2004年1月21日。ひと月前に
は、知財関係訴訟の手続の改革や、侵害訴訟と特許無効審判との関係を整理す
る法改正について意見をとりまとめ、推進本部事務局はこれに基づき裁判所法
等の一部を改正する法案の策定を進めた。

第15章　司法制度改革を一望する（各論）

両法案を３月に国会提出、６月に成立。2005年４月に知財高裁が発足した。

裁判を変える──仲裁とADR

改革審意見書の〈Ⅱ−第１−８　裁判外の紛争解決手段（ADR）の拡充・活性化〉は以下の３点を求めた。

> ・仲裁法制（国際商事仲裁を含む）を早期に整備する。
> ・ADRの利用促進のための基本的な枠組みを規定する法律（いわゆるADR基本法など）の制定を検討する。
> ・隣接法律専門職種など非法曹の専門家をADRに活用するため、職種ごとに法制上明確に位置付ける。

司法制度改革推進本部は「仲裁」と「ADR」の２検討会を設けたが、学者委員３人は共通で座長を青山善充元東京大学副学長が兼任した。両検討会の進行は対照的だった。仲裁の方は、11ある検討会で最短の１年１カ月13回の会合で任務を終え、ADRは逆に最多となる38回の会合を重ねた。

1890年に民事訴訟法第８編として制定した仲裁法（公示催告及ビ仲裁手続ニ関スル法律）を置き換える新法の立案がスムースに運んだ理由は第１回会合（2002年２月５日）の青山座長の挨拶から窺える。

> 幸いなことに、仲裁法の立法については国際的にも国内的にもモデルが提示されているので、各委員の見識と経験及びそれらのモデルを基礎として任務を果たしたい。

青山が委員を務めた法制審議会で1989年と1996年の２度にわたり民訴法を改正（第12章の〈旧態依然の綻び　民事裁判〉の項を参照）した後、２度とも仲裁法が次の法制整備の候補にあがった経緯もあって、「国内的な立法モデル」は実務家・研究者の間で出来上がっていた。

「国際的なモデル」とは国連の国際商取引委員会（UNCITRAL）が1985年に

採択した国際商事仲裁モデル法を指す。既に40以上の国と地域がこれに準拠した法令を施行していた。

第1回から会合ごとに配布した事務局作成の検討項目案は、同モデル法の章条だてどおりで、仲裁法案の要綱案づくりは効率的だった。

ただ、2点で議論が対立し、妥協策として「当分の間」という期間限定を付した特例条項を仲裁法の附則に設けた。

・消費者と事業者との間に紛争前に成立した仲裁合意は消費者が解除できる。（附則3条）
・個別労働紛争を対象とした仲裁合意は無効とする。（附則4条）

『司法改革——日弁連の長く困難なたたかい』（既出）は次のように解説する。

> 仲裁における社会的弱者への配慮がなされないまま議論が進行していた。（中略）日弁連推薦委員がこの点について問題提起をし、外部の意見が数多く検討会に寄せられるようになった。その結果、消費者契約や労働契約については、立場の弱い消費者、労働者の仲裁契約の事前合意の拘束力を実質的になくす内容の法律になった。[大川：241頁]

いっぽう、ADR検討会は難航した。

最終の第38回会合を開いたのは推進本部の設置期限が3週間後に迫った2004年11月8日。国会では、検討会が要綱案を策定した「裁判外紛争解決手続の利用の促進に関する法律案」（ADR促進法案）の審議がすでに始まっていた。同法案で規定しなかった、隣接法律専門職に対するADR手続の代理権付与の問題と、ADR利用促進のための中長期的な課題についての議論が、なお残っていた。

最終会合を締めくくった青山善充座長の挨拶が、2年10カ月の時日を要した理由をよく説明している。

> 日本におけるADRがまだ揺籃期にある、これを21世紀の日本で裁判制度

第15章　司法制度改革を一望する（各論）

とどう関係付けていくかについてのフィロソフィーとか、あるいは認証制度を ADR という私的自治の世界に導入することはどうなのかとか、ADR に対する国の関与の在り方はどうなのかという基本的な問題について、各委員の間で、当然に、考え方が違うところがあり、その議論を収斂するには、2 年では足りなかった。

青山座長が言う「各委員の間で考え方が違った基本的な問題」のうち対立が際立った「ADR という私的自治と国の関係性」については、「民間紛争解決手続（ADR）を業として行う者は、申請により法務大臣の認証を受けることができる」国家認証制度とし、認証を受けた ADR には時効中断効などの法的効果を付与することで合意をみた。しかしもう 1 つの難問「隣接法律専門職をどの範囲で ADR 手続に関与させるか」が最後まで結論を出せなかった。

手続の運営者にどの専門職がなれるのか、については ADR 促進法案 6 条（民間紛争解決手続 ADR 業務の国家認証の基準）に「手続実施者が弁護士でない場合は、弁護士の助言を受けることができるようにするための措置を定めていること」との 1 項を入れて決着したのだが、手続代理権をどの専門職に与えるかは同法案に規定を設けられなかった。代わりに、推進本部事務局が専門職種ごとのガイドラインを決定し、後日、各専門職を所管する省庁がガイドラインに従って策定する個別法令で手続代理権を与える方式をとった。

検討会最終会合では、各委員がガイドラインについて意見を事務局に伝えた。11 月末日に解散した後でも推進本部の決定事項は法的効力をもつのか、委員に問われた事務局は「推進本部構成員（全府省庁になる＝引用者注）の間で合意したという事実が残る」と回答した。

最終会合から 2 週間余り経って「司法制度改革推進本部決定（2004 年 11 月 26 日）」として発表したガイドラインは司法書士、弁理士、社会保険労務士、土地家屋調査士に手続代理権を認め、税理士、不動産鑑定士、行政書士は「将来、ADR 促進法に依る手続実施者としての実績を見極めることができるようになってから手続代理権付与の是非を改めて検討する」とした。

裁判を変える──労働審判の導入

　労働検討会が産み出した労働審判制度は、まったくのゼロから生長した司法制度改革の果実だ。改革審として議論すべき課題をあげた「論点整理」（1999年12月21日）の初案には「労働」は入っていなかった。

　改革審委員で労働検討会委員も務めた高木剛 UI ゼンセン同盟会長（のち連合会長）は、審議会から検討会の議論を振り返った一文「労働審判制度の円滑なスタートと定着を」にこう書いた。

　　「論点整理」では、労働関係は民事事件訴訟の改革の項に「労働」という
　　２文字が書き込まれたにすぎず、この２文字も最初の案の段階では入って
　　おらず、何とか書き込んでもらうのに腐心した。［高木：27頁］

　２文字は改革審審議の間に育ちあがり意見書では独立した１項〈Ⅱ－第1－4　労働関係事件への総合的な対応強化〉となった。意見書提言のうち労働検討会の課題としたのは２点。

---

　①　雇用・労使関係に関する専門的な知識経験を有する者の関与する労働調停を
　　　導入すべきである。
　②　労働委員会の救済命令に対する司法審査の在り方、雇用・労使関係に関する
　　　専門的な知識経験を有する者の関与する裁判制度（ヨーロッパ諸国で採用さ
　　　れている労働参審制を含む）の導入の当否、労働関係事件固有の訴訟手続の
　　　整備の要否について、早急に検討を開始すべきである。

　以下、高木の文章と、検討会座長菅野和夫東京大学教授が書いた「司法制度改革と労働検討会」をもとに労働審判制度が形を現わすまでを記そう。

　課題②の前段「労働委員会の救済命令に対する司法審査の在り方」は「厚生労働省の労働政策審議会が2003年12月に建議した『労働委員会の審査迅速化等のための方策』に同調して、不当労働行為事件命令の取消訴訟における新証拠

第15章　司法制度改革を一望する（各論）

の提出制限に関する提言をとりまとめた」（菅野）。

　労働政策審議会の建議に基づき政府は労働組合法改正法案を2004年3月に国会提出し11月に成立した。推進本部はこれも司法制度改革関連法案の1つに数えた。

　残る課題①と②後段については「ある時期まで『労働調停』と『労働参審制』を別個のものとして俎上に載せ、それぞれ何回となく論議した」（高木）が、②後段を巡って労働側委員と経営側委員の対立が先鋭化した。

　この難路を突破し改革審意見書が想定しなかった斬新な労働審判制度を創生するのに貢献したのは、検討会内部では菅野座長のほかに3人いた学者委員たちであり、外部では2002年8月に発足した日弁連労働法制委員会だった。

　もともと労働法制専門の委員会がなかった日弁連は2000年12月、労使それぞれの側で代理経験が豊富な弁護士をメンバーとする労働裁判プロジェクトチームをつくった。委員会に格上げしたのは、労働検討会の議論を前進させる働きを期してだった。

　活動の第1弾が英国雇用裁判所とドイツ労働裁判所から裁判官を招き検討会委員のほか推進本部事務局も参加したシンポジウムの開催（2003年7月）だった。菅野座長は「（シンポでの）英独の裁判官の実感をもった説明が、わが国社会に適合的な労働関係専門の紛争解決制度の模索につながった」と評価した。

　学者委員の貢献は明らかだ。始まりは、上述のシンポ開催を前にした6月20日の会合で、学者委員の1人が「調停と裁判の中間的な制度」を考えてはどうかと提案した。「労使双方の委員が加わる手続で、調停よりもパワーアップした手続を考えていくことも1つの選択肢と思う」。

　翌々回の会合で菅野座長は「中間的な制度」を俎上に載せ、上述の委員に「イメージする手続の特徴」を説明させた。

　その次の会合に3人の学者委員は連名で「中間的な制度の方向性について」を提出した。4つの案を「調停・裁定選択型」「調停・裁定合体型」「調停・裁定融合型」「裁定単独型」と名付けて併記した文書で、以後の議論のたたき台となった。

　2003年8月1日の第25回会合で「新しい紛争解決制度（仮称・労働審判制度）の導入」を柱とする「労働関係事件への総合的な対応強化についての中間

とりまとめ」を採択し、パブリックコメントを求めた。

　検討会の結論である「労働審判制度の制度設計の骨子」を固める段階で労働者側と経営者側の意見がまた対立したが、これを収拾したのがふたたび日弁連労働法制委員会だった。労働者側の意見を容れた内容の正副委員長案をまとめ、検討会で経営者側の弁護士委員から報告させた。

　『日弁連六十年』は、我田引水のきらいはあるが、こう記す。

　　労働法制委員会では労働者側、使用者側、中立の委員で構成される強みを
　　生かし、「労働審判制度の制度設計について（骨子）」を取りまとめ、労働
　　検討会に提出した。これによって最後の対立点がクリアーされ、最終的に
　　労働審判制度の全体像が固まった。[日本弁護士連合会2009：161頁]

　労働審判法は2004年4月に成立。2006年4月から施行した。

裁判を変える——行政事件訴訟法を初改正

　改革審意見書〈Ⅱ-第1-9　司法の行政に対するチェック機能の強化〉は他の提言と異なり、制度改正・改善の方向をまったく示さなかった。

　　司法及び行政それぞれの役割を見据えた総合的多角的な検討が求められる。
　　政府においては、行政事件訴訟法の見直しを含めた行政の司法審査の在り
　　方に関して、本格的な検討を早急に開始すべきである。（司法制度改革審
　　議会意見書40頁に載録）

　行政訴訟を議題にした改革審第42回会合（2000年12月26日）での竹下守夫会長代理の発言を読めば、生煮えの提言になった理由が分かる。

　　ここ（改革審）では個別の問題についてまで議論するのは不可能だと思う。
　　しかし行政訴訟制度の改革が不可避であるというからには、どういう方向
　　で検討をすべきなのかは明らかにして、次の検討の場、それも当審議会に

匹敵するぐらいの重みのある検討の場でないと、行政訴訟の問題は、十分な改革を期待できないのではないか。

　改革審意見書の漠とした提言を法令案要綱案の形に具体化しなければならない行政訴訟検討会は「行政に対する司法審査の在り方の改革」という大きく構えた課題ではなく、３年以内の法案成立期限で実現可能な範囲での行政事件訴訟法改正に的を絞った。
　検討会の座長塩野宏東亜大学教授は初回会合（2002年２月18日）の挨拶で、1962年に制定以来42年、手つかずできた同法の改正を求める学界、法曹界などの動きを簡単に述べたあと議事運営の心づもりを明かした。

　このチャンスを逃すと、遠いところに改正の機運が延びてしまうこともあるので、高いところを目指しながら、しかし、実現可能な線に向けて、御協力をお願いしたい。

　こうして始まった行政訴訟検討会の議論状況を大づかみにして、藤川忠宏弁護士は論稿「行政訴訟の改革」に次のように記した。藤川は、当時、新聞社論説委員で取材にあたった。

　底流には、２つの大きな意見の対立があった。一方は行訴法改正をなるべく小規模なものにしようという立場である。裁判所（最高裁）や（中略）行政機関（内閣法制局）がこの立場をとった。（中略）他方、市民団体や環境団体、消費者団体、（中略）経済界、（中略）行政法学者などが抜本的な改革を求めた。［藤川：331頁］

　検討会の事務局である推進本部は法務省など行政庁と最高裁からの出向者が大多数なので、自然と、ときにはかなり露骨に、前者の立場に寄った。
　事務局は法案要綱案の骨子を固める時期にさしかかった第16回検討会会合（2003年４月25日）で「行政訴訟の見直しについて検討の方向性が概ね一致していると思われる事項」と題した文書を委員に提示した。この「一致事項」を

要綱案に仕立てる議論を優先的に進め、意見対立が依然残る事項の議論は後回しにする段取りを事務局は提案した。

意図するところは、「一致事項」に入っていない「原告適格の拡大」や「義務づけ・差しとめ訴訟の法定」「確認訴訟の明示」など行政訴訟制度の大改正につながる事項３点の法制化見送りだ。

ところが、以後11回の会合を経て2004年１月にまとめた改正法案要綱案に相当する文書「行政訴訟制度の見直しのための考え方」に列記した11項目の改正点には、これら３点が入った。

〝抵抗勢力〟と化した事務局の提案を押しのけ、大幅改革につながる事項に手を着けられたのは、藤川論稿によると、日弁連の運動の後押しがあったからだった。

行政訴訟検討会の議論と並行して日弁連は、根本的改正案を法案要綱案の形式で書いた「行政訴訟改革要綱案」（2002年11月）、この綱案を基にした「行政訴訟法（案）」と「行政訴訟制度の抜本的改革に関する提言」（2003年３月）を発表した。

さらに、行政訴訟制度の現状に強い不満をもつ市民組織、労働組合、経済界、各政党、隣接法律専門職（司法書士・税理士・弁理士・行政書士・社会保険労務士・土地家屋調査士）など幅広い団体や行政法学者に呼びかけて集会を開き外側から推進本部、検討会に圧力をかけた。

行政事件訴訟法改正法案原案に対する与党審査の段階で果たした政治家の寄与も見逃せない。自民党司法制度調査会（第13章の〈政府・経済界の行革と規制緩和〉の項を参照）の「経済活動を支える民事・刑事の基本法制に関する小委員会」が、法案をつくった推進本部事務局の〝抵抗〟を押しのけ、大改正の方向に１歩を進める何点かの修正を施して政府法案を完成させた。

小委員会の自民党国会議員は、日弁連で行政訴訟改革運動の中心にいた弁護士たちと「国民と行政の関係を考える若手の会」をつくっていて「そこでの検討結果が小委員会の議論を終始リードした」と、藤川論稿は記す。

行政事件訴訟法改正法案は2004年３月に国会提出、６月に成立した。

第15章　司法制度改革を一望する（各論）

刑事司法を変える──目玉となった裁判員制度

　改革によって数多く創設、導入された新制度のうち国民の関心を最も強くひいたのは、間違いなく裁判員裁判である。

　改革審の議論を振り返ろう。検討課題を設定した「論点整理」には以下のように記した。

　　我が国では、調停委員、司法委員、検察審査会等の国民の司法参加制度があるものの、司法の中核をなす裁判手続そのものへの参加はかなり限定的である。（中略）欧米諸国で採用されている陪審・参審制度などについても、（中略）導入の当否を検討すべきである。（司法制度改革審議会意見書10頁に載録）

　本格的な審議は第30回（2000年 9 月12日）での法曹三者の意見表明から始まり第31・32回と続き、中間報告書に取り込む「審議結果の取りまとめ」文書を採択した。

　佐藤幸治会長は第32回（2000年 9 月26日）で初めて自分の考えを述べた。〝陪審・参審回避論〟つまり国民の司法参加を拡充する方途は訴訟手続への関与に限らないとの意見が勢いをつけてきたのを感じ取ったからだ。

　　国民の司法参加は、決して陪審制か参審制かだけの問題ではないということは、留意しておく必要があるけれども、その中の重要な 1 つは訴訟手続に国民がどう関係するかということであるのは否めない。陪審制か参審制かという話を避けて通るわけにはいかない。

　2000年11月20日に発表し首相に提出した中間報告書では「論点整理」よりもずっと具体的な言い方をした。

　　訴訟手続への参加については、陪審・参審制度にも見られるように、（中

略）訴訟手続において裁判内容の決定に主体的・実質的に関与していくことは、司法をより身近で開かれたものとし、裁判内容に社会常識を反映させて、司法に対する信頼を確保するなどの見地からも、必要であると考える。今後、主として刑事訴訟事件の一定の事件を念頭に置き、我が国にふさわしいあるべき参加形態を検討する。

以後の議論は「刑事訴訟手続への参加形態をどのようなものにするか」の具体化になる。その初回、英米法、日本政治外交史、刑事訴訟法の研究者と意見を交わした場で「裁判員」なる造語が初めて登場した。

〝発明〟したのは松尾浩也東京大学名誉教授。「参加する国民について仮に裁判員という言葉を使わせていただく」とレクチャーの中で使った。のちに松尾は、国立大では教授らを教官と総称し私立大では教員と呼ぶ慣例から思いついたと明かした。

翌々回の会合（2001年1月30日）で佐藤会長は「できれば本日、具体的な制度設計の基本となると思われる点について方向性を取りまとめたい」として、会長、会長代理と井上正仁委員（東京大学教授）で作成した「『訴訟手続への新たな参加制度』審議用レジュメ」を提示した。文書のはじめの部分に「参加する国民（以下『裁判員』という）は……」とあった。

裁判員制度をめぐる議論の核心は、その性格を日弁連が求め続けた陪審制に近づけるのか、逆に最高裁が意見聴取の際に提案した「評決権を与えない参審制」に近づけるのかだった。

第51回会合（2001年3月13日）で取りまとめた最終意見書では両論併記になった。裁判員制度が陪審制でも、評決権なき参審制でもないことは明確にしたが、陪審と参審のどちらに近いのかを決する「裁判体を構成する裁判官と裁判員の数」と「評決の方法」について具体案を示さず、いくつかの考慮すべき条件をあげたうえで「適切な在り方を定めるべきである」と決定を法令案づくりの段階へ先送りした。

陪審、参審どちらに近づけるかのせめぎ合いは、法令案要綱案を策定する推進本部検討会の発足前から、火花を散らした。

日弁連司法改革実現本部事務局長として検討会の弁護士委員をバックアップ

第15章　司法制度改革を一望する（各論）

した宮本康昭の論文「裁判員裁判制度の立法過程」によると、日弁連は裁判員制度専門の検討会を設けるよう要求し、推進本部は刑事司法関係をすべて１つの検討会に受け持たせようとした。

　結局、裁判員制度・刑事検討会と公的弁護検討会の２つを設置し、日弁連推薦の弁護士委員を除き両検討会の委員を全員兼任させる方式をとった。この検討会の構成に、宮本は「裁判員制度についての検討という大きなテーマをなるべく軽く取り扱おうとする官側の姿勢」を感じた。

　「軽く取り扱う」とは、改革の程度を軽くする、制度の性格づけでいえば「評決権なき参審制」に限りなく近づけるということだ。

　発足した裁判員制度・刑事検討会は「官側」が主導権を握る体制を組んだ。委員11人のうち５人が裁判官、検察官、警察官僚の現役またはOBで、加えて学者委員のうち１人はほぼ常に「官側」に立った。事務局の担当者３人は最高裁、法務省、警察庁からの出向者で固め、第１回会合で井上正仁座長（審議会委員から横滑りで就任）が「検討会では事務局と一体となって議論をすることになっているので、事務局からも積極的に議論に参加していただいた方がいい」と述べたのにこたえて事務局担当者が「官側」の主張を展開する場面もあった。

　「裁判員裁判制度の立法過程」は検討会の議論状況を「旧来の官僚司法の姿を守って司法参加を実質的に阻もうとする最高裁と法務・検察を中心とする勢力の方が強力であって、『改革』とは程遠い様相が終始展開された」と描いた。

　「官側」にとって雲行きが怪しくなったのは、検討会の議論が意見取りまとめの段階にさしかかった2003年９月末である。事務局が「裁判員制度の骨格案」を提示すると予告した10月10日の第28回会合を急に延期し、その延会期日を再び取り消したのだ。

　ようやく10月28日に開催が実現したものの、事務局は「骨格案」を出せなかった。会合の冒頭、事務局の担当者が会合を２度も延期した挙句に「骨格案」を提示できない事情を釈明した。

　　事務局としては、各方面における検討の状況や様々な御意見をも参考にしながら（骨格案を）検討してきたが、制度の骨格を示すのは時期尚早と判

刑事司法を変える——目玉となった裁判員制度

断するに至った。

「各方面の御意見」が連立与党の自民党、公明党を指すのは明らかだった。第28回会合を予定した、まさにその日に小泉純一郎首相が衆議院を解散したため、〝政治方面〟の「御意見」は総選挙の結果が出て政権党が定まるまで宙ぶらりんになったのだ。

10月28日の会合では、事務局策定の「骨格案」に代えて、井上座長が「考えられる裁判員制度の概要について」と題した私案を配布した。本人は「議論を深めるための素材であり、このペーパーを基に検討会案のようなものを作成することは全く考えていない」と説明したが、言葉どおりに受け止めた委員はいなかっただろう。

井上私案は、裁判体の構成について「裁判官は3人。裁判員は4人。ただし、5人ないし6人とすることも考えられる」、評決方法について「裁判官と裁判員の過半数で、裁判官の1名以上及び裁判員の1名以上の賛成を要する」とした。どちらも検討会の多数意見に従うものであり、この私案を提示した段階で「官側」の勝利は動かぬものになった。しかしそれは検討会の中での勝利に過ぎなかった。

総選挙の後、首相は全閣僚を再任して11月19日に第2次小泉内閣を発足。自民公明両党は裁判員制度をめぐる議論を再開した。

先に制度設計案を公表したのは公明党で、検討会では甚だ劣勢の〝陪審制志向派〟の意見に近い「裁判官2人、裁判員7人」だった。自民党は、翌12月12日に井上私案と同じ「裁判官3人、裁判員4人程度」の案をまとめた。

両案の隔たりは制度の性格づけの本質にかかわるため、与党政策責任者会議での擦り合わせ作業は年末年始を挟んで1カ月余りに及んだ。最終の会議は2004年1月26日未明まで5時間以上にわたり、ようやく下記の案で合意に達した。

> ・裁判官3人、裁判員6人を原則とする。
> ・被告人が公訴事実を認めている場合には、検察官、被告人、弁護人に異議がないなど一定の条件を満たせば、裁判官1人、裁判員4人の合議体による審判が

> できる。

　会議には推進本部事務局の構成員ではない法務省司法法制部長が出席した。裁判員制度の性格を陪審制、参審制のどちらに近づけるのかの判断権を与党政治家が推進本部と検討会から奪い取った状況の、目に見える表われであった。

　1月29日、第31回の裁判員制度・刑事検討会に事務局は裁判員法案要綱案の骨子となる「裁判員制度の概要について（骨格案）」を提出した。与党案に基づく内容だったのは言うまでもない。

　既に、事実上、固まっていた案を政治の力でひっくり返された「官側」に立つ検討会委員たちは怒りを爆発させた。

　　制度設計として奇想天外というほかはない。

　　刑事司法の戦略化、戦術化、ゲーム化あるいは極端なことを言うと賭博化、博打化と、博打とはちょっと言い過ぎだが（中略）こういう制度ができると、多分、刑事司法がビジネスの対象になる。

　「裁判員の参加する刑事裁判に関する法律案」は3月に国会提出。裁判員に接触する行為の規制や裁判員による秘密漏示罪の条項などを一部修正して、5月に成立した。裁判員裁判の初公判は2009年8月3日に東京地裁で開いた。

刑事司法を変える──検察審査会の強化

　刑事手続に一般国民が直接参加する制度がもう1つ生まれた。検察審査会による強制起訴制度である。

　米国の大陪審（起訴陪審）を参考にして1948年に検察審査会法を制定して以来、全国の地方裁判所（同支部）に置いた検察審査会は、長年にわたり、任務を良く果たしてきた。裁判員制度に国民の協力が得られるのか、法律の素人に公判審理に関与する能力があるのか──そういう懸念を払拭する助けとして、しばしば検察審査会の活動実績が紹介され審査員を務めた人たちが経験を語っ

た。

　改革審意見書は〈Ⅱ-第2-3　公訴提起の在り方〉と〈Ⅳ-第1-2　その他の分野における参加制度の拡充〉の2カ所で「検察審査会の一定の議決に対し法的拘束力を付与する制度を導入すべきである」と提言した。意見書は検察官の起訴独占、起訴便宜主義の意義・効用を認めたうえで「公訴権行使の在り方に民意をより直截に反映させていくことも重要である」と述べた。

　裁判員制度・刑事検討会での議論の的は、強制起訴を審査会が議決する条件・手続をどれだけ厳重にするかだった。起訴相当の議決は1度でよいのかそれとも検察官が再捜査・再判断したうえで2度目の議決を必要とするのか、法律面で助言をする審査補助員（弁護士が務める）を必ず置くか等々の問題である。

　後述の刑事訴訟法等の一部を改正する法律に組み込んだ改正検察審査会法は、強制起訴には2度の「起訴相当」議決を必要とするなどかなり厳重な条件・手続を課した。しかし、付審判制度を例外として、検察官が公訴権を独占した刑事司法手続に大きな変化をもたらす新制度だった。

刑事司法を変える——整理手続と証拠開示

　改革審意見書は刑事裁判の充実・迅速化を目的として、公判前整理手続制度とその手続過程での証拠開示制度の創設を提言した。同時に、以下の引用部分に明らかなように、両制度には裁判員裁判を円滑に進める効果も期待した。

　　刑事裁判の遅延は国民の刑事司法全体に対する信頼を傷つける一因ともなっていることから、刑事裁判の充実・迅速化を図るための方策を検討する必要がある。特に、一部の刑事事件の訴訟手続に国民参加の制度を導入することとの関係で、その要請は一層顕著なものとなる。（司法制度改革審議会意見書42頁に載録）

　整理手続・証拠開示の制度設計の主要な論点は、整理手続の主宰者、開示する証拠の範囲、開示証拠の目的外使用禁止の3点だった。

第15章　司法制度改革を一望する（各論）

　手続主宰者の問題では、日弁連が予断排除の観点から受訴裁判所でない裁判所とするべきと主張したのを退け、裁判員制度・刑事検討会は受訴裁判所を主宰者とする制度設計をした。「公判を円滑で充実したものとするのが目的なので、争点整理や審理計画策定を行った裁判官が公判審理も担当するのが適当」との理由である。

　証拠開示の範囲でも、検察官が持つ全証拠のリスト開示を求める日弁連の意見を容れず、一定類型の証拠だけを原則開示とした。

　開示証拠の目的外使用を禁止・処罰する規定は名宛人が被告・弁護人であることから、日弁連の反発は強く、法案審議にあたる国会議員に適用条件を緩和する修正を働きかけた。その功あってか、適用に当たっての考慮事項を掲げた1項を同規定に付加する修正案を衆議院法務委員会で採択した。

　実現した証拠開示制度は公判前（または期日間）整理手続の中での制度であり開示の範囲を限定したとはいえ、従来は裁判所の訴訟指揮権に頼って個別に請求するしかなかった証拠開示を被告人側の権利として法定した意味と効果は大きかった。

　刑事裁判の充実・迅速化策としてもう2件、連日的開廷原則の法定（刑訴法281条の6）と即決裁判手続の創設（同350条の2以下）がある。刑事訴訟法等の一部を改正する法案は2004年3月に国会提出、5月に成立し、裁判員法に先立って2005年11月（即決裁判は2006年10月）から施行した。

刑事司法を変える──被疑者にも国選弁護

　司法制度改革で弁護士側がかち得た大きな成果の1つが国選弁護人を被疑者にもつける公的弁護制度拡充である。

　『日弁連六十年』によると、法曹三者は改革審設置前から「刑事被疑者弁護に関する意見交換会」を設けて協議を重ねていた。その中で法務省は「当番弁護士制度の運用の実態等を踏まえ、公的被疑者弁護制度に関する現実的な検討が必要な段階に来ている」との見解を示し、最高裁側も同意見だった。

　改革審意見書はこの法曹三者協議を念頭に置き「被疑者に対する公的弁護制度を導入し、被疑者段階と被告人段階とを通じ一貫した弁護体制を整備すべき

260

である」とした。ただ、制度の対象とする事件の範囲には言及しなかった。

　公的弁護制度検討会の主要な課題は運営主体および対象事件の範囲の２点だった。

　運営主体は〈基盤を変える――法テラス誕生〉の項に書いた経緯で新たに設立する日本司法支援センター（法テラス）に決まった。日弁連は新たにつくる運営主体を法務省所管の法人ではなく公正取引委員会や公害等調整委員会と同じ高い独立性をもついわゆる３条委員会にするよう求めたが実現しなかった。

　対象事件の範囲については『日弁連六十年』の記述を要約しよう。

　　　日弁連は2003年夏に各弁護士会の対応能力を検証し、その結果を踏まえてすべての身体的拘束被疑者を対象とした国選弁護を直ちに実現するのは困難との判断に達し、段階的に範囲を拡大する制度構想を提起した。これが採り入れられ、2006年10月から実施される第１段階では法定合議事件を対象とし、2009年５月からの第２段階で必要的弁護事件に拡大することとされた。［日本弁護士連合会2009：80頁］

　改革審意見書は少年事件での国選付添人制度についても「積極的な検討が必要である」と提言した。しかし検討会事務局の結論は「検討会における議論を踏まえると、事務局として具体的な制度設計に関する資料を作成しうる段階にないと判断する」となり、推進本部が解散した後、引き続き法曹三者の意見交換会で議論を続けた。

刑事司法を変える――光が当たる犯罪被害者

　司法制度改革審議会を置いた1999年から2001年は、犯罪被害者を保護・支援する動きが活発になった時期にちょうど重なる。

　1999年10月、日弁連は「犯罪被害者に対する総合的支援に関する提言」と犯罪被害者基本法案要綱案を発表。翌月、犯罪被害者対策委員会を設置した。同月、政府は官房副長官を議長とする犯罪被害者対策関係省庁連絡会議を新設し、翌2000年３月に報告書「犯罪被害と当面の犯罪被害者対策について」を公表し

第15章　司法制度改革を一望する（各論）

て、いわゆる犯罪被害者保護2法案を国会提出した。5月に成立した保護2法は、法廷での意見陳述、公判記録の閲覧・謄写、法廷傍聴の優先配慮などを被害者の権利と定め、後述する法廷参加へ向かう第一歩となった。2001年4月には、犯罪被害者等給付金の支給等に関する法律を改正して、給付金を増額し支給要件を緩和した。

　改革審意見書は〈II - 第2 - 5　犯罪者の改善更生、被害者等の保護〉の項で次のように述べた。

　　　刑事手続の中で被害者等の保護・救済に十分な配慮をしていくことは重要であり、今後も一層の充実を図るため、必要な検討を行うべきである。刑事司法分野のみにとどまらず、被害者等への精神的、経済的ケアをも含めて幅広い社会的な支援体制を整備することが必要である。（司法制度改革審議会意見書52頁に載録）

　上述のとおり、意見書が出る1年前にできた保護2法は被害者に対し刑事手続の中に一定の位置付けをしたから、意見書が言う「十分な配慮」とはさらに踏み込み刑事手続に直接かかわらせる制度改正を意味した。自民党司法制度調査会が改革審に対するアピールとして2000年5月に発表した報告書『21世紀の司法の確かな一歩』（前章の〈最終意見書への評価〉の項を参照）は、より明確に「訴訟手続内でしかるべき地位を与えること」と「被害回復を図るための措置」を求めた。

　意見書中の「幅広い社会的な支援体制」を法定したのは衆議院内閣委員会が起草し、2004年12月に成立、2005年4月に施行した犯罪被害者等基本法である。自民党司法制度調査会が要求した点は、被害者法廷参加制度と附帯私訴制度となって「犯罪被害者等の権利利益の保護を図るための刑事訴訟法等の一部を改正する法律」（2007年6月成立、2008年12月施行）により実現した。併せて、被害者参加人のための国選弁護士制度（2008年4月成立の「犯罪被害者等の権利利益の保護を図るための刑事手続に付随する措置に関する法律及び総合法律支援法の一部を改正する法律」で規定）も運用が始まった。

262

変えられなかった捜査取調べと身柄拘束

　意見書は〈Ⅱ−第2−4　新たな時代における捜査・公判手続の在り方〉のなかで〈被疑者・被告人の身柄拘束に関連する問題〉を論じた。しかし結論は、

　　被疑者・被告人の身柄拘束に関しては（中略）種々の問題の指摘があるが、現状についての評価の相違等に起因して様々な考え方がありうるから、直ちに具体的結論を得るのは困難である。問題指摘の背景にある原因等を慎重に吟味しながら、（中略）制度面、運用面で改革、改善のための検討を続けるべきである。（司法制度改革審議会意見書50頁に載録）

　さらに〈被疑者の取調べの適正さを確保するための措置〉は「取調べの都度、書面による記録を義務付ける制度」だけ導入を求め、「取調べの録音録画あるいは弁護人の立会い」は門前払いした。

　　刑事手続全体における被疑者の取調べの機能、役割との関係で慎重な配慮が必要であること等の理由から、現段階でそのような方策（録音録画、弁護人の立会い＝引用者注）の導入の是非に結論を得るのは困難であり、将来的な課題ととらえるべきである。（同51頁に載録）

　他にも〈新たな時代に対応しうる捜査・公判手続の在り方〉として刑事免責制度の導入や参考人の協力確保の方策、国際捜査・司法共助制度の拡充・強化を書き並べたが、どれも検討を促すにとどまった。
　付け加えると、「取調べ記録の書面化」は、法務省、警察庁、特別司法警察職をもつ省庁で設けた連絡会議で実施要領を定めそれぞれ省令などで規定した。刑事訴訟法などの法律を改正する制度導入より簡略な運用面の改善でしかない。

第15章　司法制度改革を一望する（各論）

弁護士の制度・業務を変える──「社会生活上の医師」に

　司法制度改革の眼目は要するに「司法を質・量の両面で拡充する」であった。改革審は意見書〈Ⅰ　今般の司法制度改革の基本理念と方向〉で〈21世紀の我が国社会において法曹に期待される役割〉をこう表した。

　　国民が、自律的な存在として主体的に社会生活関係を形成していくためには、各人の置かれた具体的生活状況ないしニーズに即した法的サービスを提供することができる法曹の協力を得ることが不可欠である。国民がその健康を保持する上で医師の存在が不可欠であるように、法曹はいわば「国民の社会生活上の医師」の役割を果たすべき存在である。（司法制度改革審議会意見書７頁に載録）

　法曹三者のなかで、市民が困りごとを相談できるのは弁護士をおいてないのだから、意見書が「国民の社会生活上の医師」の働きを、まず弁護士に期待するのは自明であり、期待に応えるには「在り方」の変革を相当広い範囲に及ぼさなければならないのもまた明らかだった。

　意見書〈Ⅲ　司法制度を支える法曹の在り方〉は三者それぞれの制度改革を提言したが、〈弁護士制度の改革〉にあげた課題は13項目（検察官制度は２項目。裁判官制度は８項目）もあり、改革を実現するには法改正だけでなく日弁連・弁護士会内の制度や規則を多面にわたり改訂しなければならなかった。

　改正すべき法律は弁護士法と外弁法で、司法制度改革推進本部での改正法案要綱案づくりはそれぞれ法曹制度検討会と国際化検討会が担当した。両法の改正案は、裁判所法、民事調停法、家事審判法などの改正案とともに「司法制度改革のための裁判所法等の一部を改正する法律案」（司法制度改革法案）に一括し、2003年３月に国会提出、７月に成立。翌年１月から何段階かに分けて施行した。

　なお、民事調停法と家事審判法改正は、弁護士が民事調停官・家事調停官となる制度を創設するためであり、本章の〈基盤を変える──裁判官制度とゼロ

回答の法曹一元〉の項の末尾に書いた。

　日弁連・弁護士会内の制度改正・規則改正（一部は意見書以前から進めていた）と合わせ、改革審が示した諸課題にどう取り組んだかを報告した文書「『司法制度改革推進計画』の取組の状況」を、日弁連は、推進本部顧問会議の最終会合（2004年11月12日）に提出した。

　以下、この文書と各改正法の内容および『日弁連六十年』の〈特集　司法改革と日弁連〉を基に、「弁護士の制度・業務」の変革の大概を、3つの項に分けて記す。文章中の枠囲いした文言は意見書中の課題項目である。

弁護士の制度・業務を変える──アクセス改善

　弁護士が「社会生活上の医師」となるにはまず 弁護士へのアクセス拡充 を図らなければならない。アクセスを妨げる壁、言い換えれば、利用しにくくさせる要因は大別して3つある。近くに弁護士がいない「距離の壁」、報酬・料金が高い（あるいはいくらかかるか分からない）「経済の壁」、気軽に相談できない「心理の壁」──である。

　「距離の壁」を低くするために日弁連は、1999年に「ひまわり基金」を募って資金援助態勢を整え、ひまわり基金法律事務所を弁護士過疎地に置き始めた。『日弁連六十年』（2009年刊）を編集した時点で設置実績は全国94カ所。うち22カ所は弁護士が定着して一般の法律事務所に移行した。

　また都市部でも「地域の行政機関や他職種と連携して法的アクセス困難の解消に努める」（『弁護士白書』による説明）公設事務所を各地の弁護士会が設置するようになった。第1号は大阪弁護士会が2001年3月に大阪市中心部に開いた大阪こうせつ法律事務所で、上記と同じ時点で全国14カ所に事務所ができた。

　以上の活動は、総合法律支援法により設立した日本司法支援センター（法テラス）が2006年10月に業務を始めた後、法テラス地方事務所・地域事務所と連携して行うようになった。

　「心理の壁」を低くするには、いちど弁護士サービスの入口になる法律相談を経験してもらうのが最良の方法（「二度と御免だ」と後悔する最悪の方法に

第15章　司法制度改革を一望する（各論）

なってしまうケースも心配されるが…）だろう。意見書も 法律相談活動等の 充実 の項を設けて「法律相談センター等の設置を進めるべきである」とした。これにこたえ、日弁連は地方裁判所支部所在地すべてに弁護士相談施設づくりにとりかかり、2004年5月に目標を達成した。

　「経済の壁」を越える手段の1つに権利保護保険（弁護士費用保険）がある。

　日弁連が訴訟費用保険制度の研究を始めたのは1979年に遡り、1993年1月に司法改革の一方法と位置づけ制度実現を急ぐ方針を理事会で決めプロジェクトチームをつくった。

　改革審が発足した後の2000年10月、損害保険3社がこの保険を発売。2001年度には契約件数が1万件余に達し、翌年度にはそれが倍増、さらに次の1年間には10倍以上に急増。2006年度までに100万件を軽く突破し2010年度には1000万件を超えた。契約の多くは自動車保険に自動付帯する弁護士費用補償保険で本来の「訴訟費用保険」と異なるとはいえ、急速な普及ぶりだ。

　より直接的に「経済の壁」を低くする方法は弁護士サービスを利用する料金を分かりやすく、メドをつけやすくする 弁護士報酬の透明化・合理化 である。

　改革審設置前から、日弁連は報酬問題を司法改革運動の一環と捉え、1995年9月に「弁護士報酬の『予測可能性』と『合理性』を高める」目的で報酬基準を大幅改正した。

　いっぽう政府は、改革審が進行中の2001年3月、規制改革推進3カ年計画で「資格者間の競争を活性化する観点から、弁護士の報酬規定を会則記載事項（弁護士法33条2項、46条2項）より削除する」方針を打ち出した。改革審意見書はこの政府方針に「適切に対応すること」を「透明化・合理化」と併せて提言した。

　ここで問題がもちあがった。規制改革を実施した場合、弁護士会など法律で強制加入制をとる資格者団体の活動が独占禁止法に触れるケースが出てくると予測した公正取引委員会がガイドライン文書「資格者団体の活動に関する独占禁止法上の考え方」を2001年10月に公表。資格者団体も独禁法上の事業者団体に当たるとしたうえで、会則に業務報酬に関する事項を記載することを法定していなければ、当該団体による報酬の標準額・目安の設定は、原則として、独禁法に抵触する、と明示した。

266

弁護士の制度・業務を変える——アクセス改善

　日弁連は公取委の「考え方」に法解釈上で異を唱え、社会政策上でも弁護士サービスを利用しやすくするために報酬標準の設定と表示は欠かせないと主張して司法制度改革推進本部の法曹制度検討会で「公取委の見解を前提とするなら、報酬規定の会則記載事項からの削除には反対する」と表明した。

　結局、「報酬の目安その他がどういうものであるべきかについては、弁護士会と公取委の協議に任せる」（同検討会座長のまとめ）としたうえで、改正弁護士法（司法制度改革法）で報酬規定を会則記載事項から削除した。

　日弁連は公取委との協議を経て、「弁護士の報酬に関する規程」を2004年2月に制定した。また定期的に弁護士報酬の実態を会員から聴き取り、「アンケート結果に基づく市民のための弁護士報酬の目安」「アンケート結果に基づく中小企業のための弁護士報酬の目安」をパンフレットにしてHPにも掲載し始めた。

　意見書が課題の1つとした 弁護士情報の公開 とは広告の解禁である。

　改革審の審議が進んでいた2000年3月、日弁連は、弁護士の業務広告に関する会則・会規を改正し原則禁止・一部許容から原則自由に転換、10月から施行したが、改革審意見書は広告の内容に立入って「利用者による選択の便宜に資する見地から、弁護士の専門分野や実績等についても広告対象として認める方向」の検討を日弁連に促した。

　しかし会長から諮問を受けた日弁連の弁護士業務改革委員会は慎重な態度で、2005年12月、弁護士広告での専門性表示について「将来における緩和の方向を検討すべき」と、一歩引いた答申をした。ただ情報開示については「弁護士会としてホームページを利用し、取扱い業務、得意分野等の情報提供を積極的に推し進めるべき」とした。

　改革審意見書は司法アクセスの現状を「（弁護士による）国民の権利擁護は不十分」と観て、その不十分さを「直ちに解消する必要性にかんがみ、利用者の視点から、当面の法的需要を充足させる」ために 隣接法律専門職種の活用 が必要であるとし、「弁護士法72条の規制内容を明確化」するように求めた。

　72条の一部改正は司法制度改革法中の改正弁護士法によって行われ、適用除

267

第15章　司法制度改革を一望する（各論）

外条件を定めた但書に「他の法律に別段の定めがある場合」を加えた。これにより、隣接法律専門職の資格法・業法等で規定した法律事務取扱の範囲・方法であれば、72条の適用外となった。

　司法書士、弁理士、税理士に、一定の条件のもとで訴訟手続における法律事務の取扱いを認める各資格法の改正はいずれも弁護士法改正に先行して成立した。

　司法書士には、能力担保措置（法務省による能力認定考査）を条件に、簡裁事物管轄事件について代理権と法律相談権限を与えた。弁理士は、能力担保措置を条件に、弁護士と共同で受任した特許権等の侵害訴訟事件に限り、代理権を得た。税理士には「租税に関する事項について、裁判所において、補佐人として、弁護士である訴訟代理人とともに出頭し、陳述をすることができる」制度を新設した。土地家屋調査士に対しては、不動産登記法等改正法（2006年1月施行）で筆界特定手続の代理権を与えた。

　簡裁の事物管轄について付言しておく。改革審意見書が「訴額の上限を引き上げるべき」と提言したため、推進本部司法アクセス検討会で引き上げ幅の数字を含めて意見を交わしたが、金額の目安は定められず、訴額上限は与党（自民、公明、保守の3党）間の調整にまでもつれこんだ末に140万円で決着。司法制度改革法中の裁判所法改正に盛り込んだ。

　企業法務等の位置付けという課題は、司法アクセスを改善する1つの手立てとして弁護士資格付与の対象を拡げるとの提言だ。

　法曹制度検討会の協議をもとにした弁護士法改正（司法制度改革法による改正）で以下のいずれかの経歴を有し法務大臣の認定を受けた者には、司法修習を終了していなくても、弁護士となる資格を付与した。

・司法試験に合格していれば以下のいずれかの職歴
　企業法務を7年以上／公務員として法制関係職務を7年以上／国会議員または議院法制局、内閣法制局の一定以上の職級を5年以上
・副検事から検察官特別考試を経て任命する特任検事の職を5年以上経験

268

いっぽう従前の弁護士法で最高裁裁判官経験者とならんで特例で弁護士資格を与えた「司法試験合格者で簡裁判事、裁判所調査官、法務事務官など特定の司法関係職を5年以上経験した者」と「法律学の大学教授または助教授を5年以上務めた者」は、2度にわたる弁護士法改正を通じて、法務大臣の認定を条件として弁護士資格を得ることとなった。大学教授・助教授については、新たに司法試験合格の要件を付加した。

弁護士の制度・業務を変える──倫理と懲戒

日弁連は、弁護士・弁護士会にとって掌中の珠である自治権を保障する綱紀・懲戒制度を、第3次司法改革宣言「司法改革ビジョン──市民に身近で信頼される司法をめざして──」（1998年11月）で自ら改革目標の1つに据え「綱紀・懲戒の適正な運用と弁護士倫理の徹底、市民窓口の設置・拡充、弁護士の公益的活動の促進」を図るとした。（第13章〈日弁連、3度の宣言〉の項を参照）

改革審意見書は弁護士会の綱紀・懲戒手続の現状に不満を表明した。意見書の 弁護士倫理等に関する弁護士会の態勢の整備 はこう始まる。

> 国民と司法の接点を担う弁護士の職務の質を確保、向上させることは、弁護士の職務の質に対する国民の信頼を強化し、ひいては司法（法曹）全体に対する国民の信頼を確固たるものにするために必要である。（司法制度改革審議会意見書84頁に載録）

提言は具体的かつ多岐にわたり、綱紀・懲戒制度の改正は大幅であった。

弁護士法改正案の要綱案をつくる推進本部の法曹制度検討会が発足してすぐ後、2002年2月に日弁連は臨時総会を開いて、改革審意見書の提言に沿って綱紀・懲戒制度を改める方針を決議。司法制度改革法による弁護士法改正が成立するのを待って、関係する会則・会規の改廃・整備を2003年11月の臨時総会で決定した。各弁護士会は改正法を施行する2004年4月までに会則・会規を整えた。

第15章　司法制度改革を一望する（各論）

弁護士法改正の骨子は５点。

> ・弁護士会の綱紀委員会のメンバーに弁護士でない者を加える。
> ・日弁連に、各弁護士会の綱紀委員会議決に対する異議申し出などを審査する綱
> 　紀委員会を置く。
> ・上記の異議申し出期間を、迅速化を図る目的で、60日とした。
> ・日弁連に非法曹の学識者有識者からなる綱紀審査会を設け、上記の異議を退け
> 　た場合のさらなる不服申立を受け付ける機関とした。綱紀審査会の議決に拘束
> 　力を持たせた。
> ・日弁連は、各弁護士会および日弁連が行った懲戒処分を官報に掲載する。

　弁護士法改正とは別の、日弁連・各弁護士会による自主的な制度整備もあっ
た。改革審意見書が「依頼者等の利益保護」の観点から提案した「弁護士の仕
事ぶりへの苦情を処理する制度」である。日弁連は2003年２月にワーキンググ
ループを設け、全弁護士会に同年４月までに苦情相談窓口（市民窓口）を置か
せた。12月には全国連絡協議会を立ち上げ、苦情内容と処理結果の分類法を統
一して統計をとるようにし、また苦情対応マニュアルを作成した。依頼者から
の苦情は、ときに弁護士の非違行為に弁護士会が気づく端緒となるから、綱
紀・懲戒制度の一部ともいえる。

　さらに日弁連は、強制力のない行動指針であった「弁護士倫理」（1990年３
月制定。第11章の〈産業経済の成長につれて〉の項を参照）を廃止。司法制度
改革で改正・導入された関係諸法令に適応し、かつ強制力のある行為規範会規
として弁護士職務基本規程を2004年11月に制定した。意見書は社会的責任
（公益性）の実践を求めたのにこたえ、同規程で「使命にふさわしい公益活動
に参加し、実践するように努める」と定め、各弁護士会の会則に反映させた。

　日弁連・弁護士会の懲戒手続に部外者を関わらせる制度改革のほかに、意見
書は弁護士会運営の透明化のために「意思決定過程の透明性の確保、情報公
開の仕組みの整備」を求めた。日弁連は2002年以降、『弁護士白書』を刊行し、
2003年から総会議事と議事録概要を公開するとともに、日弁連市民会議を新設
して「弁護士及び弁護士会のあり方並びに日弁連の会務運営に関して」意見を
聴くシステムをつくった。

以上を総じて改革審意見書に依る 弁護士会の在り方 の変革は相当に進んだと言えよう。

弁護士の制度・業務を変える——執務態勢

改革審意見書は弁護士の職務・職域や仕事の仕方、事務所の経営形態などに多くの提言をした。意見書の項目では 執務態勢の強化・専門性の強化 と 活動領域の拡大 である。

活動領域拡大では、弁護士法で規制していた公務就任と営利業務従事について、前者は制限を撤廃し、後者は所属弁護士会による許可制から届出制に緩和した。施行は2004年4月。

執務態勢強化では意見書は「法律事務所の共同化・法人化、専門性の強化、異業種との協働化・総合事務所化（ワンストップ・サービス化）等の推進」を提案した。

法人化は、日弁連が1994年に司法改革運動のなかで「弁護士の執務態勢・専門性強化」を目的に導入を望んだ。政府は1997年3月に閣議決定した規制緩和推進計画（第13章の〈政府・経済界の行革と規制緩和〉の項を参照）でこれを「措置を要するテーマ」の1つに取り上げ、2001年6月に成立した弁護士法改正で弁護士法人の設立を認めた（施行は2002年4月）。施行1年で早くも76の弁護士法人ができ、司法制度改革関連法の立法をすべて終えた2004年には134法人になった。

事務所の共同化は臨時司法制度調査会の意見書（1964年）でも取り上げた古くからの課題で1970年代にかけて大都市を中心に多人数事務所が次第に増えていった（第11章の〈共同化と専門化へのみち〉の項を参照）。改革審意見書が出た直後の実績をみると、2002年から2004年の間に1人事務所の数は全国で6.3%減った。弁護士数では、2002年は全弁護士の45.3%が1人事務所だったが、2004年には39.3%に減少した。同じ期間に、11人以上の弁護士を擁する事務所数は20.6%増加し、所属弁護士数の全弁護士に占める割合は11.5%から13.8%に上昇した。その後の趨勢は第17章の〈変貌する景色〉の項で述べる。

第15章 司法制度改革を一望する（各論）

　隣接法律専門職との協働も進んだ。司法書士・税理士・弁理士・海事補佐人・行政書士・不動産鑑定士・社会保険労務士のいずれかが協働する法律事務所は全体の10.7％（2002年）から15％（2004年）に増えた。

　専門性の強化に関して意見書は「弁護士会による研修の義務化を含め、弁護士の継続教育を充実・実効化すべきである」と提言した。以前から弁護士の専門性向上策や研修の義務化を検討していた日弁連の研修委員会は2002年4月に研修制度の刷新を会長に答申した。「専門研修履修認定制」「研修履修単位制」の導入を視野に入れて、研修委員会と新規登録弁護士研修センターを統合して日弁連研修センターを新設するなどの内容で、新センターは2003年6月に発足した。

　外弁法改正による国際化／外国法事務弁護士等との提携・協働について意見書の提案は「日本弁護士と外国法事務弁護士による共同事業の要件緩和」と「外国法事務弁護士による日本弁護士の雇用禁止規定の再検討」で、両方とも政府の規制緩和策（第13章の〈政府・経済界の行革と規制緩和〉の項を参照）に入っていた。ただし後者は意見書では「将来の課題として引き続き検討すべき」位置づけで、推進本部国際化検討会の第1回会合（2002年1月24日）で事務局が示した検討事項には含めなかった。

　ところが検討会で議論を重ねるうち、日弁連は強く反対したが、外弁法の改正事項に浮上。第12回会合（2002年11月21日）で検討会事務局の提示した2つの案「雇用禁止規定の全面削除」と「雇用の限定的解禁」のどちらに賛成するか、座長が各委員の意見を徴した。その結果を事務局は「国際化検討会の議論の方向性」と題した文書にまとめ、第13回会合（2003年2月4日）でこれを基に外弁法改正法案をつくると説明した。

　改正事項は3点。

- 外国法事務弁護士による日本弁護士の雇用禁止規定を撤廃
- 外国法事務弁護士と日本弁護士との共同事業・収益分配禁止規定を撤廃
- 特定共同事業制度を廃止

弁護士の制度・業務を変える──執務態勢

　司法制度改革法による外弁法改正は2003年7月に成立、2005年4月に施行した。

第16章
「21世紀を支える司法」はどこまで実現したか

一気に押し寄せた新制度の大波

　司法制度改革審議会意見書のタイトルは「21世紀の日本を支える司法制度」である。大上段の振りかぶりに相応しく、一連の司法制度改革の範囲と深度は、広くかつ深かった。しかも、実行までの進行が早かった。ずらずらと並ぶ新制度・法令の施行期日を見てほしい。司法制度改革推進本部がまだ活動していたときから6年ほどの間に、波浪のように変革が押し寄せた。

```
2003年8月　　裁判所委員会制度
2004年1月　　民事・家事調停官制度
　　　3月　　仲裁法
　　　4月　　法科大学院開学
　　　　　　　改正民事訴訟法、人事訴訟法
　　　6月　　総合法律支援法
2005年4月　　犯罪被害者等基本法、行政事件訴訟法
　　　　　　　知的財産高等裁判所設置
　　　　　　　判事補・検事の弁護士職務経験制度
　　　11月　　改正刑事訴訟法（公判前整理手続と証拠開示等）
2006年4月　　労働審判制度
　　　　　　　日本司法支援センター設立
　　　10月　　被疑者国選弁護制度第1段階
　　　　　　　日本司法支援センター業務開始
　　　12月　　犯罪被害者等法廷参加制度
2007年4月　　ADR促進法
2009年5月　　裁判員法
　　　　　　　被疑者国選弁護制度第2段階
　　　8月　　初の裁判員裁判
```

第16章 「21世紀を支える司法」はどこまで実現したか

　これまでなかった手続、制度・機構を使いこなし、新しい時代に適応するのに、弁護士は検察官、裁判官にないハンディを負う。法務省・検察庁や裁判所は組織だって新制度・新法制に習熟するための研修・教習を検察官、裁判官に施せるが、個人事業者の集まりである弁護士会はそうはいかない。

　猛スピードで改革は実行に移ったから、準備の時間は少なく、じっくり時間をかけて会内合意をとりつけたうえで試行錯誤を重ねていく余裕などない。日弁連と各弁護士会は「事務の改善進歩を図るため、弁護士及び弁護士法人の指導、連絡及び監督」（弁護士法31条）をする強制加入組織として真価を問われた。

　施行に備える時間と労力がケタ違いだった裁判員裁判と公判前整理手続、被疑者国選弁護制度導入を柱とする刑事訴訟手続の大改革を例にとって、準備の慌ただしさを振り返ろう。

　2005年３月、政府は、裁判員法施行の準備を進めるために関係省庁と最高裁の局長・審議官級で構成する連絡会議を内閣官房に置いた。日弁連は副会長がオブザーバー参加した。８月に連絡会議で決定した「裁判員制度の円滑な実施のための行動計画」は裁判所、法務省とともに日弁連・弁護士会にも多くの役務を求めた。

　広報用ビデオの制作・上映や専用のウェブサイトの運営、模擬裁判員法廷の開催、世論調査の実施など裁判員になってもらう国民むけの啓発事業が主になるが、日弁連・弁護士会には性質の全然違う特別の責務も「行動計画」は課した。

　「裁判員裁判に適切に対応できる弁護体制を人的・物的両面で整備する。そのため各弁護士会の実情を調査し、弁護士の業務態勢の改善や公設事務所の拡充、日本司法支援センターの国選弁護契約弁護士の確保を図る」ことだ。

　日弁連は裁判員法公布後すぐの2004年６月に新設した裁判員制度実施本部を中心に、重く困難な課題「弁護体制の人的・物的両面の整備」に取り組んだ。「人的整備」が単に弁護士の数を揃えるだけでなく、技量の向上も含むのは言うまでもない。従前の手法を改める新しい法廷弁護技術、公判前整理手続とくに証拠開示請求に習熟しなければならなかった。

　日弁連が52単位会に参加を求めた最初の研修会は「裁判員裁判の公判活動を

つかむ」と銘打って2005年6月に開いた。座学は著名な刑事専門弁護士の講話「裁判員裁判に臨む心構え」だけで、プログラムの力点は、法廷で裁判員に被告・弁護人の主張・思いを適確に伝える実技訓練に置いた。

参加者は9つのグループに分かれ、最初は米国のロースクールの授業メソッドに倣って「印象の強い語りで聴く人の心をつかむ」訓練。次は、題材にした殺人未遂事件について、各自が用意した冒頭陳述または最終弁論を制限時間6分で実演する。ビデオ録画を再生しながらグループ内で評価表の項目（発声・見た目・内容・理解しやすさ）ごとに批評・採点し、最優秀弁論を選んだ。

ここで裁判員役の一般市民に会場に入ってもらい、最優秀弁論を再演し、法律用語や公判手続を知らない人にどれほど伝わったか、評価や感想を聞いた。

同趣旨の実技研修会は全米法廷技術研究所の米国人弁護士を講師に招いて2008年1月、10月にも開催した。

裁判所、検察庁と共催の模擬裁判も、全国の地方裁判所で繰り返し実施した。いくつかの地方弁護士会が裁判員法施行延期決議を出すのを横目に、施行準備のピッチは上がり、東京地裁での模擬裁判は2007・2008年度に計40回を超えた。

身につけるべきは、プレゼンテーション技法だけではなかった。裁判員裁判では必ず経る公判前整理手続に慣れるのがとても重要で、裁判員実施本部は『公判前整理手続を活かす——新たな手続のもとでの弁護実務——』（現代人文社、2005年）、『同 Part 2 （実践編）』（同、2007年）を編纂した。

弁護士の数には、大いに不安があった。

国選弁護人を被疑者につける制度の実現は、対象の罪種を限定したうえ勾留後に初めて弁護人がつく不満足な方式だったとはいえ、日弁連の宿願成就だった。それなのに、受任する弁護士の員数確保に自信がもてず、2006年10月からと裁判員法施行の2009年5月からの2段階に分けて適用罪種を拡げる便法を講じざるを得なかった（前章の〈刑事司法を変える——被疑者にも国選弁護〉の項を参照）。対象事件数が約10倍に増える第2段階までに、態勢を固められなかったなら日弁連・弁護士会の沽券に関わった。

2007年2月、日弁連は刑事弁護センターと別に国選弁護対応態勢確立推進本部（国選本部）を設けた。

第16章　「21世紀を支える司法」はどこまで実現したか

　国選弁護人になる契約を日本司法支援センター（法テラス）と結んだ弁護士は第1段階が始まった2006年10月で8427人。国選本部ができてすぐの2007年4月に10733人になったが、不足は明らかだった。

　国選本部は全国弁護士会の実態調査をしたうえで、2007年3月から5月にかけて各地に国選本部委員を派遣し、意見交換会を開き、実態調査の数字だけでは摑み切れない事情をくみあげた。そして「特に困難が見込まれる会や詳細な実情把握が必要とみられる会」に絞って、2008年1月から3月にかけて巡回し、弁護士不足を補うために法テラスの常勤弁護士（前章の〈基盤を変える──法テラス誕生〉の項を参照）の配置が必要な地域を選定した。

　第2段階目前の2009年4月に契約弁護士は15560人に増えた。弁護士総数の増加も寄与したが、契約率（契約数／全弁護士数）が57.7％と、第1段階の始まりのころの38.3％から格段に上がったのが大きかった。

躓いた大増員計画

　司法制度改革の〝1丁目1番地〟といえる法曹人口（実質は弁護士人口）の飛躍的拡大は、日弁連執行部が会内の反対論を抑え込むのに最も苦しむ問題だった。執行部方針を承認した臨時総会の大混乱を第14章の〈最終意見書への評価〉の項に書いたが、反対論の勢いが、この騒動だけで収まるはずはなかった。

　2006・2007年度の日弁連会長を選ぶ選挙戦では法曹人口が争点となり「増員反対の議論が噴出するようになった」（『日弁連六十年』）。このとき現われた言葉が「2007年問題」である。法科大学院初の修了者（既修コース）が司法試験と1年間の修習を経て法曹として出発するこの年、司法制度改革による法曹大増員の波が押し寄せて来る、との警戒感から弁護士界でしきりにこの言葉が言い交された。

　2007年問題に身構えた日弁連は2006年6月に弁護士業務総合推進センター（2008年6月に法的サービス企画推進センターに改編）を新設。そこに「弁護士就職」「研修」「求人求職情報提供システム」などのプロジェクトチームを置いて大増員に備えた。

　2008年2月15日付で日弁連は2007年問題の帰趨を報告するコメントを発表し

278

た。

　2007年（現・新60期司法修習終了者合計2376人）の採用状況は、弁護士登録が2111人、判事補任官118人、検事任官113人だった。この結果を見る限り、弁護士の就職問題は例年とほとんど差異がない状況で終息した。

しかし、こう付け加えるのを忘れなかった。

　2008年（現・新61期司法修習終了者）の就職問題については、2007年夏に実施した弁護士求人アンケートによれば、2007年にも増して厳しい採用状況であると懸念される。

　その2008年、日弁連は路線を転換した。2008・2009年度会長の宮﨑誠は、会長選挙に臨んで「増員のスピードダウン」と「適正な法曹人口を改めて検討する」の2点を公約に掲げ、法曹増員計画の見直しを提起した。
　2008年7月、日弁連は「法曹人口問題に関する緊急提言」を発し「今年度司法試験合格者の決定にあたっては、2010年頃に合格者3千人程度にするという数値目標にとらわれることなく、慎重かつ厳格な審議がなされるべき」と求めた。司法試験合格発表が9月（新修習制度）と11月（旧制度）に迫っていた。
　司法修習終了者の9割を受け入れる弁護士界がこらえきれずにあげた悲鳴である。司法試験を所管する法務省は動かざるを得ず、2008年の合格者を前年から5.2％増にとどめた。2007年の対前年比増加率は28.9％だったから「増員のスピードダウン」はすぐ実現した。法務省の司法試験委員会が2007年6月に決定した「各年の合格者数の目安」をみると、2008年は「新試験で2100〜2500人程度、旧試験で200人程度」。それが、実際の合格者は新試験2065人、旧試験144人だった。
　緊急提言に続く「適正な法曹人口についての検討結果」は2009年3月に「当面の法曹人口のあり方に関する提言」として発表した。
　骨子は「日弁連は法曹人口5万人規模の態勢整備に向けて、最大限努力する」「司法試験合格者数は、来年度（2009年度）以降、数年間は、現状の合格

第16章 「21世紀を支える司法」はどこまで実現したか

者数を目安とする」の２点で、これも、ただちに実現した。

　2009年の実績をみると、司法試験委員会が示した「目安」が新試験2500〜2900人程度・旧試験100人程度だったのに、実際の合格者は新試験2043人、旧試験92人にとどまった。2010年は新試験2074人、旧試験59人で合計数は前年とほぼ同数だ。司法試験委員会の2010年の「目安」は、新試験2900〜3000人程度・旧試験100人だった。

　以後の合格者数を概観すると、2013年まではほぼ横ばい、2014・2015年は1800人台に減少、2016年に1500人台に減って以降、漸減が続いた。

　「年間３千人」の計画は、こうして視野の外に遠のいた。法曹人口問題はこの後、法科大学院制度の改善を図るなかで検討し直し、「年間1500人程度は確保する」が政府の方針になる。次項でその経緯を詳述する。

目論見外れた新養成制度

　改革審意見書の提言が生んだ新しい制度や機構で最も早く姿を現わしたのは法科大学院だった。

　意見書が出る３カ月前の2001年３月、在京３弁護士会は合同で法科大学院検討協議会を設置した。法科大学院のカリキュラム案づくり、教材・教育方法の研究・開発、実務家（弁護士）教員の養成・派遣など、弁護士会が分担する役割が多く、早く準備を始めなければならなかった。

　2003年６月、司法制度改革推進本部法曹養成検討会が「新司法試験の在り方」の議論を進めるさなかに、文科省は法科大学院の開設申請受付を開始。72大学が手を挙げた。翌７月、文科大臣は大学設置・学校法人審議会に設置認可の可否を諮問し、11月に66大学に開校を認めた。追加で認可した２大学を加え、2004年４月、全国68校・入学定員5590人で新制度が船出した。翌2005年４月には74校・5825人に増える。

　閣議決定した司法制度改革推進計画（第14章の〈推進本部から立法まで〉の項を参照）によれば司法試験合格者数は最大で「2010年ころに３千人程度」だったから、多く見積もっても毎年の卒業生の半分しか司法試験を突破できない計算になる。改革審意見書が合格率のメドとして示した「７〜８割」にはかな

り遠く、法科大学院制度は滑り出しから先行きの困難が見えていた。

　法科大学院の未修者コース卒業生が初めて司法試験を受けた2007年、厳しい数字が現れた。合格率が、既修者のみだった前年の48.3％からいきなり40.2％に下がった。既修者の合格率が前年並みの46％だったのに対し、未修者は32.3％しか受からなかった。

　未修者合格率は翌2008年、一段と低下し既修者の半分程度22.5％になってしまい、全体の合格率を33％に引き下げた。前年不合格の再挑戦組が加わって受験者が増えたのに、前項に書いたとおり日弁連の要請で合格者数増加を抑制したから、必然の結果だった。

　未修者コースは、実務と理論の両方を身に着けた専門職養成を目指す法科大学院本来の履修課程であり、かつまた、社会人や法律以外の学部生に法曹への道を拡げ、多様な人材を司法界に迎え入れる狙いを持っていた。未修者の苦戦は、すなわち法科大学院構想の綻びだった。

　もっと強いショックが法科大学院の入学志願者の急減である。初年度に延べ72800人を数えたのが、2年目の2005年には43％減の約42000人になり、その水準が2008年まで続く。2009年にはいっそう減って初年度の半分にもならない約3万人にまで落ちた。低落に歯止めはかからず2018年の約8100人まで漸減する。

　2010年5月、志願者の回復を見通せなくなった姫路独協大法科大学院が翌年度から学生募集を停止すると発表。この後、募集停止・撤退は雪崩を打って広がり、2021年度までに40校に達した。信州、新潟、熊本、横浜国立、立教、青山学院、近畿、甲南など有力有名な大学も含まれ、ほとんど総崩れのような印象を与えた。

　改革審会長だった佐藤幸治は、2017年4月、臨床法学教育学会年次大会での講演「法曹養成制度の理念と現状そして展望——何が現状を招いたか——」で、出発時の法科大学院の数は「人的・財政的資源の関係で、20から30校とみていた」と明かした。74校は遥かに多い乱立であり、統廃合・淘汰はもともと避けようがなかった。

　並行して、新しい司法試験制度の理念を没却しかねない事態が出来した。

第16章　「21世紀を支える司法」はどこまで実現したか

　法科大学院修了者だけに司法試験の受験を認める新制度にあって、経済面その他よんどころない事情で法科大学院に進めない人を救済する特例措置として、2011年から始まった「予備試験」を受験する大学生や法科大学院生がかなりの勢いで増えたのだ。人気の理由は、法曹になるまでにかかる年月を短縮でき、経済的負担も軽くなるからだった。おまけに、超難関の予備試験を通った修習生の能力を買って任官・就職で優遇する傾向が出てきた。

　司法試験予備校のホームページや、予備校選びの比較サイトをみると、「まず予備試験合格を目指し、うまくいかなかったら法科大学院進学を」など、まるで予備試験が司法試験の本来の道筋であるかのような案内が目につく。予備試験は元々の目的と全く違う〝特急・特級コース〟になってしまった観がある。

　躓きが早かっただけに、政府と法曹三者は早くから対策に乗り出さざるを得なかった。

　文科省が中教審法科大学院特別委員会を通じて「法科大学院修了者の質」を向上させる改善策策定を目指し、実情調査と法曹関係者からの意見聴取に着手したのは2008年3月である。しかしその後も新制度の綻び・裂け目は広がる一方で、対策は後手に回った。

　もはや、綻びを繕うような対策では法科大学院・新司法試験制度の立て直しはできない、これからの日本で求められる法曹（その大多数を占める弁護士）の役割は何なのか、それにこたえる法曹の質と量はどのようなものなのか、というところに立ち返った対策が必要だ——政府はそう判断して、2011年5月、内閣に「法曹の養成に関するフォーラム」を組織した。官房長官、総務、法務、財務、文科、経産の6大臣が共同開催する会議体で、6府省の副大臣級6人のほか法科大学院関係者3人、法曹三者から元職2人と現役1人を構成員とし、最高裁、検察庁、日弁連の各代表が関係機関・オブザーバーとして参加した。事務局は法務省が担った。

　2012年5月にフォーラムがまとめた「論点整理」は「法曹資格者の活動領域の在り方」「今後の法曹人口の在り方」「法曹養成制度の在り方」の3項目について現状の問題点とその対処方策を列挙した文書で、新法曹養成制度が入り込んだ隘路を打開する政府方針・政策指針とした。

以後、政府は法曹養成制度関係閣僚会議、法曹養成制度改革推進会議（フォーラムの6大臣で構成。事務局として法曹養成制度改革推進室）を順次設置して、法曹養成制度改革策を立案・実行する。法科大学院教育・司法試験連携法、改正司法試験法を改正施行し改革を一段落させたときには「フォーラム」設置から9年後の2020年4月になっていた。

一連の改正・改革の要点を記すと、

・合格者数について閣議決定した「3千人程度」を「現実性を欠く」と取り下げ、「縮小するとしても1500人程度は確保する」とした。
・法科大学院の定員を削減し認証評価を厳格化して教育の質を向上させ、修了者の概ね7割以上が卒業から5年以内に司法試験に合格できるようにする。
・受験回数制限の緩和、試験科目の削減、法科大学院在学中の受験を認めるなどで合格率向上を図る。
・法曹の活動領域を拡大する（次章の〈遅ればせの進展 職域・活動領域の開拓拡大〉の項を参照）。

前章の〈基盤を変える――法科大学院・法曹養成〉の項に「新しい法曹養成制度で予備試験導入と司法修習生への給費廃止は、後に困難な問題を生じさせた」と書いた。

予備試験はすでに述べた。給費制の廃止を次に見ていく。

修習生に対する給与支給をやめ、代わりに修習期間中の生活資金を無利息貸与する制度は司法制度改革推進本部法曹養成検討会で承認した。日弁連は、給費制維持を強く求め、同検討会では、弁護士でない委員からも給費制廃止に反対ないし慎重意見が出たが、主として財政上の要請から、貸与制への切り替えが決まった。これを法制化した改正裁判所法（2004年10月成立）は2010年11月から施行するはずだった。

切り替え時期まで2年足らずとなった2009年初頭、日弁連の司法修習委員会で、もう1度、給費制維持を求める運動に力を入れようとの機運が高まった。法科大学院入学志願者が減る傾向がハッキリし始めた時期で、新法曹養成制度は動きだしから悪循環に陥っているとの危機感の高まりが背景にあった。新制

第16章　「21世紀を支える司法」はどこまで実現したか

度で法曹資格を得るまでに要する資金は旧制度に比してかなり大きい、それが
法曹志望の意欲をしぼませる1つの原因であり、法曹人気を取り戻すには給費
制維持と法科大学院生に対する経済的支援が欠かせないとの考えである。

　翌年の日弁連会長選挙で給費制維持を掲げた宇都宮健児が当選し、日弁連は
2010年5月の定期総会で「給費制維持と法科大学院生に対する経済的支援を求
める決議」を採択。7月に緊急対策本部を設け、市民運動を組織し、各政党や
国会議員に裁判所法の再改正を働きかけた。

　2010年11月24日、衆議院法務委員会は、改正裁判所法を再改正して貸与制へ
の切り替え時期を1年間延ばし2011年11月とする法案を法務委員長名で本会議
に提出することを全会一致で可決。同時に政府と最高裁に対し「個々の司法修
習終了者の経済的状況を勘案した措置を2011年11月までに講ずるよう格段の配
慮」を求める決議を採択した。再改正法は同月成立、翌月に施行した。

　この決議について政府は、先述の「法曹の養成に関するフォーラム」で検討
し幾つかの負担軽減策を立てたが、原則は変えず、2011年度採用の新65期修習
生から貸与制を実施した。

　日弁連はなおも給費制復活の運動を続けた。法科大学院志願者や法曹志望者
が漸減する傾向が深刻になるにつれその主張は説得力を増すようになり、遂に
法曹養成制度改革推進会議が設置期限を迎えるに当たって発表した文書「法曹
養成制度の更なる推進について」で貸与制の原則を撤回、「司法修習生に対す
る経済的支援の在り方」を再検討すると表明した。

　政府は2016年6月に閣議決定した「経済財政運営と改革の基本方針」（骨太
方針）に「司法修習生に対する経済的支援を含む法曹人材確保の充実・強化を
推進する」との1項を入れ、法務省が同年12月、新たな修習給付金（旧制度と
異なり給与ではないので公務員共済などのフリンジベネフィットは得られな
い）制度の概要を発表した。裁判所法の改正を経て新制度は2017年11月に施行
した。

　給付金制度は遡及適用しなかったため、谷間世代と呼ばれるようになる新65
期から70期までの法曹は、貸与金の債務を負ったままであり、前後の修習期と
の不公平是正が日弁連の運動課題となった。

ようやく手をつけた「新時代の捜査・公判」

　裁判員裁判、被疑者国選弁護、公判前整理手続、検察審査会の起訴強制など改革と呼ぶにふさわしい新しい刑事手続を生んだ改革審意見書だが、捜査法の分野で弁護士側が要望した制度改革はほとんどを肩透かしにし、棚上げした（前章の〈変えられなかった捜査取調べと身柄拘束〉の項を参照）。

　結果、意見書による改革を実行した後も刑事司法は旧来の陋弊を再三再四露呈して改革審の標榜した「21世紀を支える司法」に程遠い実態をさらし、法務省は、改革審で棚上げ、先送りした改革課題に向き合わざるを得なくなった。

　まず国選付添人制度について略述する。

　同じ「先送り課題」でも意見書が「少年審判手続の構造や家庭裁判所調査官との役割分担なども考慮して、積極的な検討が必要」と方向性を明示したため、法務省は2004年2月から法曹三者間で制度導入への協議を始めた。

　協議結果を、2006年2月の少年法改正法案に取り込み、2007年11月から少年事件の国選付添人制度を施行した。

　ただ、対象事件を狭く限定したのが問題で、2009年5月に被疑者国選弁護の対象範囲が拡大すると、少年事件では、身柄拘束した捜査段階でついていた国選弁護人が家裁送致になった途端に〝引き剥がされる〟ケースが現れた。2014年4月に成立した少年法改正（施行は6月）で被疑者国選弁護制度と対象事件の範囲をそろえたが、後述する経緯で被疑者国選の範囲を全勾留事件にまで広げた（2018年6月施行）後、再び制度不整合による不都合が生じた。

　先に「旧来の陋弊を再三再四露呈した」と書いた。陋弊とは、いうまでもなく、自白偏重の捜査、自白獲得のための不適正・違法な取調べ、長期の身柄拘束である。

　2005年9月、水戸地裁土浦支部が、1967年に茨城県利根町布川で発生した強盗殺人事件（布川事件）で無期懲役刑に服し仮釈放中だった2人について、再審を開始する決定をした。2009年12月に最高裁で再審開始が確定。2011年6月

第16章　「21世紀を支える司法」はどこまで実現したか

に土浦支部で再審無罪判決があり、確定した。2人のうち1人が起こした損害賠償請求訴訟で裁判所は警察、検察の取り調べの違法性を認定した。

2007年1月、検察が自ら再審を請求する冤罪が発覚した。富山県氷見市で2002年1月と3月に連続した強姦、強姦未遂事件で県警はタクシー運転手を逮捕。取り調べで犯行を認めさせ、2件とも起訴、2002年11月に出た懲役3年の実刑判決によってタクシー運転手は服役した。ところが2006年8月に鳥取県警が強制わいせつ容疑で逮捕した男が、余罪調べに対し氷見市の2件を自白。富山県警と富山地検で裏づけ捜査をした結果、鳥取の男が真犯人であると分かり、県警が公表した。地検高岡支部がタクシー運転手の再審を請求。2007年10月に再審無罪が確定した。

2007年2月、鹿児島地裁が2003年4月の県議会選挙での公選法違反事件で被告12人全員を無罪とした。検察は控訴せず判決が確定した。裁判所は被告6人の自白調書の信用性を否定し、「捜査員の強引な取り調べや誘導的な尋問」を強く批判した。被告人らと、取り調べを受けた参考人は民事刑事両面で警察、検察の責任を追及し、警察官1人が特別公務員暴行陵虐罪で有罪となり、県と国は損害賠償を命じられた。

2009年6月、もう1件、無期懲役囚の冤罪が明らかになった。栃木県足利市で1990年5月に女児を殺害したとして元幼稚園バス運転手を無期刑に処した足利事件である。元運転手は第一審の途中で捜査段階での自白を翻して無実を訴え、獄中から再審を請求した。宇都宮地裁の請求棄却決定に対する抗告審で東京高裁が、原審で犯人性の決め手となったDNA型を再鑑定したところ、原鑑定を否定する結果が出た。再審無罪判決は翌2010年3月だった。

2010年9月、障害者割引郵便不正事件で虚偽有印公文書作成・行使を指示したとして大阪地検が逮捕・起訴した元厚労省局長に大阪地裁が無罪を言い渡した。捜査段階から一貫して容疑を否定した元局長の拘置は5カ月余りに及んだ。公判で検察は、相被告人らの捜査段階の供述によって元局長の指示を立証しようと供述調書43通を証拠請求したが、裁判所は「取り調べ検事の誘導があった」などの理由で34通について請求を却下した。

判決の後、大阪地検特捜部の検事が証拠品のフロッピーディスクのデータを改ざんしていた事実が露見し、この検事と上司の特捜部長、副部長が刑事責任

ようやく手をつけた「新時代の捜査・公判」

を負う異常な展開をみせた。

　改革審は意見書〈Ⅱ−第2刑事司法制度の改革〉の〈被疑者の取調べの適正さを確保するための措置〉の項で「取調べ状況の録音、録画や弁護人の取調べへの立会い」について「現段階でそのような方策の導入の是非について結論を得るのは困難」と述べ、制度化提言を見送った。しかし、数々の「陋弊の露呈」を見れば「そのような方策の導入」を急がなければならないのは明白だった。

　『日弁連七十年』（日弁連七十年記念誌編集チーム編、2019年）の〈特集Ⅱ　取調べの可視化〉は「可視化制度実現への、正に直接の契機となったのが、いわゆる厚労省元局長事件である」と書いた。

　経過をたどると、2010年11月に法務大臣が元局長事件の反省に立って私的諮問機関「検察の在り方検討会議」を設置。翌年3月の答申「検察の再生に向けて」を受けて法制審に「新時代の刑事司法制度特別部会」を置いた。諮問は「取調べ及び供述調書に過度に依存した捜査・公判の在り方の見直しや、取調べ状況を録音・録画により記録する制度の導入など、刑事の実体法及び手続法の整備の在り方について」であった。

　2014年7月、特別部会が「新たな刑事司法制度の構築についての調査審議の結果」を全会一致で承認。可視化制度の導入だけでなく、被疑者国選弁護の対象事件の拡大、日本版〝司法取引〟制度の導入など答申は多岐にわたった。

　2015年5月、特別部会の答申に基づく刑訴法等の一部を改正する法律（刑事司法改革関連法）が成立。取調べの録音録画（可視化）制度を定めた刑訴法302条の2は2019年6月に施行した。

　可視化制度の導入をはじめとするこの刑事司法改革の重要性を、元検事総長・大野恒太郎は「新たな刑事司法制度とその歴史的意義」で強調した。

　　本改正は、歴史的に見るならば、明治の近代的刑事司法制度導入以来、戦後を通じて続いてきた取調べと供述調書への大幅な依存からの脱却を図るものであり、刑事司法の構造的な転換と評し得る。［大野：4頁］

第16章 「21世紀を支える司法」はどこまで実現したか

　しかしこの改革によっても刑事司法はなお「構造的な転換」を果たしていないのが、いちいち具体の事件例はあげないが、実際である。逆に、「取調べと供述調書への大幅依存」とそこから生じる、不適正あるいは違法な取調べと、否認する被告人を長期間身柄拘束する悪弊は、元検事総長が高く評価した改正刑訴法をもってしても解消し得ない悲しむべき刑事司法の姿を顕わにしている。

　改正刑訴法には、施行３年後に取調べ可視化やその他の規定の実施状況を検討し必要な措置を取るよう政府に義務づけた「見直し条項」がある。改正法の内容に不満を残し、かつ陋習の骨がらみの根強さを知る日弁連は見直し時に備え、再改正要求の根拠となる立法事実を収集するため、2018年８月に新しい組織を設け、捜査・取調べの非違事例や、保釈裁判、証拠開示などの制度運用の実際を情報収集し分析した。

　「施行から３年」を半年後に控えた2022年１月、日弁連は、「全ての取調べの録音・録画義務付け」「弁護人の取調べ立ち会い」「保釈に関して、被告人の否認や黙秘などを被告人に不利益に考慮しない」など７制度の改正・新規導入を求める意見書をまとめた。

　見直し条項に基づく法務省の作業は「検討すべき課題を整理する」ための会議体を設けて2022年７月に始まったが、一向に捗らないまま、2024年９月には史上５件目の死刑囚再審無罪（第12章の〈旧態依然の綻び──刑事手続〉の項を参照）が、捜査機関による３件の証拠捏造を認定した判決理由とともに確定。刑事手続の耐え難い〝前時代性〟を世にさらけ出した。

拡充が進まない法律扶助

　改革審意見書は民事法律扶助制度について〈Ⅱ－第１−７裁判所へのアクセスの拡充〉の項で取り上げ「扶助の対象事件・対象者の範囲、利用者負担の在り方、運営主体の在り方等について一層の充実」を期待した。

　だが改革が実現したのは「運営主体の在り方」だけ（前章の〈基盤を変える──法テラス誕生〉の項を参照）で、「対象事件・対象者の範囲、利用者負担の在り方」は手つかずに終わった。

　そもそも扶助制度拡充の優先順位は高くなかった。司法制度改革推進本部司

法アクセス検討会の第１回会合で本部事務局がした検討事項の説明で「主要な立法課題」に入っておらず「関連する問題として『民事法律扶助の拡充』についても検討いただくことになろうか」という扱いだった。検討会の場では市民団体出身の委員から「法律扶助制度に関して具体的な予算の問題などを議論する機会がなく、私はこれでいいのだろうかという思いに駆られている」との不満がもれた。

　推進本部顧問会議（第14章の〈推進本部から立法まで〉の項を参照）の第12回会合（2003年７月30日）で司法アクセス検討会座長がした、以下の審議状況報告を読むと、司法制度改革関連予算がかなりの額になるのが確実ななかで、更なる国庫負担増に直結する「扶助の拡充」は〝宿題〟とする意向が、はじめから、推進本部にあったと推測できる。

　　　アクセス障害の解消のための方策としては、資力に乏しい人に対する民事法律扶助の拡充も重要である。しかしながら、民事法律扶助に関しては、自己破産事件の急増による財政状況（当時、国庫補助を受け事業を運営していた財団法人法律扶助協会の財務状況を指す＝引用者注）の逼迫等の問題があり、業務運営の効率化を進めつつその拡充を目指す必要がある。

　日本司法支援センター（法テラス）を所管する法務省が〝宿題〟にとりかかったのは、法テラスの運営が業務開始から７年半で安定軌道に乗った2014年３月。総合法律支援法を改正するために、学者、公益団体役員、弁護士、司法書士、自治体首長など10人の委員から意見を聴く「充実した総合法律支援を実施するための方策についての有識者検討会」を設けた。

　総支法改正によって法律扶助制度を拡充するに当たり、法務省は、総支法施行から10年の間に社会の関心が高まった問題に対応できるように扶助制度の対象範囲を拡げる考えだった。だが、弁護士費用を立替から給付へ転換するなど相当の予算増を要する抜本的な扶助の拡充は念頭になかった。

　有識者検討会が報告書をまとめたのは2014年６月。翌2015年３月に政府は総支法改正法案を国会提出した。翌2016年３月に審議入りし、５月に成立した。施行は２段階に分け、大規模災害の被災者対応の新設条項を、４月に起きた熊

第16章 「21世紀を支える司法」はどこまで実現したか

本地震被災者に適用するため、同年7月に先行させ、他の条項は2018年1月だった。

『日弁連七十年』（既出）は「有識者検討会の検討結果から後退し、不十分な点も多い」としつつ、高い評価も与えた。

　　認知機能が十分でない高齢者・障害者が福祉関係者等の支援者を介して法律相談を受けられる仕組みを創設し、大規模災害の被災者、DV・ストーカー・児童虐待の被害者についても法律相談を制度化するなど、民事扶助による救済の範囲を広げた。従来の民事扶助は、経済的弱者への司法アクセスの面のみから制度設計されてきたが、この改正によって、問題別に対応する法制度を導入したことは、特筆に値する。［日本弁護士連合会2019：61頁］

姿浮かぶ「社会生活上の医師」

　2011年3月11日午後2時46分、東日本大震災が発生した。国内観測史上最大、マグニチュード9.0の地震は巨大津波となって青森から千葉にいたる6県の沿岸部を襲い、福島第1原子力発電所で核燃料の溶融・放射性物質大量放散事故を引き起こした。

　弁護士界に与えた衝撃、弁護士の社会的責務の自覚に及ぼした影響は大きかった。『日弁連七十年』は震災から8年9カ月後の刊行なのに災害復興支援を特集テーマにした。冒頭の文章は、

　　災害列島である日本において、災害の復興・復旧を支援し、被災者の人権を回復することは弁護士会の本質的使命の1つである。［日本弁護士連合会2019：4頁］

　日弁連は発災当日に災害対策本部を立ち上げ、弁護士・弁護士会の主要な災害対策・被災者支援である法律相談を、在京3弁護士会、法テラスとの共催で3月23日から始めた。4月7、8日に在京3会合同の復旧・復興対策本部（4

月1日発足）が震災法律問題研修会を開催すると、1400人以上の弁護士が集まり、分厚い法律相談員名簿ができあがり、相談員たちは都内に幾つも設けた避難所や、被災地に赴いた。

原発事故が重なった福島では、法テラス、福島県弁護士会、日弁連の3者共催で4月11日から連日、複数会場で法律相談会を開いた。東京の3弁護士会が協力し会員多数を派遣した。仙台弁護士会などが4月29日から3日間開いた宮城県下震災避難所無料法律相談では95カ所の会場で延べ約300人の弁護士が1153件を受けつけた。

翌年5月までの集計で、弁護士相談は40396件にのぼった。このうち1000件を選び出して日弁連は『東日本大震災無料相談事例集』をつくり関係先や研究機関に配った。

災害時の法律相談の機能・効用を『日弁連七十年』は5点に整理した。

> 精神的な支援／パニックの防止／紛争の予防／有用な情報の提供／被災者支援の法律・制度策定に必要な立法事実の収集

東日本大震災では、5番目の機能が力を発揮した。法律相談などで吸い上げた被災者のナマの訴えが、多くの新制度、法改正、制度改善を実現する原動力になった。『弁護士白書 2011年版』と『日弁連七十年』から、日弁連の提言を取り入れた支援制度を数えあげると「被災ローン減免制度（個人版私的整理ガイドライン）」「相続放棄等の熟慮期間の延長に関する特例法」「東日本大震災の被災者に対する援助のための日本司法支援センターの業務の特例に関する法律」等々12件にもなる。

日弁連が災害復旧・復興と被災者支援を人権擁護・救済の一環と位置づけたのは、1991年の雲仙普賢岳噴火災害が契機だった。

1995年1月の阪神・淡路大震災では地元弁護士の多くが被災したため、応援に全国から入った弁護士が法律相談を受け持った。『日弁連七十年』によれば、この支援活動によって「弁護士に対する市民の意識も弁護士自身の意識も大きく変わった」。

第16章 「21世紀を支える司法」はどこまで実現したか

　阪神・淡路大震災の被災者や被災地自治体の強い要望を容れて制定した被災者生活再建支援法（1998年11月施行）の２度目の改正に際して、日弁連は、内閣府の「被災者生活再建支援制度に関する検討会」に意見書２通を提出した。阪神・淡路大震災と、その後も毎年のように起きた自然災害の復旧・復興支援を通じて汲み上げた被災者の声と、支援活動の中で得た知見が意見書の中身だった。

　阪神・淡路大震災を通じて、弁護士・弁護士会の災害復興・被災者支援は練度・実効性をかなり高めたといえる。

　東日本大震災には、原発事故を含めた損害のケタ外れの大きさとは別の性質の難問があった。津波被害の酷かった地域のほとんどが司法過疎地であり、日弁連・弁護士会は、災害対応や被災者支援と同時に、歴史的な課題である弁護士偏在にも対処しなければならなかった。

　飯考行専修大学教授は研究報告集『JLF 叢書 VOL.23 社会の中の新たな弁護士・弁護士会の在り方』に寄せた「災害対応における弁護士の到達点と課題——東日本大震災を経て」で被災地内外で全国の弁護士・弁護士会が活動した事例や従前にない試みを調査し論評した。

　　多くの弁護士が、従来からの地道な弁護士・弁護士会の災害法実務経験の
　　蓄積に支えられて、避難所や仮設住宅での法律相談、被災者支援のための
　　立法提言その他の活動に取り組み、従来に比して大きな役割を果たしたよ
　　うに見受けられる。

　弁護士たちの活躍の背景に飯教授は「21世紀初頭の司法制度改革」があると指摘した。

　　支援に当たる弁護士には、ひまわり基金法律事務所（前章の〈弁護士の制
　　度・業務を変える——アクセス改善〉の項を参照）、法テラス法律事務所
　　の勤務経験者が多かったように見受けられる。（中略）これらの弁護士は
　　弁護士増員と法科大学院教育を経験し、弁護士業務の多様化を目の当たり

にしてきた世代である。したがって、これまでの弁護士の依頼者待ちで裁判中心の業務スタイルにとらわれることなく、災害対応を弁護士の職責としてみなすことに抵抗は少なかった。（中略）いわゆる原発ADR（文科省・原子力損害賠償紛争審査会の下に、2011年8月に設けた原子力損害賠償紛争解決センター＝引用者注）の調査官の多くは、若手弁護士が務めており、司法試験合格者の増員がなければ、これらの機関へ弁護士の人材を輩出することは困難であった。[以上、飯：228、235〜236頁]

　司法制度改革で生まれた制度や組織・機構が東日本大震災の復興・被災者支援に役立ったのは間違いない。
　法テラスを設立していなければ「東日本大震災の被災者に対する援助のための日本司法支援センターの業務の特例に関する法律」による民事扶助の対象拡大はできなかったし、原発ADRはADR促進法がなければ、2011年9月に早々と業務を始められなかっただろう。一連の弁護士制度改革は、弁護士の被災地自治体出向（任期付き公務員採用）や政府系関係機関への人材派遣を円滑に進めるのに効があった。
　さらに強調したいのは、東日本大震災での支援活動が、改革審意見書の掲げた「弁護士は国民の社会生活上の医師たれ」という理念に、個々の弁護士・弁護士会は意識していなかっただろうが、結果として沿っていた事実だ。仙台弁護士会の宇都彰浩が『自由と正義』に書いた「東日本大震災の教訓〜申請主義の弊害と災害ケースマネジメントの必要性〜」の以下の文章からは「社会生活上の医師」の具体像が浮かび上がってくるように思われる。

　高齢者や障害者をはじめとするいわゆる社会的弱者には（中略）弁護士を含む支援者側からの積極的に制度利用について情報提供を行うアウトリーチ型の支援が必要である。石巻市の戸別訪問によって、住宅再建補助事業の利用が急増したことは、申請主義の限界と被災者への歩み寄り（アウトリーチ）の必要性を裏付けた。（中略）被災者1人ひとりの被災の影響や生活状況を把握し、被災者の意向（自己決定）を尊重し、行政や各種専門家・NPOなどの支援者と連携して必要な支援を実施することが必要不可

第16章 「21世紀を支える司法」はどこまで実現したか

欠である。［宇都：28頁］

　東日本大震災から9年後の2020年、日本は、全世界に広がった新型コロナウイルス（COVID-19）感染症の、目に見えず耳に聞こえない大津波に飲み込まれた。大規模災害の様相を呈したパンデミック下の弁護士・弁護士会による〝被災者〟支援をみると、「社会生活上の医師」に向かってまた一歩を進めた感がある。

　日弁連がCOVID-19対策本部を設けたのは、政府が緊急事態宣言対象地域を全国に拡大した2020年4月16日。〝被災者〟支援だけでなく会務運営や事務所経営、弁護士業務に関係する情報伝達なども任務にし、正副会長と理事全員を構成員とした。

　弁護士・弁護士会による災害対応の主柱である法律相談は、〝被災地〟を特定できないコロナ禍では現地を訪れて住民に会う方法をとれないから電話が頼りだった。

　対策本部設置に先立ち、手始めに、既存の中小企業経営者向けの面談予約電話「ひまわりほっとダイヤル」でコロナ禍関連の相談を無料（初回30分。6月1日以降は一部地域で有料化）にした。4月1日から7月末までに、コロナ関連以外も含めて4902件の利用があった。

　4月20日からは全国統一ダイヤルを設けて一般からの相談を受け付けた。従来にない方式で、東京・大阪・仙台の弁護士会がコールセンターよろしく統一ダイヤルに来る電話に応対し、各単位会に取り次ぎ、単位会から配点を受けた会員弁護士が申込者に折り返し電話をかける仕組みにした。7月22日まで続け、合計1859件の相談があった。内容を分類すると、労働・雇用問題が30％、旅行・イベント等の予約キャンセルや、「送りつけ商法」被害など消費者問題が21％、公的支援制度の問合せや苦情が11％、借入金問題が7％、賃料問題が4％だった。

　2021年1月には、政府が11都府県に2度目の緊急事態宣言を発令したのを機に、既存の弁護士会法律相談案内電話「ひまわりお悩み110番」でコロナ禍関連の相談を受けた。

　相談やコロナ禍に対応する各委員会の活動を通じて掴みとった被害の窮状や

姿浮かぶ「社会生活上の医師」

〝被災者〟の訴えをもとに、法的な問題、人権問題に関わる制度改正や世論喚起のための会長声明を数多く発表したのも、東日本大震災のときと同様だった。

『自由と正義』2021年6月号に載る〈2020年度会務報告 Ⅱコロナ感染症への対応〉によると、4月15日に「刑事裁判の期日延期等に関する会長声明」「入管収容施設における『3つの密』のリスクの解消を求める会長声明」を皮切りに、意見表明は2020年度中だけで計19本（うち1本は提言書の形式）を数えた。

国内で初めて感染者を確認して1年経過した2021年2月、日弁連は「各委員会の取組を集約し、会内外に報告する」として『COVID-19と人権に関する日弁連の取組——中間報告書——』を刊行、ネットで公開した。26項目もの「取り組んだ課題」の一部を下に並べる。これをだけでもコロナ禍が社会生活の広い範囲にわたって人々を傷つけ、弁護士が治癒を試みた状況が窺える。

偏見差別・プライバシー／医療問題／外国人の人権／消費者問題／教育を受ける権利／労働事件／刑事収容施設に関する問題／中小企業法律支援に関する問題

この中間報告書に載る日弁連公設事務所・法律相談センターの報告に、「社会生活上の医師」の役割を果たすうえで法律相談がもつ有用性を論じた部分がある。

弁護士が社会問題と接し，対応していく起点となるのが法律相談であり、市民に開かれた各地の法律相談センターである。（中略）寄せられた相談は社会問題に関する「臨床データ」ともいうべき情報であり、（中略）数多の社会問題に対して弁護士会が何らかの提言を行うに当たり，その情報は参考にすべきであるし提言の実効性を高める上でも重要である。［日本弁護士連合会2021：111頁］

第17章
5万人時代の未来

遅ればせの進展 職域・活動領域の開拓拡大

　章題の5万人は、法曹人口（実質的に弁護士人口）の大幅増を眼目にした司法制度改革審議会意見書が「2018年ころまでに到達する」とした数字である。

　2024年、法曹人口が5万人に達した。『弁護士白書 2023年版』によると、年間1500人程度の新法曹誕生が続くとして弁護士が5万人を超すのは2028年ころで、2048年に約64500人でピークを迎え、2059年以降57000人台で推移する。

　改革審の設定した目標達成時期から随分と遅れたのは、前章の〈躓いた大増員計画〉の項に書いたとおり、日弁連が増員のペースダウンを求めたからだった。新人弁護士の受け入れを困難にした最大の原因は、増員を必要とする前提として改革審意見書が描いた〝将来図〟のようには弁護士サービスに対する需要が膨らまなかった、弁護士側からすれば職域・活動領域を開拓・拡大できなかった、より厳しく言うなら「怠った」結果だった。

　意見書の〝将来図〟はこうである。

　　法曹需要は、量的に増大するとともに、質的にますます多様化、高度化することが予想される。その要因としては、経済・金融の国際化の進展や人権、環境問題等の地球的課題や国際犯罪等への対処、知的財産権、医療過誤、労働関係等の専門的知見を要する法的紛争の増加、社会経済や国民意識の変化を背景とする「国民の社会生活上の医師」としての法曹の役割の増大など、枚挙に暇がない。（司法制度改革審議会意見書57頁に載録）

　弁護士界総体として職域・活動領域を拓き拡げる動きは活発でなかった。2018・2019年度日弁連会長・菊地裕太郎は、2013年に書いた「弁護士の活動領域の拡大と業務の充実」で「日弁連は司法改革スタート時からしばらくの間、

第17章　5万人時代の未来

人口増大と法的ニーズの関係の分析と業務対策にいささかの手抜かりがあった
ことは否めない」と認めた。

　菊地は「手抜かり」の背景に弁護士・弁護士会の間にある司法制度改革に対
する「意識の格差」を観て取る。弁護士層の相当な部分が意見書の〝将来図〟
を「幻想だ。潜在的ニーズなど存在しない」と断じ、それ故に、改革審が設計
した司法制度改革全般に拒否感を抱いて「法テラスや被疑者国選、組織内弁護
士等によってもたらされた司法アクセスの拡充やその他様々な業務拡充策の成
果についても、法的ニーズの顕在化とは認めない」。

　そうした考え方に、菊地は「司法改革における法曹人口の増員は、もともと
業務基盤（法的ニーズ）の拡充、司法基盤の整備とセットであったのであり
（中略）司法改革の手詰まり感は、業務拡充、活動領域の拡大なくして克服す
ることはできない」と切り返した。

　これは、司法制度改革を進めてきた政府・司法当局、日弁連に共通する考え
であり、前章の〈躓いた大増員計画〉の項で詳述した新法曹養成制度を再改革
する方策は、常に、弁護士の職域・活動領域拡大の議論と二本立てで立案した。

　内閣に2011年5月に置いた「法曹の養成に関するフォーラム」（6府省の副
大臣などで構成。前章の〈目論見外れた新養成制度〉の項を参照）が公表した
法曹養成制度再改革の政策指針となる「論点整理」（2012年5月10日）から引
こう。

　　　改革審意見書では、「法の支配」を全国あまねく実現するため、（中略）弁
　　護士が、公的機関、企業、国際機関等社会の隅々に進出して多様な機能を
　　発揮する必要があると指摘された。これを踏まえ、（中略）法曹有資格者
　　の需要が見込まれる官公庁、企業、海外展開等への活動領域拡大のための
　　方策を検討する必要がある。（法曹の養成に関するフォーラム論点整理1
　　頁に載録）

「方策を検討する」ため2013年9月に法務省に設置した「法曹有資格者の活
動領域の拡大に関する有識者懇談会」は「国・地方自治体・福祉」「企業内」
「海外展開」の3分野ごとに、「これまでの取組及び成果」「更なる拡大にあた

298

っての課題」「今後取り組むべき施策」の３項目に整理した文書を2015年５月
に取りまとめた。

　法曹養成制度改革推進会議（６府省の大臣で構成。前章の〈目論見外れた新
養成制度〉の項を参照）は、2015年６月、設置期限に当たって発表した「法曹
養成制度の更なる推進について」に「今後の活動領域拡大の具体的方策」を掲
げ、有識者懇談会が示した指針に拠る活動を法曹三者に要請した。

　法務省には、法曹を役立てる方法を自治体・福祉機関・企業に伝えるなど、
法曹を活用する動きが定着する環境を整えるよう求め、日弁連・弁護士会には、
法曹の専門的知見がもたらす効用や、これまでの活用実績を自治体・福祉機
関・企業に広報しつつ、各分野で活動できる弁護士の養成と確保に努めること
を期待した。最高裁には、司法研修所の実務司法修習を通じて法曹の卵たちが
様々な分野を活躍の場と認識するように工夫をしてほしい、と要望した。

　弁護士大増員の前提であった職域・活動領域の開拓拡大は、かくして遅ればせ
ながら、日弁連のみならず政府・法務省と最高裁があげて取り組む政策課題
になった。

　2019年12月に刊行した『日弁連七十年』の〈刊行の辞〉は「主な改革の歩
み」の１つに「弁護士の活動領域の拡大が進んだ」をあげた。〈第４章 業務改
革課題に関する取組〉の〈Ⅱ 弁護士業務・活動領域の拡大と組織内弁護士〉
に詳述した活動領域を列記すると、

> 中央省庁と地方自治体の職員／企業・団体内弁護士／企業の社外取締役／不祥事
> を起こした企業や様々な組織体が設置する第三者委員会

　また〈第１章 日弁連の会員と組織〉に〈組織内弁護士の増加〉の１項を設
け「直近10年（2009〜2018年＝引用者注）の特筆すべき変化は組織内弁護士
（任期付き公務員及び企業・団体内弁護士）の大幅な増加である」と記した。

　組織内弁護士の大部分である企業・団体で働く弁護士を取り出してその伸張
ぶりをみてみよう。数字は日本組織内弁護士協会による。

　新制度下の法曹が実務に就きはじめた2007年に188人だったのが16年後の
2023年に16.9倍の3184人になった。採用する企業数も当然、同じ勢いで増え、

2007年の104社が2023年には13.7倍1429社を数えた。

　大企業の本社機能が集中する東京の3弁護士会に、全体の82.4％が所属するので3会の会員総数に占める企業・団体内弁護士の割合をみると2023年で11.9％に達する。今や東京の弁護士の10人に1人は法律事務所ではなく企業や諸団体に勤務している。

　経済産業省は、2019年1月、有識者会議「国際競争力強化に向けた日本企業の法務機能の在り方研究会」を設け、「企業の法務機能の意義とその活用の必要性・有効性を明らかにした上で、これを企業に実装していくための課題と提言をまとめた」報告書を公表。企業に法務部門の整備・拡充を促した。

　現状、企業内弁護士は大企業の事業上の本社に偏って存在するが、証券取引所に上場する企業だけでも4000強、株式会社総数で242万超の〝市場〟の大きさを考えれば、その数は相当な規模に膨らんでいくと見込める。

　進出先は企業・団体だけではない。『弁護士白書 2023年版』の特集は「スクールロイヤー等の実態と今後の展望」で、転載した文科省の2021年度の調査結果によると47都道府県のうち37自治体が「顧問弁護士とは別に、専ら教育行政に関与する弁護士に相談できる体制」をとる。ただ、市区町村でみると調査に答えた1605自治体の90％が「スクールロイヤーはいない」状態だった。この分野でも活動が拡がる余地は相当にあるだろう。

変貌する景色——ポスト改革世代・女性・事務所の有りよう

　司法制度改革が造り出した「5万人時代」は弁護士界の景色を変えた。前項と、前章の〈姿浮かぶ「社会生活上の医師」〉の項で述べた業務・活動の場の広がりは景色変貌の一例だが、より鮮烈な変容は人員構成の面に表れた。

　まず、改革の眼目であった大増員によって若手層が急膨張した。2023年3月末には、弁護士総数44916人のうち、新司法試験に合格し新養成制度で法曹資格を得たポスト司法制度改革世代が23647人、率にして52.6％を占めた。〝占有率〟は、当然、上がる一方だ。

　法科大学院の初めての修了者が法曹となる2007年を、弁護士界は、司法制度改革による大増員の波がいよいよ来襲する、と身をすくめた（前章の〈躓いた

変貌する景色──ポスト改革世代・女性・事務所の有りよう

大増員計画〉の項を参照）。同年度中の純増員数は1922人。前年度中の1.75倍にもなった。年度末の総数を前年度末に比べると8.3％増だ。

この大波に不安を覚えた弁護士層が、増員停止を求めて持ち出したのが「弁護士人口の急拡大は『質』の低下を招く」との言説だった。公式文書で、質の低下を断じた弁護士会がいくつも現れ、例えば埼玉弁護士会は2009年5月、司法試験合格者が2000人を超したのを機に「適正な弁護士人口増加に関する決議」（2009年5月23日付）を採択した。

　　司法試験合格者数が増大することによって、必然的に十分な基礎知識のない者まで合格できるようになってきている。
　　急激な弁護士人口の増加は、弁護士の質の維持に重大な影響を与え、弁護士に対する国民の不安を生み出すだけである。

当然、違う見方もあった。

日弁連法科大学院センター委員長だった大橋正春（のち最高裁判事）は所属会の機関誌に寄せた論稿「法科大学院修了生の質は劣悪か？」で、新司法試験合格者の「質の低さ」としてあげつらわれる基礎的法知識の欠如と、二回試験（司法研修所の修了考試）不合格者著増の内実を、それぞれの批判内容や試験の性格にまで立ち入って検討し、「質の低さ」を例証する根拠にはならないと結論づけ「新司法試験の修習生で、法曹としての質を問題にしなければならないような人に会ったことはない」と断言した。

司法制度改革推進本部事務局次長を務めた古口章弁護士も論稿「法曹養成・法科大学院制度」で〈新法曹の質に対する疑問の指摘等の非実証性〉と題した項を立てて論じた。結論の要旨は、

　　平均的な修習生や法科大学院生は、基本法の分野に関する基本判例とか最近の判例の存在と内容について良く知っている（学修範囲はすこぶる広く、知識量は、旧司法試験に合格した筆者たちと比べはるかに多い）が、それが具体的事案に応用する場面で十分使える状態で内面化されていないことが問題とみるべきである。［古口：265頁］

第17章　5万人時代の未来

　本当に「質」が下がったのかを実地に厳密に検証するのは不可能で、どちらに与するにしても印象批評あるいは「一斑を見て全豹を卜す」類いの議論にしかならない。新法曹養成制度で育った弁護士たちにすれば、「質の低下」論争は、粗製乱造のレッテルを知らぬうちに背中に貼られるような不快感があっただろう。

　先に引いた論稿で大橋正春は、弁護士の「質」を維持し高めるのは弁護士界の責任だと指摘した。

　　　研修所教官としての経験では、研修所の成績が悪いからと言って良い弁護士になれないということはない。弁護士になってからの精進の問題との感が強い。新制度の修習生にも（中略）個々的には質を問題にされても当然な者もいるであろう。こうした者を厳しく指導するのは先輩の役割である。（中略）なにせ、法曹界の将来は新法曹に委ねるしかないのだから。［大橋：18頁］

　ポスト改革世代は既に弁護士界の多数派である。新法曹の「質低下論」は、不毛の議論であったというしかない。

　「5万人時代」の司法界に生じている人員構成上のもう1つの変化は女性法曹の顕著な増加だ。弁護士界でみると、2000年4月に総数17126人の8.9％に過ぎない1530人だったのが2024年1月には45868人中の20.1％、9212人になった。

　女性法曹が増えたのは司法制度改革とは関係がない。改革審が発足する1カ月前、1999年6月に、「社会の様々な分野において男女共同参画社会の形成を促進する」（法案趣旨説明）ための男女共同参画社会基本法を施行したが、改革審で男女共同参画に関する議論はまったくなかった。

　改革審意見書が出た後、吉岡睦子弁護士は、法律雑誌の男女共同参画社会基本法をテーマにした特集に「法曹界における男女共同参画社会形成に向けての取組み――弁護士会を中心として」を寄せ、司法制度改革には男女共同参画の視点が欠けたと強く批判した。

意見書では、ジェンダー・バイアスの存在や法曹の意識改革の必要性について言及した箇所は皆無であり（中略）真に市民に開かれた司法をめざす改革であるためには、司法の中からジェンダー・バイアスを払拭するための改革がなされなければならない。[吉岡：109頁]

　吉岡は、弁護士会の役員、理事など意思決定機関や各種委員会委員への女性の参画が「著しく低い」現状を紹介し、その原因が次の３点にあると推考した。

・女性会員はまだ１割を超えた程度で、特に役員候補となるような年代層が少ない。
・女性会員は経済基盤が弱い。企業の顧問先などを持つ女性弁護士は少なく、会務に専念できる事務所体制にない場合が多い。
・仕事と家庭との両立のため会務に関与する余裕がない。

　いずれも、社会活動や職業キャリアを重ねるうえで日本の女性一般が負う、性差に由来するハンディである。つまり、弁護士界で共同参画を進めるには、社会全体で男女の役割意識を変え共同参画の障害を除く制度改革が必要なのであり、実際、日弁連の男女共同参画の動きをたどると社会全体の動きの後を追ってきたと分かる。
　日弁連が女性の権利に関する特別委員会（1993年６月、両性の平等に関する委員会に改称）をつくったのは1976年５月と比較的早かったが、定期総会で「ジェンダーの視点を盛り込んだ司法改革の実現を目指す決議」を採択したのは2000年５月、「日弁連における男女共同参画の実現を目指す決議」は2007年５月。男女共同参画社会基本法（1999年６月成立）にかなり後れをとった。
　また日弁連男女共同参画推進基本計画を策定し（以後、５年ごとに改定を重ねる）、『弁護士白書』で「男女共同参画と弁護士」を特集したのが2008年。政府が男女共同参画基本計画を決定し（以後、５年ごとに改定）、地方公共団体、企業、各種機関・団体に、その意思・政策・方針を決定する過程に女性の参画を促進するよう呼びかけた2000年12月から８年経っていた。
　2024年４月、渕上玲子が日弁連会長に就任した。法曹三者で最初に女性をト

第17章　5万人時代の未来

ップに立てたとはいえ、弁護士界の男女共同参画は道半ばである。もともと裁判官、検察官に比べて低かった女性比率が伸び悩み、2023年の数字を並べると裁判官28.7％、検察官27.2％、弁護士19.8％とかなり差が開いた。2013年ころから衰えだした女性弁護士の増加数が女性会長誕生をキッカケに勢いを取り戻せるかどうか……。

　法律事務所の共同化と大規模事務所の増加もまた法曹人口拡大に並行した弁護士界の変化である。

　日弁連が2002年版から発行し始めた『弁護士白書』は継続して「法律事務所の共同化及び弁護士法人の現状」の章を置き、事務所規模別にとった統計を掲載した。

　事務所規模の区分で最大は所属弁護士101人以上で、2002年は2つだった。翌年には5つになり、翌々2004年からは大規模事務所の名称とそれぞれの弁護士数を表にした。

　統計数字の説明文に初めて「都市部を中心に事務所の共同化が進み」と書いたのは2005年版。新法曹の大波が寄せ来た2007年より前である。2008年版では「共同化が進み」の後に「2人以上の事務所が増えている」を付け加えた。両方の文言は2023年版になって姿を消した。もはや共同化は普通の法律事務所の運営形態だとの判断によるのだろう。

　以下に『弁護士白書』の統計を用いて事務所規模別にみた弁護士界の変貌をたどる。とりだした年は白書刊行初年度の2002年、大増員初年度の2007年、最新の2023年である。

　まず各規模の事務所に所属する弁護士数が弁護士総数に占める割合。左から2002年、2007年、2023年の数値を並べた。

・1人事務所　　　　　45.3％→35.09％→25.16％
・2人事務所　　　　　14.6％→14.28％→14.07％
・3〜5人事務所　　　19.8％→21.72％→21.25％
・6〜10人事務所　　　8.9％→12.18％→13.02％
・11〜20人事務所　　5.5％→5.85％→8.11％

・21〜30人事務所	1.5%→2.97%→3.32%
・31〜50人事務所	0.8%→2.06%→3.40%
・51〜100人事務所	2.3%→0.95%→2.49%
・101人以上事務所	1.3%→4.91%→9.21%

次に全事務所数に対する各規模事務所数の比率を見よう。

・1人事務所	75.75%→69.39%→61.82%
・2人事務所	12.18%→14.12%→17.28%
・3〜5人事務所	9.17%→11.91%→14.40%
・6〜10人事務所	2.04%→3.33%→4.37%
・11〜20人事務所	0.65%→0.82%→1.43%
・21〜30人事務所	0.11%→0.25%→0.33%
・31〜50人事務所	0.04%→0.11%→0.22%
・51〜100人事務所	0.05%→0.03%→0.09%
・101人以上事務所	0.02%→0.04%→0.06%

　2つの表から事務所の共同化と大規模化の趨勢が明らかに読み取れる。
　改革審意見書は〈Ⅲ−第3−4．弁護士の執務態勢の強化・専門性の強化〉
で「法律事務所の共同化・法人化、異業種との協働化・総合事務所化（ワン・
ストップ・サービス化）等を実効的に推進する」よう求めたが、目新しい提言
ではなかった。第9章に詳述した臨時司法制度調査会（1962〜1964年）は「弁
護士活動の共同化を推進するための方策を講ずること」を全会一致で決議し、
意見書の第2編第2章〈弁護士制度〉に〈弁護士活動の共同化〉と題した項目
を設けて審議経過を説明した。共同化の効用を説く「積極意見」を抜き出すと、

　　弁護士業務の能率的、合理的処理及び弁護士事務所経営の合理化に有益な
　　ものであり、依頼者及び裁判所に対する責任を全うする態勢も整えられる。
　　弁護士の執務体制が、法律分野の専門的分化に即応して、社会の各方面の
　　要求に応じうる（中略）ためには、弁護士活動の共同化を推進することが
　　不可欠である。（臨時司法制度調査会意見書84頁に載録）

第17章　５万人時代の未来

　第11章の〈共同化と専門化へのみち〉の項に記したとおり、臨司を置いた1960年代初めころ、今日の大規模事務所が、専門分野を持つ多数の弁護士を有するビジネス・ローファームへと成長する道に一歩を踏み出していた。今も進展する事務所共同化と大規模事務所所属弁護士の増加は、司法制度改革によって増大した弁護士が既存事務所に流入したから生じたわけではなく、もともと潜在していた趨勢（上述の臨司での「積極意見」にみられる弁護士サービスへの需要の高まり）が弁護士人口の拡大によって目に見える現象になったのだ。

急速に、かつ深く進行するIT化

　弁護士大増員と関係はないが、2017年から急進展した司法界のIT化は５万人時代の際立った特質である。

　情報通信・情報処理の絶え間ない技術革新と、それを経済活動・社会生活に利用するための設備・機器・ソフトウエアの開発、発達、普及のスピードは驚くしかない。政府は政府で経済産業のみならず行政行為の全般にわたるIT化を最優先政策に位置づける。司法手続や法律事務のIT化は、速度が増しこそすれ、逆方向へは絶対に戻らない。個々の弁護士がどのように考えようが、IT化への順応と、IT機器の操作習熟は、将来にわたって必須の職業技能となる。

　裁判・訴訟のIT化のうち民事手続は、司法制度改革審議会が意見書の〈Ⅱ - 第１-７-（３）-イ裁判所等への情報通信技術 (IT) の導入〉で「訴訟手続、事務処理、情報提供などで、データベース、インターネット等を積極的に活用すべきである」と提案した。

　提言を容れて政府は、2004年11月、「民事関係手続の改善のための民事訴訟法等の一部を改正する法律」を成立させ、最高裁が指定する裁判所で訴訟手続の一部をオンラインで行える基本規定をつくった。ただ、具体的な手続規定は支払督促の申立てだけ改正し、それ以外のオンライン化できる手続の範囲と方式は、最高裁規則で定める、と規定した。

　最高裁は2005年４月から札幌地裁を指定して、通常の民事訴訟の訴状・準備書面の提出にまでオンライン化の範囲を広げるIT化を試みた。しかし利用が

ほとんどなく、4年間だけの試行に終わり、オンライン化を拡げる規則制定に向けた動きは止まった。

日弁連は「ITの活用は民事司法の利用可能性を高める施策の1つとして必要」（2011年5月27日付「民事司法改革と司法基盤整備の推進に関する決議」の提案理由）とするIT化推進の立場であり、『日弁連七十年』の〈第2章 司法制度改革の課題に関する取組〉でのオンライン化拡大の頓挫をとらえて、最高裁は消極姿勢であると批判し「日弁連の継続的な提言や活動にかかわらず、民事裁判のIT化に向けた具体的な動きに至ることはなかった」と述べた。

風向きが急に変わり、IT化が一気に進展するのは2017年6月、政府が「（先端科学技術の）イノベーションを、あらゆる産業や社会生活に取り入れることにより、様々な社会課題を解決する」ための政策プログラムと銘打った「未来投資戦略2017」を閣議決定してからだ。ここに「裁判に係る手続等のIT化を推進する方策について本年度中に結論を得る」と明記。翌年6月に閣議決定した「未来投資戦略2018——データ駆動型社会への変革——」に「IT化を推進する方策」を盛り込んだ。

　　司法府による自律的判断を尊重しつつ、民事訴訟に関する裁判手続等の全
　　面IT化の実現を目指すこととし、以下の取組を段階的に行う。（未来投資
　　戦略2018の55頁に載録）

「以下の取組」は努力目標・方向づけにとどまるものではなく、3段階に分けた具体的な実行計画と、それぞれの実施目途を定めた。

まず第1段階は、民事訴訟法の改正を要しないIT化で、2020年2月から一部の地裁本庁と知財高裁でオンライン会議による争点整理手続を始め、2022年11月までに、簡易裁判所をのぞくすべての裁判所がこの段階に到達した。2022年4月からは、民事裁判書類電子提出システム（通称MINTS）を運用し、順次、配備する裁判所を増やした。

第2段階、第3段階に進むには「3つのe」を可能にする民訴法改正が必要だった。「e提出」（訴状や主張証拠などをオンライン提出する）、「e事件管理」

第17章　5万人時代の未来

（ウェブ上で送達や訴訟費用納付までの手続を行い、事件記録をデジタル化する）、「e 法廷」（口頭弁論や証拠調べ、和解協議などをテレビ会議で行う）が「3つの e」で、即ち民事訴訟手続の全面的 IT 化である。2022年1月に法制審民事訴訟法（IT 化関係）部会で要綱案を決定、3月に法案を国会提出、5月に成立（施行期日は2025年度末までの間に段階的に設定）した。

　改正民訴法によってウェブ上で争点整理、弁論準備手続、和解手続などを可能にした第2段階が2023年3月から始まり、2024年4月から公開の法廷で行う口頭弁論に当事者・代理人がテレビ会議で参加できるようになって完結した。

　全面 IT 化を達成する第3段階には事件記録の作成・保存・閲覧をデジタル化するソフトウエアを開発・整備しなければならないが、2026年5月までにすべての裁判所で実現する計画だ。

　いっぽう刑事手続の IT 化は改革審の検討課題にはならなかった。政府が手をつけたのは2020年7月で、閣議決定した「世界最先端デジタル国家創造宣言・官民データ活用推進基本計画」（通称「IT 新戦略」）に「捜査・公判のデジタル化方策の検討を開始する」基本方針を掲げた。

　2021年3月、法曹三者や研究者からなる「刑事手続における情報通信技術の活用に関する検討会」を法務省に設置。1年後に報告書にまとめた。これを基に法務省が刑訴法などの改正案の試案を策定。2023年12月、法制審刑事法部会に提出し、ほぼ試案どおりに了承を得た。2024年2月、法制審が、下記を骨子とする改正法案要綱を法務大臣に答申した。

・逮捕・捜索・差押などの許可令状を電子化し、オンラインで請求と発付を可能にする。
・検察官の起訴、捜査機関への告訴・告発をオンラインで可能にする。
・公判調書、公判前整理手続調書、証拠書類など訴訟に関する書類をデジタル化する。
・被告人の遠隔出廷（ビデオリンク方式による出廷）を条件付きで認める。証人や鑑定人、通訳の遠隔出廷許可の条件を緩和する。
・弁解録取や勾留質問、裁判員選任など一部の手続をオンラインで可能にする。
・電磁的記録（デジタルデータ）を保有する者に対し、裁判所が提供を命じる制

度を新設。捜査機関は裁判官の令状によって電磁的記録の提供を命令できる。

日弁連の態度はどうだったか。上記の検討会では「報告書の取りまとめには賛同」したが、刑訴法改正案試案の段階になって「強く反対する」会長声明を出した。被疑者・被告人と弁護人のオンライン接見が実現しなかったこと、上記のデータ提供命令制度に厳格な要件・手続を付していないことなどを問題視し「情報通信技術を国民の権利利益の保護・実現のために活用するものとはなっていない」と批判した。

歴史の轍とすぐそこに見える課題

「歴史は繰り返す。1度目は悲劇として、2度目は喜劇として」とも「歴史は繰り返さないが韻を踏む」とも言う。

5万人時代の弁護士界は、明治日本の圧縮した近代化ゆえに生じた「特異性・ゆがみ」という歴史の軛からは脱け出した、とみて良い。だからといって代言人のころから150年余りになる「来し方」を振り返って得るところがなくなるわけではない。歴史の轍をたどれば、この先、弁護士界の行手に浮かび上がってくる難問のいくつかを知れるはずだ。

まず業務上の不祥事・非違行為の抑止がある。

司法制度改革で弁護士人口が急拡大した2008年から10年間を扱う『日弁連七十年』は〈第5章 弁護士制度に関する取組〉に〈不祥事の増加傾向〉と題した1項を設けた。弁護士人口の急増が仕事の取り合いと経済格差を生み、窮乏した弁護士が非違行為に走る「負の連環」が現れたのだ。

弁護士界はこれを昭和初期に経験済みだった。1921年、1922年に大量の新人弁護士が生まれた歴史を第6章の〈臨界点に達した階層分化〉の項に書いた。昭和初めに、その人員膨張と折からの金融恐慌・大不況によって経済的困窮に陥った弁護士の業務上犯罪が、社会問題化するほど多発した（第6章の〈昭和恐慌が広げた格差、堕ちる興望〉の項を参照）のだった。

5万人時代に「負の連環」を出現させない。これが歴史の轍から弁護士界が見て取るべき戒めであろう。

第17章　5万人時代の未来

　『日弁連七十年』は不祥事について「依頼者からの預託金を横領」「保全事件の保証金の名目で預り金を詐取」「成年後見で被後見人の資金を横領」と説明した。件数が多く被害金額が大きくまた悪質だったのは多重債務者を巻き込んだクレサラ（クレジット・サラ金）関連の非違行為、具体的にいうと、1990年代後半から目立ち始めたクレサラ整理屋（債務整理と返済金軽減をうたって多重債務者からカネを騙し取る）と組んだ非弁連携事件や、2006年以降に急増した過払い金返還請求にからむ事案だ。

　利息制限法の上限を超す高金利を許容した貸金業規制法（現在の貸金業法）の「みなし任意弁済」規定を実質的に無効にした2006年1月の最高裁判決（第11章の〈中産層が産む法的需要〉の項を参照）の後は、特別の知識・経験・法律技術がなくても定型的な手続だけでクレサラ業者から返金を得られるようになった。使命感を抱いた弁護士たちが長年にわたる悪戦苦闘の末に勝ち筋を見出した不当利得返還請求訴訟は、一転して、報酬狙いの弁護士や司法書士たちが広告を大々的に打って原告の多重債務者（数百万人いるとみられた）集めに奔走する「濡れ手に粟の業務分野」になってしまった。

　雑誌『消費者法ニュース』に週刊ダイヤモンド津本朋子記者が書いた「過払い金返還ブームに踊る司法関係者と、窮地に追い込まれた消費者金融業界」は2つの図表をつけた。

　1つは消費者金融大手4社が1年間に返還した過払い金総額の棒グラフ。2007年度1500億円強、2008年度3000億円弱、2009年度3500億円と巨額だ。もう1つは、ある大手消費者金融の2008年度中の返金額を、支払い先の法律事務所、司法書士事務所別にまとめた表で、20億円以上が1つ、10〜20億円と5〜10億円が各1つ、2〜5億円が6つ、1〜2億円が10もある。

　記事は「過払い金返還ブームの陰で、多重債務者たちに群がる悪徳弁護士や司法書士の存在が問題となっている」としていくつかの違法行為をあげ、さらに「過払い金が発生しない債務者の依頼を断ったり、債務整理を受け付けたにもかかわらず長期間ほったらかしにするというケースは後を絶たない」と非難した。

　消費者金融問題の専門家宇都宮健児（2010・2011年度日弁連会長）は同じ雑誌に寄せた「弁護士・司法書士による『過払金ビジネス』の問題点」で非行を

指弾した。

　「過払金返還請求」を手掛ける弁護士や司法書士に対し、全国の国税局が
　今年（2009年か＝引用者注）６月までの１年間に行った税務調査の結果、
　697人の弁護士・司法書士から総額79億円の所得隠しや申告漏れが見つか
　り、重加算税などを含む追徴課税は総額28億円に上ったということである。

　国民生活センターによると、各地の消費生活センターに寄せられた弁護士
　に関する相談は、2004年は997件であったが、2008年度（過払い金返還訴
　訟が急増した年＝引用者注）は2168件と倍増している。［以上、宇都宮：
　117頁］

　「過払い金返還ブーム」が起きる前から多重債務者を食い物にしてきた前述
のクレサラ整理屋は、今度は、うたい文句を「払い過ぎた返済金を取り返しま
す」に変えて暗躍した。
　高齢や病気あるいは過去に懲戒処分を受けたなどで仕事に困った弁護士に目
をつけ、事務所を乗っ取り、大々的な広告で債務者を呼び込み、返ってきた過
払い金を横取るのが整理屋の手口だ。弁護士には〝手当〟を支払って遠ざけて
おき、多重債務者呼び寄せから、金融業者との折衝、返還金の受け取りまで一
連の事務は配下の者にやらせる。事務所に入る返還金は、弁護士報酬分を除い
て、依頼人である債務者からの預り金だが、あらかたを事務所の広告費などの
名目で整理屋のもつペーパーカンパニーへ資金移動する。
　「市民の弁護士に対する信頼を著しく損ない、ひいては弁護士自治制度に重
大な影響を与えかねない」（『日弁連七十年』）と危機感を募らせた日弁連は、
2012年10月、弁護士不祥事対策検討プロジェクトチームを設置し、2013年６月
には「弁護士職務の適正化に関する委員会」を新設。「不祥事防止マニュアル」
を作成し、また「不祥事の根絶をめざして」を提言して各単位会に実行するよ
う要請した。
　ところが2019年と2020年には、東京の２つの法律事務所で整理屋がらみの大
掛かりな非違行為が発覚した。個人事務所で約2000件、弁護士法人事務所で約

第17章　5万人時代の未来

8000件の預り金流用や事件放置があり、被害者は全国に広がっていて、事後処理に所属弁護士会だけでなく日弁連を通じて各地の弁護士会の協力を仰いだ。

　歴史を顧みて明らかなのだが、残念ながら、不祥事を根絶する完璧な方法・手段はない。「浜の真砂は尽きるとも……」である。仮に極めて有効な対策を練り上げられたとしても、5万人のひとり1人すべてにその効き目が及ぶようにするのは不可能だろう。日弁連・弁護士会は、悩みながらの模索が永遠に続くと腹を据えなければなるまい。

　5万人時代に弁護士会・日弁連が抱えるもう1つの難問は、弁護士の活動領域・執務態勢・職業意識が多様化するなかで、どう強制加入職能団体の責務を果すか、その方法論の構築だ。

　戦後、弁護士層がほとんど自らの手でつくった弁護士法（第8章の〈再度の置き去りを越え完全自治を獲る〉の項を参照）は弁護士会・日弁連の責務を「弁護士を指導、監督する」と定め、弁護士会・日弁連を、戦後弁護士界の金科玉条たる弁護士自治の担い手とした。

　第11、13章でみたとおり、戦後の経済発展と中産層の成長につれて弁護士の活動領域は大きく広がり、さらに、現在の司法システムを設計した司法制度改革は、職務分野の一層の拡張を主要な眼目とした。活動領域の拡張と執務態勢の多様化は5万人時代に、進みこそすれ後戻りはしない。歴史の流れであり、わが国の〝法治度〟を高める心強い変化なのだが、一面で、弁護士会・日弁連にとって手強い変化でもある。なぜなら、会員数の大幅増と職務態勢の多様化は、弁護士会・日弁連がその責務を果たすために欠かせない会員の求心力を弱めると予想できるからだ。

　矢吹公敏弁護士が2018年に発表した「弁護士自治の意義と課題——司法改革審議会意見書から現在へ」を引用しよう。

　　多方面で活動する弁護士が増えるにつれて、その勤務形態や取扱分野の多様化が進み、弁護士としての意識に分化が生じている。他方で（中略）弁護士間における所得の分化が進行した。このような弁護士の業務、意識及び所得の分化は、弁護士自治に対する弁護士内での考え方の違いを産み出

し、会費負担や様々な制約を課する弁護士自治が不要であるという意見を公にする弁護士もいるほどである（公言しなくともそのように思っている弁護士は相当いると推測される）。［矢吹：137頁］

　本章に、その著しい増加ぶりを書いた組織内弁護士と大規模事務所の勤務弁護士について、「意識の分化」はどのような方向に進むのか。彼ら彼女らの仕事には、従来型の就業形態に比べ時間を自由に使えない制約がつきまとう。結果、弁護士会・日弁連の活動に参加しづらくなり、会との結びつきが弱くなる傾きがでてくるのは致し方ない。日本組織内弁護士協会が企業内弁護士に2022年3月に行ったアンケート調査によると、回答者の87.8％が弁護士会費を所属する企業に負担してもらっていた。そのような慣行も、会への帰属意識を薄れさせるだろう。

　池永知樹弁護士の論稿「日本の大都市弁護士の構造変化と弁護士・弁護士会の課題」は、組織内弁護士と大規模事務所の勤務弁護士に関して気がかりな報告をした。

　アメリカ法曹財団によるイリノイ州シカゴ市の弁護士を対象にした聴き取り調査（1995年）によると、組織内や大規模事務所で執務する弁護士は職務の「自由と独立」を貫くのが難しい環境にあるというのだ。なお、イリノイ州は弁護士会任意加入制をとる。また日本で同趣旨の調査はない。

　調査結果の1つを論稿から引用する。

　　単独開業弁護士の87％が行動の自由を大いに有していると主張したが、31〜99人の法律事務所では58％、100人以上の法律事務所では59％だけがそのように主張した。［池永：196頁］

　弁護士職務基本規程（第15章の〈弁護士の制度・業務を変える──倫理と懲戒〉を参照）は「弁護士は、職務の自由と独立を重んじる」（2条）と定める。シカゴの30年前の調査結果がそのまま日本の弁護士に妥当するものではなかろうが、弁護士自治と表裏一体の関係にある個々の弁護士の自由・独立を護らなければならない弁護士会・日弁連からすれば、不安を覚えるデータである。

第17章　5万人時代の未来

　最後に、弁護士総体がすでに直面し、この先、困難を増してくる課題をあげよう。前項〈急速に、かつ深く進行するIT化〉で取り上げた、急発展する情報通信・情報処理技術を弁護士の業務にどう取り込むか——実情に即した言い方をするなら、IT技術の進化と社会に普及する速さに個々の弁護士がついていけるのか——という問題だ。

　前項に詳述した訴訟手続のIT化は、情報通信・情報処理技術を法律事務に用いるほんの入口に過ぎない。『日本経済新聞』は2023年4月18日付朝刊から21日付まで「ホントにできる？　司法DX」を連載。第1回で日本の司法IT化が他国にかなり遅れを取る現状を記した。

　　世界銀行が2017年に公表した資料で、日本は裁判手続の利便性を示す順位が経済開発機構（OECD）加盟35カ国中23位だった。

　　「日本の司法のIT化は、現時点では世界から2周遅れ」。各国の裁判手続きのIT化に詳しい日本大教授の杉本純子は言う。足踏みを続ける間に欧米やアジア諸国に次々と追い抜かれた。

　民事訴訟手続の全面的IT化は2026年5月までに実現する計画と前項に書いたが、技術革新のスピードを考えれば、2026年5月時点の世界標準は現在よりずっと先のレベルに達しているだろうから、相変わらず2周遅れのままかもしれない。世界標準に追いつくには、IT化計画の前倒しや、システム改善の積み重ねによる利便性向上のスピードアップが必要だ。

　連載第3回の記事によると、2010年に民事事件の電子訴訟システムを導入した韓国では2021年の特許裁判は全件をIT化手続で行い、民事事件全体でみても全81万件の97％がIT化裁判だった。

　日本でも全面的IT化が可能になれば、事件当事者は手続進行が速いIT化裁判を選ぶに違いない。弁護士が「ITは苦手」「訴訟のIT化には反対」などと拒めば、当事者は別の法律事務所に足を運ぶだろう。弁護士層のなかで一種のデジタル・ディバイドが生じる恐れがある。

もっと重大かつ難しい問題が、情報技術のブレイクスルーによって出現した。2022年11月に米国の研究所「オープンAI」が公開した、ウェブ上で誰でも人工知能と対話できる自動応答サービス「チャットGPT」によって、精密で極めて高い機能と無限とも思える応用可能性そして使い勝手の良さを世界中に知らせた生成AIの法律事務への導入である。

情報技術を活用した法律事務サービス（リーガルテック）は、2023年ですでに世界で300億ドル規模の市場に育っているとの試算があるほどに普及している。わが国でも2010年代半ばから、契約書・約款・覚書などの作成や適法性審査に使えるシステムを開発、提供するベンチャー企業が続々と事業を始めた。こうしたサービスは弁護士法72条に抵触する恐れがあるとみた法務省は、2023年8月、弁護士法違反にあたるかを判断する際の「一般論としての考え方」をまとめ公表した。

生成AI出現前でも情報技術は、一部ではあっても、弁護士業務を代替できる能力をもち、現に需要があるのだ。格段に人間の能力に近づく（または超える）AIがいつ本格的に法律事務に入りこんでくるのか、どれほど大きな影響を弁護士界に及ぼすか、見通しがつくものではない。

弁護士の看板業務のうち情報技術を応用しやすい法律相談では、いちはやく生成AI活用を試みている。以前からウェブ上の様々なQ&Aサイトで、疑似的なものも含め、法律相談ができたが、弁護士ドットコムは2023年5月から「初の日本語版AI法律相談」と謳う「チャット法律相談（α版）」を離婚・男女問題に限って受け付け始めた。同社に蓄積した約130万件にのぼるウェブ無料法律相談「みんなの法律相談」の問いと弁護士による答えを学習したAIが回答文を生成、表示する。

利用規約に「内容の正確性及び最新性等を保証するものではありません。また、弁護士が提供するサービスを代替するものではありません。応答内容に従った場合でも、当社は何らの責任を負いません」との断りを付けたが、相談例を積み重ね「正確性・最新性」に欠けるところがあれば、そのフィードバックを受けて学び自動的に回答の精度を高めていくのがAIの特長である。

また同社は同年6月から「みんなの法律相談」のシステムにチャットGPTの「タイトル自動生成機能」を組み入れた。ユーザーが打ち込んだ相談の文章

第17章　5万人時代の未来

を AI に読ませて、法的な意味をもつタイトル文をユーザーに代って自動的に
書きだす。

　法律相談の要諦は、ときに要領を得ない、あちらへ行きこちらに戻る相談者
の話を傾聴し、困りごとは何なのか、どんな解決を求めているのかという「主
訴」の把握にある。新システムは、いわば AI が「主訴」を理解し言語化する
わけで、弁護士業務の部分的代行と見做せるのではないか。

　「弁護士も AI 知識必要に」の見出しで、『日本経済新聞』2023年11月14日付
朝刊に米国の情報サービス大手トムソン・ロイターの S・ハスカー最高経営責
任者（CEO）のインタビューが載った。

　同社は、北米・南米・英国で法務や税務・会計、貿易実務の専門家1200人以
上を対象に、AI が業務にもたらす変化を予測するアンケート調査をし、2023
年8月に報告書「プロフェッショナルの未来」にまとめた。

　それによると、67％が「今後5年間で AI が実務に大きな変革をもたらす」
と回答した。法務分野では、時間がかかる判例調査などの業務を AI が支援す
るようになるとみられ、回答者の74％が現在一般的な弁護士報酬制度であるタ
イムチャージ方式は「新たな報酬制度に移行する」と予測した。

　一方で回答者の25％は AI の機能に対して「正確性の欠如」を心配した。懸
念点でこれが最も多かった。

　ハスカーCEO も「物事の真偽を確かめるには人間の力が必要だ」と考えて
いて「専門職が機械に取って代わられることはないが、AI を使える専門職に
置き換えられていくだろう」と予測する。

　チャット GPT と同じ機能の、誰でも使えていろいろな使いみちのある生成
AI はグーグルやメタ（旧フェイスブック）など資金と人材豊富な巨大企業が、
そして明日のアップル、マイクロソフトを目指す数知れないスタートアップ企
業が競って改良革新に努めている。生成 AI の普及と発達は、間違いなく、想
像を絶する速さで同時進行していく。「AI を使える専門職」でありつづけるの
には相当な努力と能力が要るのは間違いない。

あ と が き

　東京には弁護士会が３つある。世間一般にどれほど知られているか分からないが、司法に多少なりとも関わりがあるなら「ヘェ〜」と漏らす人はいない。しかし、いついかなる事情でどのようにして弁護士会が３つになったのかとなると、司法・弁護士界の誰でもが知っているわけではなく、むしろ、問われてスラスラ答えられる人はマレだ。

　本書の出発点は、東京で３つの弁護士会が並び立つ経緯を主題の１つに据えた『われらの弁護士会史　第一東京弁護士会　創立百年正史』（第一東京弁護士会創立百周年記念会史編纂委員会編、2023年３月15日発行）本文の構成立案と執筆を委嘱され作業するうちに浮かんだ、ひとつの「気づき」だった。

　それは「３弁護士会並立問題のほかにも事情・状況がよく知られていない弁護士史の屈曲点や重大事はずいぶんとある」と、そのようなことで、時代順に挙げると「公事師・公事宿の実像」「江戸から明治へ裁判の過渡期の姿」「初期代言人の実態」「最初の弁護士法の成り立ち」「法律事務を業務独占させる現行弁護士法72条の由来」「陪審法と弁護士層の関わり」「国家総動員体制下の司法と弁護士」「新憲法制定前後の司法部の混乱と弁護士たちの活躍」「現行弁護士法成立の裏側」「臨時司法制度調査会への対応」「〝司法の危機〟が弁護士界にもたらした変化」「なぜ司法制度改革審議会を設置したか」「司法制度改革諸法の策定経過」ほかにもまだまだあった。

　書き列ねてみて「これじゃまるで、江戸から今日21世紀まで弁護士の歴史全体が、当の弁護士界にあって、靄にかすんでいるようだ」と、いささかの驚きを覚え「であるなら、世間一般の目には弁護士史などというものは茫々として姿形をなしていないのではないか」と腕組みしてしまった。

　『われらの弁護士会史　第一東京弁護士会　創立百年正史』の記述にあたって、心して、これら「靄にかすんだ屈曲点・重大事」を鮮明に描くように努めたが、力量寡薄ゆえ「なかなか、ウマく筆が進まない」とたびたび停滞、そんな折に「視座を単一の弁護士会から弁護士界全体に移し替えたなら按配よく書けるか

あとがき

もしれない。そうすれば、世間一般向けの弁護士の歴史紹介にもなる」と、短才を顧みない不遜が頭をもたげ、『創立百年正史』執筆と並行して本書の構想をあれこれ考えめぐらせ補充の史資料を探索、収集するようになった。

史資料といえば、国会図書館がウェブ上で提供する種々の情報検索システムにはとても感心させられた。所蔵資料の検索は、雑誌記事まで探し出せる国会図書館サーチがとくに秀逸。国会会議録検索システムは1890年の第1回帝国議会以降すべて（確認していないので「多分」と言っておこう）の議事録が読める。日本法令索引は1867年の大政奉還以降に定めた法令・布告・布達・達・指令などが、あいまい検索・キーワード検索ができないのは残念だが、パソコン画面にたちどころに現れる。帝国議会を開設した後はすべての上程法案（廃案になったり審議入りしなかった例も含む）の審議経過も分かり、国会会議録検索システムにリンクしているから法案の提案理由説明も質疑応答も逐一調べられる。

第一東京弁護士会の仕事に取り掛かったのが2020年初めで、数カ月のうちに、コロナ・パンデミックが社会をマヒ状態に陥れ、足しげく通うはずの国会図書館は3月5日から6月10日まで来館サービスを休止し、来館受付を再開した後も抽選予約制で入館者数に大幅な制限をかけ、ようやく旧に復したのは2023年6月になってだった。ケガの功名と評すべきか、コロナ禍の間に国会図書館は情報処理システムの拡張・改良を図ったらしく来館しなくてもサービスを受けられる〝リモート利用〟の使い勝手が一段と向上した。

おかげでＡ5判約500頁の『創立百年正史』本文を計画スケジュールどおりに完成できたし、本書のほうも足どり軽く進行して実質1年半ほどで草稿を書き上げられた。

2冊の弁護士全史（大正12年の第一東京弁護士会設立に始まる『創立百年正史』でも、江戸から明治に至る「前史」に約40頁を充てた）によって「弁護士史の屈曲点・重大事に垂れ込めた靄」を吹き払えたか、まったく心許無い次第だけれども、ともかく江戸時代から21世紀までを眺めわたした弁護士史著作は本書が初めてのはずだし、今日の司法制度を形作った司法制度改革の萌芽期から具体的成果そして現在なお続く〝修正・深化期〟までを通観する論述も斯界初だろうと自負している。

あとがき

　新聞社の論説委員を退職して10年近く経ち日本司法支援センター（法テラ
ス）からも離れて、無肩書の沼池にプカプカ揺れていた盲亀へ弁護士会史の作
成という得難い浮木を授けていただいたばかりか、その浮木をチャッカリ足掛
かりにした本書の刊行を度量ひろく応援して下さった第一東京弁護士会創立百
周年記念会史編纂委員会の中川了滋委員長、奈良道博統括副委員長はじめ委員
の先生方には感謝の言葉を見つけられません。

　また引用過多で書き散らし臭ただよう原稿をまとまりのある形に整えるよう
導いてもらえた勁草書房編集部の山田政弘さんに御礼申し上げます。

引用文献一覧（初出順）

■はじめに

瀧川政次郎「日本弁護士史素描」自由と正義1951年9月号17頁

日下南山子編『日本弁護士高評伝』（誠協堂、1891年）

三ケ月章「法と言語の関係についての一考察」宮内秀雄教授還暦記念論文集編集委員会編『日英のことばと文化』（三省堂、1972年a）263頁

三ケ月章「法典編纂と近代法学の成立──司法制度」石井紫郎編『日本近代法史講義』（青林書院新社、1972年b）137頁

三ケ月章「法の客体的側面と主体的側面」尾高朝雄教授追悼論文編集委員会編『自由の法理』（有斐閣、1963年）257頁

三ケ月章「弁護士」潮見俊隆編『岩波講座 現代法6 現代の法律家』（岩波書店、1966年）204頁

ベルツ、エルウィン（菅沼竜太郎訳）『ベルツの日記（上）』（岩波文庫、1979年）

新村出編『広辞苑（第六版）』（岩波書店、2008年）

服部高顯「日本の法曹──その史的発展と現状──」A・T・ヴォン・メーレン編『日本の法（上）』（東京大学出版会、1965年）159頁

匿名筆者「商業社会と法律家」法学協会雑誌1890年6月号417頁

■第1章

瀧川政次郎『公事師・公事宿の研究』（赤坂書院、1984年）

神保文夫「幕府法曹と法の創造──江戸時代の法実務と実務法学──」國學院大學日本文化研究所紀要第93輯（2004年）179頁

小学館国語辞典編集部編『日本国語大辞典 第二版』（小学館、2002年）

高柳賢三「法の知恵『東と西』──ウィグモア先生のすぐれた貢献──」国際文化1966年4月号2頁

石井良助『明治文化史 第二巻 法制編』（洋々社、1954年）

茎田佳寿子「内済と公事宿」朝尾直弘ほか編『日本の社会史 第5巻 裁判と規範』（岩波書店、1987年）317頁

南和男「江戸の公事宿」國學院雑誌1967年1月号68頁

服藤弘司「近世民事裁判と『公事師』」大竹秀男・服藤弘司編『幕藩国家の法と支配』（有斐閣、1984年）331頁

高野金重「我邦将来に於ける弁護士の地位」日本弁護士協会機関誌『録事』1906年

引用文献一覧

　７月号76頁

島田武夫「日本弁護士沿革史を顧みて」自由と正義1959年４月号５頁

潮見俊隆「日本における在野法曹の系譜」法学セミナー1969年11月号98頁

菊山正明『明治国家の形成と司法制度』（御茶の水書房、1993年）

青木美智男「近世民衆の生活と抵抗」青木美智男ほか編『一揆４　生活・文化・思想』（東京大学出版会、1981年）167頁

フラハティ、ダリル・E（浅古弘監訳）『近代法の形成と実践──19世紀日本における在野法曹の世界──』（早稲田大学比較法研究所、2019年、原書2013年）

田中彰『日本の歴史（24）明治維新』（小学館、1976年）

石井良助『近世民事訴訟法史』（創文社、1984年）

橋本誠一「明治初年における聴訟事務──民部官・民部省を中心に」静岡大学法政研究2011年２月号１頁

藤原明久「明治初年における東京府裁判法の展開──民事裁判をめぐって──」神戸法学雑誌1986年３月号993頁

■第２章

大野正男「職業史としての弁護士および弁護士会の歴史」大野正男編『講座　現代の弁護士２　弁護士の団体』（日本評論社、1970年）１頁

林屋礼二『明治期民事裁判の近代化』（東北大学出版会、2006年）

橋本誠一「郷宿・代人・代言人──日本弁護士史の再検討（Ⅰ）」静岡大学法政研究2003年12月号87頁

三阪佳弘「明治九・一〇年の裁判所機構改革」『法制史研究38』（法制史学会、創文社、1989年）61頁

野田良之「明治初年におけるフランス法の研究」日仏法学1961年９月号３頁

奥平昌洪『日本弁護士史』（有斐閣書房、1914年）

文部省編『学制百年史』（帝国地方行政学会、1981年）

■第３章

橋本誠一「大審院法廷における代言人・代人」静岡大学法政研究2010年３月号67頁

村上一博「近代日本の在野法曹とその評伝──明治九年代言人規則から昭和八年弁護士法まで──」『日本法曹界人物事典　別巻』（ゆまに書房、1996年）43頁

利谷信義「日本資本主義と法学エリート──明治期の法学教育と官僚養成──」思想1965年７月号886頁・10月号1376頁

日本弁護士連合会『日本弁護士沿革史』（日本弁護士連合会、1959年）

引用文献一覧

高梨公之「五大法律学校の創立と代言人たち」自由と正義1975年8月号21頁

天野郁夫『増補 試験の社会史』（平凡社ライブラリー、2007年）

吉田正志「明治初年のある代書・代言人の日誌」服藤弘司先生傘寿記念論文集刊行
　会編『日本法制史論纂』（創文社、2000年）419頁

尾佐竹猛『明治警察裁判史　附録・刑事弁護制』（邦光堂書店、1926年）

穂積陳重「刑事弁護制の首唱者」『続 法窓夜話』（岩波書店、1936年）98頁

■第4章

服部撫松『東京新繁昌記 六編』（山城屋政吉刊、1876年）

町田岩次郎編『東京代言人列伝』（漸進堂、1881年）

斯文館編『新撰 東京独案内図会』（斯文館、1890年）

福地重孝『士族と士族意識――近代日本を興せるもの・亡ぼすもの――』（春秋社、
　1956年）

仮名垣魯文「東京顕微鏡 第1回」魯文珍報第11号（1878年）斯文館2頁

嘲世庵喜楽『滑稽諧謔 呆た浮世』（勉強館、1888年）

中村狸遊『百妖笑々寄如件』（吉田正太郎刊、1886年）

升味準之輔『日本政党史論 1巻』（東京大学出版会、1965年）

河竹黙阿弥「水天宮利生深川」河竹繁俊編『黙阿弥脚本集第13巻』（春陽堂、1923
　年）481頁

稲田雅洋『総選挙はこのようにして始まった――第1回衆議院議員選挙の真実
　――』（有志舎、2018年）

東京弁護士会百年史編纂刊行特別委員会編著『東京弁護士会百年史』（東京弁護士
　会、1980年）

大阪弁護士会『大阪弁護士会百年史』（大阪弁護士会、1989年）

大阪弁護士会『大阪弁護士史稿』（大阪弁護士会、1937年）

原嘉道（黒澤松次郎編）『弁護士生活の回顧』（法律新報社、1935年）

■第5章

土井忠生他訳『邦訳 日葡辞書』（岩波書店、1980年）

大槻文彦『言海』（大槻文彦、1889～1891年）

大槻文彦『大言海』（冨山房、1932～1937年）

瀧川政次郎「三百代言」自由と正義1951年6月号39頁

長島毅「弁護士法」末広厳太郎編輯代表『現代法学全集 第8巻』（日本評論社、
　1928年）209頁

引用文献一覧

鳩山和夫「日本弁護士協会の任務」録事1897年 7 月創刊号30頁

中尾正信「日本弁護士史序論——戦前弁護士の誕生・発達史から何が学び取れるか」日弁連法務研究財団司法改革研究会編『JLF叢書VOL.23社会の中の新たな弁護士・弁護士会の在り方』（商事法務、2018年）54頁

島田武夫「昔の弁護士と今の弁護士——薄れ行く弁護士の影を眺めつゝ」帝国弁護士会機関誌「正義」1933年 5 月号133頁

森長英三郎「在野法曹85年小史」法律時報1960年 4 月号108頁

東京法曹会編『日本弁護士総覧 第 1 巻』（東京法曹会、1911年）

浅田好三編『日本弁護士総覧 第 2 巻』（東京法曹会、1911年）

岩本磐門編『菊あはせ（法曹の片影）』（無射会、1909年）

塩田庄兵衛「『米騒動』と現代」労働運動史研究 49号（1968年） 5 頁

成田龍一『大正デモクラシー』（岩波新書、2007年）

吉河光貞「思想研究資料特輯第51号 所謂米騒動事件の研究」（司法省刑事局、1939年）

森長英三郎「米騒動事件——続史談裁判（ 4 ）」法学セミナー1967年 4 月号74頁

利谷信義「司法に対する国民の参加——戦前の法律家と陪審法」潮見俊隆編『岩波講座 現代法 6 現代の法律家』（岩波書店、1966年）365頁

■第 6 章

古賀正義「日本弁護士史の基本的諸問題——日本資本主義の発達過程と弁護士階層」古賀正義編『講座 現代の弁護士 3 弁護士の業務・経営』（日本評論社、1970年） 1 頁

高柳賢三「弁護士法改正の根本問題」『現代法律思想の研究』（改造社、1927年）329頁

小林俊三「第二東京弁護士会成立の事情」長野国助編纂委員長『法曹百年史』（法曹公論社、1969年）677頁

原嘉道「我が弁護士制度の進展と帝国弁護士会の設立」帝国弁護士会機関誌「正義」1935年12月号138頁〜1937年10月号61頁

真野毅「創立当時の思い出——第二東京弁護士会——」長野国助編纂委員長『法曹百年史』（法曹公論社、1969年）688頁

田坂貞雄「社会問題としての弁護士の生活及其対策」日本弁護士協会機関誌「法曹公論」〔1926年以降「録事」を改題〕1929年11月号 2 頁〜1930年 4 月号55頁

佐賀千恵美『華やぐ女たち』（早稲田経営出版、1991年）

橋本誠一「『三百屋』と弁護士——日本弁護士史の再検討（Ⅱ）」静岡大学法政研究

引用文献一覧

2004年8月号203頁

色川大吉「明治の精神——自由民権運動と代言人——」現代法ジャーナル1973年1月号40頁

■第7章

最高裁事務総局『明治以降裁判統計要覧』（最高裁事務総局、1969年）

岩田宙造「恐るべき司法の行政化」帝国弁護士会機関誌「正義」1935年1月号13頁

佐々木吉男『増補 民事調停の研究』（法律文化社、1974年）

松井康浩「昭和史における弁護士の活動と今後の課題」自由と正義1976年1月号19頁

森正『治安維持法裁判と弁護士』（日本評論社、1985年）

斎藤隆夫『回顧七十年』（中公文庫、1987年）

『日本歴史大事典』（小学館、2001年）

第一東京弁護士会会史編纂委員会編『われらの弁護士会史』（第一東京弁護士会、1971年）

■第8章

五鬼上堅磐・内藤頼博ほか（座談会）「最高裁判所発足当時を語る（1）」法曹1966年6月号1頁

河本喜與之「戦後司法権独立運動をめぐる秘話 岩田司法大臣と私」法学セミナー1972年1月号66頁〜3月号118頁

野村二郎「法曹あの頃 河本喜與之氏に聞く」法学セミナー1980年6月号14頁

河本喜與之「司法権独立の歴史」自由と正義1986年8月号63頁

「終戦直後の司法改革の思い出——谷村唯一郎氏に聴く——」法の支配1972年5月号74頁

「あの人この人訪問記——五鬼上堅磐」法曹1970年8月号4頁

田中輝和「憲法17条、40条の成立と鈴木義男氏」東北学院大学法学政治学研究所紀要第21号（2013年）85頁

根本松男「続・司法権独立運動の証言」法学セミナー1971年5月号80頁〜10月号102頁

オプラー、アルフレッド（内藤頼博監訳）『日本占領と法制改革——GHQ担当者の回顧』（日本評論社、1990年）

鈴木義男「最高裁判所創設エピソード」法曹1949年7月号1頁

奥野健一・小林俊三ほか（座談会）「戦後における司法制度の変遷の回顧と展望」

引用文献一覧

　法の支配1969年12月号2頁
家永三郎『司法権独立の歴史的考察』（日本評論新社、1962年）
鈴木義男「三淵先生と私」法書1961年7月号33頁
福原忠男「弁護士法解説（その1）」自由と正義1950年3月号14頁
水野東太郎「弁護士法の変遷」長野国助編纂委員長『法曹百年史』（法曹公論社、
　　1969年）57頁
福原忠男「弁護士法制定当時の思い出」自由と正義1986年8月号53頁
小山稔「戦後弁護士論序説」宮川光治ほか編『変革の中の弁護士（上）』（有斐閣、
　　1992年）39頁

■第9章
田中耕太郎「上訴権の濫用とその対策」法書時報1954年1月号1頁
小林一郎「最高裁判所の機構改革を論ず」自由と正義1955年2月号4頁
日本弁護士連合会『日弁連二十年』（日本弁護士連合会、1970年）
金末多志雄「臨司調査会設置の発端とその経緯」長野国助編纂委員長『法曹百年
　　史』（法曹公論社、1969年）227頁
金末多志雄「弁護士の増加と大都市集中の対策」自由と正義1961年11月号1頁
潮見俊隆・松井康浩「『臨司意見書』の法律家像」潮見俊隆編『岩波講座 現代法
　　6　現代の法律家』（岩波書店、1966年）160頁
大内兵衛・我妻栄『日本の裁判制度』（岩波新書、1965年）
磯部靖「臨時司法制度調査会の意見書に就いて」自由と正義1964年11月号1頁
日弁連創立50周年記念行事実行委員会編『日弁連五十年史』（日本弁護士連合会、
　　1999年）
阿部甚吉「臨司意見書批判を発表するに当って」自由と正義1967年6月号1頁
児玉公男「日本弁護士連合会と『臨司問題』」大野正男編『講座 現代の弁護士2
　　弁護士の団体』（日本評論社、1970年）243頁

■第10章
江家義男「法廷等の秩序維持に関する法律」法律時報1952年10月号24頁
村井敏邦「法廷等の秩序維持に関する法律の制定の歴史」法律時報1980年10月号25
　　頁
羽生田利朝『法廷警察権の研究』（司法研修所司法研究報告書第5輯1号、1952年）
辻村精一郎「法廷等秩序維持法改正私案」自由と正義1962年9月号6頁
宮本康昭『あのとき裁判所は？――宮本元裁判官 再任拒否事件を語る』（ひめしゃ

326

引用文献一覧

ら法律事務所、2017年）

日弁連創立三十周年記念行事実行委員会編『日弁連三十年』（日本弁護士連合会、
1981年）

磯辺衛「東大事件の審理概観」ジュリスト1969年11月15日号52頁

大出良知『刑事弁護の展開と刑事訴訟』（現代人文社、2019年）

■第11章

日本弁護士連合会弁護士倫理に関する委員会編『注釈弁護士倫理 補訂版』（有斐閣、
1996年）

大山小夜「被害認識の論理と専門職の精神——過剰債務の社会運動から——」社会
学評論2021年9月号247頁

安部剛「アメリカのローファーム」法学セミナー1963年4月号86頁

長島安治編集代表『日本のローファームの誕生と発展——わが国経済の復興・成長
を支えたビジネス弁護士たちの証言——』（商事法務、2011年）

小田久榮門『テレビ戦争 勝組の掟』（同朋舎、2001年）

「タレント弁護士の実力は？」ビジネス・インテリジェンス1995年10月号30頁

■第12章

日弁連創立40周年記念行事実行委員会編『日弁連四十年』（日本弁護士連合会、
1992年）

日弁連刑事弁護センター調査班「当番弁護士制度の現状と課題」自由と正義1992年
2月号12頁

日弁連拘禁二法対策本部編『拘禁二法案をめぐる八年——拘禁二法反対運動小史
——』（日本弁護士連合会、1990年）

渡辺洋一郎「日本中の弁護士会が燃えたあの拘禁二法案運動の足跡」自由と正義
2018年3月号5頁

日弁連創立60周年記念行事実行委員会編『日弁連六十年』（日本弁護士連合会、
2009年）

竹下守夫・小島武司ほか（座談会）「訴訟促進・審理の充実問題の展開方向」ジュ
リスト1988年8月1－15日号4頁

坂元和夫「民事手続をどう変えるか、変えられるか」法学セミナー1993年3月号41
頁

宮川光治「あすの弁護士——その理念・人口・養成のシステム——」宮川光治他編
『変革の中の弁護士（上)』（有斐閣、1992年）1頁

327

引用文献一覧

■第13章

井田恵子「制度改革における法曹三者の『協同』の意義——司法改革に向けて」ジュリスト1991年8月1－15日号40頁

但木敬一『司法改革の時代——検事総長が語る検察40年』（中公新書ラクレ、2009年）

石村善助『現代のプロフェッション』（至誠堂、1969年）

棚瀬孝雄『現代社会と弁護士』（日本評論社、1987年）

那須弘平「プロフェッション論の再構築」自由と正義1996年11月号44頁

中坊公平「『司法改革』を推進する日弁連の基本姿勢」自由と正義1992年10月号5頁

斎藤浩「司法制度改革——2つの流れの合流点」月刊司法改革第1号（1999年）47頁

阿部泰久「司法制度改革と弁護士のあり方」自由と正義1999年2月号96頁

■第14章

大川真郎『司法改革——日弁連の長く困難なたたかい』（朝日新聞社、2007年）

宮本康昭「司法制度改革の立法過程」東京経済大学現代法学会誌 第12号（2008年）39頁

■第15章

宮本康昭「裁判官制度改革過程の検証」東京経済大学現代法学会誌 第9号（2005年）91頁

高木剛「労働審判制度の円滑なスタートと定着を」法律のひろば2004年8月号25頁

菅野和夫「司法制度改革と労働検討会」自由と正義2004年6月号14頁

藤川忠宏「行政訴訟の改革」法と実務vol.9（2013年）329頁

宮本康昭「裁判員裁判制度の立法過程」東京経済大学現代法学会誌 第30号（2013年）61頁

■第16章

佐藤幸治「法曹養成制度の理念と現状そして展望——何が現状を招いたか——」法曹養成と臨床教育第10号（2018年）8頁

日弁連七十年記念誌編集チーム編『日弁連七十年』（日本弁護士連合会、2019年）

大野恒太郎「新たな刑事司法制度とその歴史的意義」法の支配2017年1月号2頁

飯考行「災害対応における弁護士の到達点と課題——東日本大震災を経て」日弁連

引用文献一覧

法務研究財団司法改革研究会編『JLF叢書VOL.23 社会の中の新たな弁護士・弁護士会の在り方』（商事法務、2018年）228頁

宇都彰浩「東日本大震災の教訓〜申請主義の弊害と災害ケースマネジメントの必要性〜」自由と正義2021年1月号23頁

日本弁護士連合会『弁護士白書 2011年版』（日本弁護士連合会、2011年）

日本弁護士連合会『COVID－19と人権に関する日弁連の取組――中間報告書』（日本弁護士連合会、2021年）

■第17章

日本弁護士連合会『弁護士白書 2023年版』（日本弁護士連合会、2023年）

菊地裕太郎「弁護士の活動領域の拡大と業務の充実」法と実務vol.9（2013年）292頁

大橋正春「法科大学院修了生の質は劣悪か？」第一東京弁護士会会報2010年1月号15頁

古口章「法曹養成・法科大学院制度」法と実務vol.9（2013年）252頁

吉岡睦子「法曹界における男女共同参画社会形成に向けての取組み――弁護士会を中心として」ジュリスト2004年4月15日号107頁

津本朋子「過払い金返還ブームに踊る司法関係者と、窮地に追い込まれた消費者金融業界」消費者法ニュース 82号（2010年）113頁

宇都宮健児「弁護士・司法書士による『過払金ビジネス』の問題点」消費者法ニュース82号117頁

矢吹公敏「弁護士自治の意義と課題」日弁連法務研究財団司法改革研究会編『JLF叢書VOL.23 社会の中の新たな弁護士・弁護士会の在り方』（商事法務、2018年）126頁

池永知樹「日本の大都市弁護士の構造変化と弁護士・弁護士会の課題」法と実務vol.17（2021年）183頁

索引

●ア 行

有馬忠三郎　107, 112, 126-127

今村力三郎　110, 118, 120

岩田宙造　86, 91, 98, 103-108, 110, 118, 122, 133

鵜沢総明　65, 72, 92, 147

江木衷　60-61, 65-66

大井憲太郎　46, 51

●カ 行

木村篤太郎　104-105, 107-108, 113, 115, 135

ギュスターブ・ボアソナード　39, 41, 65

行政書士　193, 248, 253, 272

公事人（公事訴訟人）　13-15, 17, 19, 24

国選弁護　155, 157-159, 161, 179-180, 199-200, 213, 237, 260-261, 275-278, 285, 287

●サ 行

裁判所構成法　1-2, 41, 49, 56, 58, 100, 104, 111, 134, 146

裁判所法　104, 108, 113-116, 118-120, 122, 129-130, 132-134, 146, 183, 236, 245, 264, 284

在野　5-6, 19, 31, 34, 37-38, 43, 45, 48, 52, 57, 59, 68, 95, 110, 121-122, 133, 143, 156, 162, 171, 184, 205-206, 231-232

佐藤幸治　219-220, 222-223, 225, 228-229, 232, 237, 240, 254-255, 281

三百代言（三百）　54-55, 67, 76, 80-84

司法試験　133, 139, 171, 197-201, 211, 214, 222-224, 234-236, 268-269, 278-283, 292, 300-301

司法修習　3, 114, 139, 150, 153, 172, 197, 200, 203, 234-236, 268, 279, 283-284, 299

司法職務定制　22, 25-29, 31, 33, 38

司法書士（代書人）　26-27, 40, 248, 253, 268, 272, 289, 310-311

司法制度改革審議会（改革審）　9-10, 177, 195, 197, 201, 209,

213-214, 217, 219-222, 224-226,
228-229, 231, 233-236, 240-242,
244, 246, 249-252, 254, 259-271,
275, 280-281, 285, 287-288, 293,
297-298, 302, 305-306, 308

司法制度改革推進本部（推進本部）
227-230, 232, 235, 237-238, 240-
242, 244-248, 250, 252-253, 255-
256, 258, 261, 264-265, 267-269,
272, 275, 280, 283, 288-289, 301

司法大臣　3, 6-7, 25, 47-49, 51-52,
56-57, 59, 66, 72, 77-78, 81, 86-87,
92, 99, 103, 104-108, 113, 116-117,
120-122, 124, 127, 133-135, 201

島田武夫　17, 59, 60, 67, 122, 133

自由民権　31, 34-35, 37, 45-46, 55,
59, 68, 70, 83-84, 96

職域（活動領域）　7-9, 35, 77,
100, 139, 163-164, 169-170, 195,
210-211, 223-224, 271, 282-283,
297-299, 312

人権　40, 56-57, 63-64, 90-92, 104,
110, 122, 125, 148, 154, 168-169,
179, 184-185, 195, 208-210, 212-
213, 290-291, 295, 297

新律綱領　13, 30, 39

水平運動　57-58, 134

鈴木義男　110-111, 117-118,
120-121

組織内（企業・団体内、企業内）弁
護士　298-299, 300, 313

●夕　行

代言社　31-32, 34, 37, 42, 45

代言人規則　2, 17, 33-38, 45, 49,
79, 172

太政官　25, 27-28, 30, 35, 39-40

大審院　2, 28-30, 33-34, 39-40,
48-49, 56, 60, 92, 101, 105-106, 108,
113, 115-117, 119-120, 130

大日本弁護士会連合会　99, 125,
127

代人　17, 23, 27-28, 33, 35-36

高柳賢三　13, 68-69, 73, 82-83

田坂貞雄　74-76, 82

治安維持法　63, 85, 90, 94-95, 99,
110

治罪法　35, 39-41, 54, 65

帝国弁護士会　72-73, 81, 86,
91-94, 99, 110, 127

●ナ　行

中坊公平　211, 223-224, 226, 231,
233

日弁連会長声明（談話）　153-
154, 156, 158-159, 180, 188, 203,

295, 309

日弁連宣言　154, 167, 200, 209,
211-212, 226, 231, 269

日弁連総会決議・人権擁護大会等の
決議　140, 148, 154, 185, 188,
269, 284, 303, 307

日本司法支援センター（法テラス）
236-237, 239, 261, 265, 275-276,
278, 289-293, 298

日本弁護士協会　56-59, 63, 68-69,
71-75, 77, 81, 91-94, 99, 127

●ハ　行

鳩山和夫　56, 60, 96

花井卓蔵　60, 65, 72

原嘉道　52, 60-61, 65-66, 72-73,
77, 103

非弁（非弁護士）　76-77, 80-84,
167, 194, 195, 202, 210, 310

文明開化　5, 9, 16-17, 19-20, 42,
46

弁護士職務基本規程　270, 313

弁護士人口（法曹人口）　6-7, 89,
101, 139, 193-195, 200, 206, 211,
214, 223-224, 234, 236-237, 278-
280, 297-298, 301, 304, 306, 309

弁護士自治　3, 59, 79, 121-125,
133, 145, 149, 159-161, 171, 173,

203, 224, 269, 311-313

弁護士法（旧々。1893年）　1-3,
7, 42, 47, 50, 53-59, 68, 72, 77,
80-82, 96

弁護士法（旧。1933年）　3, 34,
59, 77, 79-80, 121-123, 127, 194,
201

弁護士法（現行。1949年）　3, 49,
113, 121-127, 129, 147, 149, 160,
173, 201, 210, 264, 266-271, 276,
283, 312, 315

弁護士法72条　166-167, 193-194,
202, 267-268, 315

弁護士倫理　139, 147-148, 164,
224, 269-270

法学士（学士）　43, 68-69

法科大学院　224, 226, 234-236,
275, 278, 280-284, 292, 300-301

法曹一元　57, 103-105, 133-138,
140, 142, 153, 223, 227, 231-233

法曹養成　114, 133, 153, 171-172,
197-201, 211, 214, 224, 226, 234-
236, 280-284, 298-299, 301-302

法廷闘争　131, 145, 148, 155-157

法律事務　49, 55, 67, 77-78, 80-82,
193-195, 201-202, 204, 268, 306,
314-315

法律（民事）扶助　127, 199-200,

索引

213, 217, 236-239, 288-289, 290, 293

星亨　36-37, 46, 48

細野長良　106-108, 113, 115-120

●マ　行

真野毅　73, 122

三ケ月章　4-8

三淵忠彦　80, 120-121

宮本康昭　151-154, 229, 233, 256

元田直　32, 37

元田肇　60

森長英三郎　45, 59-60, 64

●ラ　行

臨時司法制度調査会（臨司）
6-7, 9, 129, 133, 135-138, 140-141, 143, 153, 159, 161, 169, 170, 173, 177, 183, 190, 205, 209-210, 212, 219-220, 222, 231, 233, 241, 271, 305-306

著者略歴

1951年東京都生まれ。1974年、早稲田大学政治経済学部を卒業し日本経済新聞東京社会部記者に。2011年、論説委員で退社。同年から2017年まで日本司法支援センター（法テラス）理事を務め、2011〜14年に設置した法制審議会・新時代の刑事司法制度特別部会で取調べ録音録画の義務付けなど法改正の検討に加わった。

日本弁護士総史
――奉行所の世話人から渉外ローファームまでの200年余

2024年12月20日　第1版第1刷発行

著者　安岡崇志（やす おか たか し）

発行者　井村寿人

発行所　株式会社　勁草書房（けい そう）

112-0005　東京都文京区水道2-1-1　振替 00150-2-175253
（編集）電話 03-3815-5277／FAX 03-3814-6968
（営業）電話 03-3814-6861／FAX 03-3814-6854
堀内印刷所・中永製本

Ⓒ YASUOKA Takashi　2024

ISBN978-4-326-40445-2　　Printed in Japan　

〈出版者著作権管理機構　委託出版物〉
本書の無断複製は著作権法上での例外を除き禁じられています。複製される場合は、そのつど事前に、出版者著作権管理機構（電話 03-5244-5088、FAX 03-5244-5089、e-mail: info@jcopy.or.jp）の許諾を得てください。

＊落丁本・乱丁本はお取替いたします。
　ご感想・お問い合わせは小社ホームページから
　お願いいたします。

https://www.keisoshobo.co.jp

喜多村勝徳 著

契約の法務　第2版

A5判／3,630円
ISBN978-4-326-40360-8

喜多村勝徳 著

損害賠償の法務　第2版

A5判／4,620円
ISBN978-4-326-40440-7

喜多村勝徳 著

不動産の法務

A5判／4,620円
ISBN978-4-326-40432-2

松尾剛行　山田悠一郎 著

最新判例にみるインターネット上の名誉毀損の理論と実務第2版

A5判／6,050円
ISBN978-4-326-40362-2

松尾剛行 著

最新判例にみるインターネット上のプライバシー・個人情報保護の理論と実務

A5判／4,070円
ISBN978-4-326-40338-7

小賀野晶一　古笛恵子 編

交通事故医療法入門　第2版

A5判／4,400円
ISBN978-4-326-40423-0

—————————————————— 勁草書房刊

表示価格は、2024年12月現在。消費税は10%が含まれております。